Über das Buch:

Wenn überall auf der Welt Krieg herrscht, leben wir dann wirklich noch im Frieden? Seit einiger Zeit hat der Krieg auch unseren scheinbar so friedlichen Alltag erobert, zumindest was die Sprache und die Medien betrifft. Und seit die USA nach dem 11. September den »War on Terrorism« erklärt haben, befinden sich die Staaten des Westens auf einem Feldzug ohne Grenze in Zeit und Raum.

Wie sollen wir dieses Eindringen des Krieges in die Eingeweide der Gesellschaft nennen? Die Autoren bezeichnen das Phänomen als »massenkulturellen Krieg«. In *Entsichert* befassen sie sich zum einen mit der immer kriegerischer anmutenden Konsumkultur im Westen, einer Art mentaler Aufrüstung. Zum anderen haben sie in den letzten Jahren ehemalige und aktuelle Kriegsschauplätze wie Vietnam, die Staaten des ehemaligen Jugoslawien und auch das New York nach dem 11. September besucht. In einer Mischung aus Reportage und Kulturkritik durchleuchten sie sowohl unseren Alltag, in dem der Krieg als Spektakel der Massenkultur erscheint, als auch das Leben in jenen Gebieten, wo der Krieg buchstäblich Alltag geworden ist.

Die Autoren:

Tom Holert, geboren 1962, freier Kulturwissenschaftler und Journalist in Köln. 2000 gab er den Band »Imagineering. Visuelle Kultur und Politik der Sichtbarkeit« heraus.

Mark Terkessidis, geboren 1966, Diplom-Psychologe, arbeitet als freier Autor in Köln. Buchveröffentlichungen: »Psychologie des Rassismus«, 1998. »Migranten«, 2000.

Bei Kiepenheuer & Witsch erschien »Kulturkampf – Volk, Nation, der Westen und die Neue Rechte«, 1995.

Gemeinsam gaben die beiden Autoren 1996 »Mainstream der Minderheiten – Pop in der Kontrollgesellschaft« heraus und gründeten 2000 das »Institute for Studies in Visual Culture« (ISVC).

Tom Holert/Mark Terkessidis

Entsichert

Krieg als Massenkultur
im 21. Jahrhundert

Kiepenheuer & Witsch

1. Auflage 2002

© 2002 by Verlag Kiepenheuer & Witsch, Köln
Alle Rechte vorbehalten.
Kein Teil des Werkes darf in irgendeiner Form (durch Fotografie,
Mikrofilm oder ein anderes Verfahren) ohne schriftliche Genehmigung des
Verlages reproduziert oder unter Verwendung elektronischer
Systeme verarbeitet, vervielfältigt oder verbreitet werden.
Umschlaggestaltung: Barbara Thoben, Köln
Umschlagfoto: © dpa
Gesetzt aus der Times Ten
Satz: Pinkuin Satz und Datentechnik, Berlin
Druck und Bindearbeiten: Clausen & Bosse, Leck
ISBN 3-462-03163-5

Inhalt

Einleitung 9

1 Was macht Francis Ford Coppola auf den Philippinen?
Vietnam und die Folgen: Kriegstouristen, Rock-'n'-Roll-Kämpfer und die Geburt des massenkulturellen Krieges 23

2 Warum läuft Herr DiCaprio Amok?
Einzelkämpfer im Neoliberalismus: Killerkids, Individualtouristen, Computerspiel-Krieger, Lifestyle-Rekruten und Wirtschaftssoldaten 69

3 Was macht General Reinhardt in »Film-City«?
Die Bundeswehr und ihre unmögliche Mission: Star-Soldaten, Action und die Zukunft der Zivilgesellschaft 117

4 Warum stehen auf der Mutter-Teresa-Straße die Land Cruiser im Stau?
Kultur der Angst, Phantasma der Sicherheit und die Logik der Intervention 145

5 Was macht Slobodan Milošević auf MTV?
Westliche Bildmaschinen und ihre Objekte: Kriegsreporter, Bösewichter und das Leben als universeller Gangster 177

6 Warum spürt Durs Grünbein die Apokalypse in jedem einzelnen europäischen Körper?
Der 11. September, die Kriegsarchitektur des belagerten Westens und der Vitalismus der Kampfzone 215

Nachwort 251

Anmerkungen 259

Literatur 271

Register 279

Einleitung

Als im Jahre 1989 die Berliner Mauer fiel und mit ihr der gesamte Ostblock, da schien das der Auftakt zu einer neuen Ära des Friedens zu sein. Die Mauer hatte den Kalten Krieg verkörpert – die Konfrontation zweier bis an die Zähne bewaffneter Gesellschaftssysteme. Doch es kam anders. Die neue Ära begann mit dem Krieg der Vereinten Nationen am Golf. Zur gleichen Zeit kehrte der Krieg nach Europa zurück, als das ehemalige Jugoslawien blutig auseinander brach. 1994 fand in Ruanda der größte Völkermord seit dem Zweiten Weltkrieg statt – und der größte auf dem afrikanischen Kontinent überhaupt. Viele Länder der Welt dämmern mittlerweile in einem ununterbrochenen Kriegszustand auf kleiner Flamme dahin – die hier im Westen bekanntesten sind Sierra Leone, Somalia, Kolumbien, Kongo und Afghanistan.

Am Ende der ereignisreichen neunziger Jahre schließlich griff das westliche Verteidigungsbündnis NATO zum ersten Mal einen souveränen Staat an – die Bundesrepublik Jugoslawien. Während dieser Zeit sah man ununterbrochen Bilder, die man in die Geschichte verbannt glaubte. Vormals gern besuchte Ferienorte wie Dubrovnik oder Mostar gingen in Flammen auf. In bosnischen Lagern vegetierten ausgemergelte Menschen dahin. In Sarajevo wurde jeder Einkauf zum Parcours durch die Kugeln der Scharfschützen. Das Fernsehen zeigte, wie ein US-Pilot unter dem Jubel der ansässigen Bevölkerung durch die Straßen von Mogadischu geschleift wurde, oder wie Tausende von leblosen schwarzen Körpern, achtlos in den Nyabarongo-Fluss geworfen, wochenlang in den Viktoriasee trieben. Und immer und immer wieder Bilder von Menschen, die vor dem Krieg flohen.

Und wir? Wir lebten und leben dabei offenbar im tiefsten Frieden. Doch tun wir das wirklich? Wenn man heute die Boulevardpresse liest oder reißerische Magazine im Fernsehen schaut, dann wird schnell deutlich, dass auch bei uns permanent vom Krieg die Rede ist. Da lehren »Killer-Viren« und »@-Bomben« das Fürchten. Der lang erwartete Trip in den Urlaub entwickelt sich plötzlich zur »Reise in die Hölle«. Mit Sprüchen wie »Hier rocken die Krieger« werden Konzerte angepriesen. »Schuh-Kriege«, »Tennis-Kriege« und »Dosen-Kriege« machen unseren Alltag zum Schlachtfeld. Eltern treten miteinander in den »Scheidungs-Kampf« um die »Beute Kind«. Und im »Krieg der Kinder« wiederum mutieren die einstmals unschuldigen Kleinen zu »Horror-Kids« oder »kleinen Monstern«.

Derweil drucken Illustrierte für Männer wie *GQ* oder *Maxim* reich bebilderte Reportagen über die Arbeit in militärischen Spezialkommandos, während Frauen sich für den Konkurrenzkampf im Berufsleben mit Büchern wie *Machiavelli für Frauen* eindecken können. Fitness-Magazine wie *Men's Health* oder *Fit for Fun* rufen ihre Leser dazu auf, sich einen der stählernen Leni-Riefenstahl-Körper anzutrainieren, die jeden Monat auf den Titelbildern zu sehen sind. Und in Wirtschaftszeitungen wie *Capital* dreht sich alles um Firmenangriffe, Produktoffensiven, die Eroberung von Märkten, Kriegszustände auf dem Arbeitsmarkt, Guerillamarketing, Revolutionen, hartes Aussortieren usw. Die *Wirtschaftswoche* schaltete eine Anzeige, in der Stoffmuster mit soldatischen Tarnfarben neben solchen mit Nadelstreifen abgebildet waren. Darunter war zu lesen: »Was Kämpfer tragen«.

Offenbar ist der Krieg tief in die Eingeweide der Gesellschaft eingedrungen. Als Metapher lässt sich der Krieg auf viele Phänomene übertragen. Unser Alltag, so wird in der medialen Öffentlichkeit ständig suggeriert, ist bloß noch eine Fassade der Normalität – dahinter und darin befindet sich ein Schlachtfeld. So schien es einleuchtend, dass die Regierung der Vereinigten Staaten nach den verheerenden Anschlägen auf das World Trade Center und das Pentagon am 11. September 2001 nicht von einem Akt des Terrors sprach, sondern von einem Angriff auf die USA, auf den US-amerikanischen »Way of Life« beziehungsweise auf die Zivilisation insgesamt. Es folgte eine Kriegserklärung, mit welcher der Krieg endgültig jede Beschränkung verlor – nun ist er zeitlich und räumlich unbegrenzt, schlicht allgegenwärtig.

Der Feldzug, den die USA und die westlichen Verbündeten unternehmen, wird im Namen der Sicherheit geführt. Sicherheit heißt die Losung, mit der die Angst vor dem latenten Krieg gebannt werden soll. Wer es sich leisten kann, rüstet auf. Das betrifft die Staaten ebenso wie die Einzelnen. Zwar ist mittlerweile bekannt, dass die Furcht vor Kriminalität oder Terrorismus den realen Gefahren überhaupt nicht entspricht. Doch im Gefühl der Bedrohung werden die Gefahren in der Realität phantasmatisch übersteigert – jeder nimmt die Möglichkeit vorweg, dass er das nächste Opfer sein kann. Diese seelische Mobilmachung trägt keineswegs dazu bei, den Krieg einzudämmen. Die westlichen Interventionen haben die gewaltsamen Auseinandersetzungen an den so genannten Rändern des Westens lediglich unterbrochen – dauerhafte Lösungen sind nirgendwo in Sicht. Und Alarmanlagen, Videokameras und Sicherheitspersonal verstärken im westlichen Alltagsleben den Eindruck, dass die Gefahr aus allen Richtungen droht.

Wie sollen wir diesen permanenten Krieg nennen? Gibt es eine Verbindung zwischen den Kriegen an der Peripherie und jenem weitgehend metaphorischen Krieg in der medialen Öffentlichkeit des Westens? Oftmals wurde in den letzten Jahren über die neue Qualität der Konflikte im ehemaligen Jugoslawien oder anderen zerfallenden Staaten gesprochen. Die Kriege dort haben nichts mehr zu tun mit den herkömmlichen Kriegen zwischen stehenden Heeren. Letztere erlebten ihren Höhepunkt zweifellos im »totalen Krieg« zwischen 1939 und 1945.

Zwar fand diese Konfliktform in den fünfziger Jahren eine Fortsetzung im »begrenzten Krieg« in Korea, doch seitdem dominieren in der einen oder anderen Weise Guerillakriege das Geschehen. Zunächst wurden Partisanen-Taktiken vor allem im Kampf der Kolonisierten um nationale Unabhängigkeit eingesetzt. Mittlerweile sind an die Stelle des Kampfes um nationale Vereinigung jedoch Auseinandersetzungen innerhalb von bestehenden Gemeinwesen getreten. In den »neuen Kriegen«, um einen Begriff der Politikwissenschaftlerin Mary Kaldor aufzugreifen, wollen die Parteien daher nicht länger die gesamte Bevölkerung an ihre Seite bringen, sondern sie terrorisieren alle, die sie als abweichend empfinden. Als Legitimation dient gewöhnlich eine Politik der Identität – die Verteidigung einer bestimmten Lebensweise. Das Ziel der unterschiedlichen Spielarten des Terrors ist die psychologische Kontrolle der Bevölkerung, denn durch die Gewalt werden irgendwann alle dazu gezwungen, sich für die eine oder andere Seite beziehungsweise für die eine oder andere Identität zu entscheiden. Allerdings finden diese neuen Kriege in sozial verwüsteten Gebieten statt, in denen der Krieg als Plünderungsökonomie funktioniert. Nicht selten sind die Protagonisten dieser Kriege schlicht Kriminelle.

Auf den ersten Blick scheinen diese »neuen Kriege« wenig mit der endlosen Zirkulation der Kriegsmetapher durch den Alltag des Westens zu tun zu haben. Dennoch behaupten wir, dass die kommerziellen Bilder des Krieges und die tatsächlichen neuen Kriege zusammengehören. Es handelt sich um zwei Schauplätze dessen, was wir als *massenkulturellen Krieg* bezeichnen wollen. Wir haben diesen Begriff gewählt, weil die derzeitigen Kriege alle in höchstem Maße kulturell überformt sind. Im massenkulturellen Krieg werden die Kämpfer, die Kommunikationsmittel, die Legitimationen sowie die Ziele in der Massenkultur produziert. Dieser Prozess nimmt an den beiden Schauplätzen eine unterschiedliche Gestalt an. Im Westen findet der *Krieg als Massenkultur* statt. In den Produkten und Praktiken der Massenkultur – in Film, Musik, Mode, Videospielen – wird dem Individuum stets der Einzelkämpfer als Modell angeboten. Die symbolische Aufrüstung zwischen Cargo-Hose, Waschbrettbauch und Four-Wheel-Drive macht »fit« für die Durchsetzung der eigenen Interessen und verleiht ein Gefühl von Sicherheit. Zudem wird das Feld der Massenkultur beherrscht von dem Mittel des Krieges par excellence – der Gewalt. Allerdings bleibt diese Gewalt auf einer rein symbolischen Ebene: In Musiken wie Gangster-Rap oder Gabba-Techno ist der Terror bloßes Hör- und Tanzerlebnis, in Filmen und Comics wird künstlich geblutet, in Videospielen werden digitale Gegner in ihre Pixel zerlegt.

Auch die Legitimationen für den Krieg kommen aus der Massenkultur. Ein gutes Beispiel ist die Berichterstattung über die Börse, in der Nachrichtengeschäft und Unterhaltungsindustrie förmlich kollabieren. Die sich überschlagenden Stimmen der Reporter, das wilde Zickzack der Kurstabellen und die endlos vorbeihuschenden Firmennamen und Zahlen sprechen von Spannung, Unsicherheit, Kampf und Schicksal. Aber nicht nur im Bereich der Wirtschaft lassen sich Nachrichten und Unterhaltung kaum noch unterscheiden. Um für Aufmerksamkeit zu sorgen, liefert das Fernsehen ständig aufregende, blutige Bilder einer Welt, die aus den Fugen ist. Um die Konflikte außerhalb des Westens verständlich zu machen, werden sie auf Hollywood-Formeln zurechtgestutzt: arme Opfer auf der einen und böse Täter auf der anderen Seite. Solche Darstellungen der Zustände auf der Welt, zu denen die meisten der Rezipienten keine andere, direktere Beziehung aufnehmen können, liefern die Rechtfertigung dafür, warum sowohl die Einzelnen als auch die Staaten der westlichen Welt ihre Interessen, ihren Lebensstil und ihre Sicherheit mit allen Mitteln verteidigen müssen. So scheint es für die Individuen evident, dass das Militärische mehr und mehr zum Bestandteil ihres Alltags wird. Und es ist für die Bevölkerung ebenso evident, wenn die westliche Staatengemeinschaft militärisch interveniert, um hollywoodesk überzeichnete Schurken wie Saddam Hussein oder Slobodan Milošević zu bekämpfen.

Schließlich definiert die Massenkultur auch die Ziele des Krieges. Für die Individuen ist sie paradoxerweise selbst das Ziel: Wer es sich leisten kann, der möchte nicht nur einigermaßen versorgt sein und sicher leben, sondern auch an den Spektakeln der Konsumkultur teilhaben. Der Krieg ernährt den Krieg: Der stetige Kampf im unsicheren Alltag erlaubt den Erwerb von Produkten und die Ausübung von Praktiken, welche wiederum »fit« für den Krieg machen. Derweil führen die westlichen Staaten zumindest der Rhetorik nach Krieg, um »unsere« Werte und »unseren« Lebensstil zu verteidigen.

Auch in den Kriegsgebieten außerhalb des Westens hat der Krieg oft im Feld der Massenkultur seinen Anfang genommen. Man weiß aus dem ehemaligen Jugoslawien, welche immense Rolle der Rückgriff auf die Massenkultur des Titostaates (Führerkult, Partisanenfilme, Folklore) für die Kriegsparteien gehabt hat. Die wirtschaftliche Katastrophe der achtziger Jahre hat allerdings in diesem Fall dazu geführt, dass der Krieg aus der symbolischen Dimension heraustrat. Im ehemaligen Jugoslawien und vielen anderen Ort spielt sich – auch wenn das zynisch klingt – der *Krieg als Kultur der Massen* ab. Hier findet man die dunklen Wiedergänger von Individualisierung, Freiheitskult und Einzelkämpferdasein im Westen. Während Hollywood-Filme den kriegerischen Helden glorifizieren, verwandelt sich für die Protagonisten der Kriege auf dem Balkan wie den serbischen Warlord Željko »Arkan« Ražnatović das Leben tatsächlich in einen Thriller – das tödliche Finale eingeschlossen. Während die Massenkultur des Westens das Leben als endlosen Kampf inszeniert, haben die Hauptfiguren im Krieg als Kultur der Massen wie der afghanische Warlord Ahmed Schah Massud wirklich ihr gesamtes Leben mit dem

Krieg verbracht. Während im Westen mit einem bestimmten Style (Kleidung, Symbole, Musiken etc.) die Zugehörigkeit zu einem Subkultur-Milieu ausdrückt wird, nutzten die Taliban wiederum ihren Style als Mittel des Terrors gegen alles Abweichende. Während die Gewalt im Westen zumeist Inszenierung bleibt, diente sie im ehemaligen Jugoslawien als Instrument, um Grenzen zu markieren: Das Niederbrennen von Häusern, das Töten und Vergewaltigen sollte den jeweiligen Betroffenen klarmachen, dass sie nicht zu »uns« beziehungsweise »hierher« gehörten.

Nicht zuletzt dient die Massenkultur auch an jenen Orten, wo der Krieg zur Kultur der Massen geworden ist, zur Legitimation und zur Zielbestimmung des Krieges. Am Anfang des Krieges im ehemaligen Jugoslawien stand die Beschwörung einer weitgehend imaginären, durch Symbole und Zeichen definierten Kultur des Kroatischen oder Serbischen, die in erster Linie durch Abgrenzung vom jeweils anderen funktionierte. In Afghanistan haben verschiedene Kriegsparteien den Islam zur Grundlage ihres Kampfes erhoben – einen Islam, der vor allem bei den Taliban fast einer Karikatur gleichkam. Mit irgendeiner materiellen Tradition haben die so entstehenden Gemeinschaften wenig zu tun. Sie werden von einem Style zusammengehalten – ganz nach westlichem Vorbild. Die so entstehenden Gemeinschaften sind im höchsten Maße ephemer. Um einen Begriff zu verwenden, mit dem der französische Philosoph Ernest Renan einmal die Nation beschrieb: Sie sind buchstäblich ein tägliches Plebiszit. Dieses Plebiszit wird auch vom Krieg selbst erzwungen: Die Gewalt sorgt dafür, dass die Menschen auf der einen oder anderen Seite Schutz suchen. Allerdings gelingt es in keinem der »neuen Kriege«, die gesamte Bevölkerung zu mobilisieren. In den meisten Fällen wünscht die Zivilbevölkerung vor allem die Rückkehr zur Normalität. Protagonisten der Kämpfe sind individuelle Kriegsunternehmer, die unter den Bedingungen des Krieges als Kultur der Massen

15

gleichzeitig als schamlose Plünderer und als Beschützer »ihrer« Gruppe auftreten können.

Bei den Aktivitäten dieser Kriegsunternehmer spielt die Legalität keine Rolle mehr – den Warlords geht es nur darum, kurzfristig Legitimität für ihr Verhalten herzustellen und sich so Rückhalt in einem Teil der Bevölkerung zu verschaffen. Auch im Westen wird der Raum der Legalität durch den massenkulturellen Krieg zerstört. Dass die NATO anlässlich des Kosovo-Konfliktes 1999 mit ihrer Selbstermächtigung das Völkerrecht gebrochen hat, ist ebenso wenig bloß eine vorübergehende Erscheinung wie die Aussetzung der Genfer Konvention für die Gefangenen auf dem exterritorialen Stützpunkt Guantanamo durch die Vereinigten Staaten. Der Krieg als Massenkultur suggeriert einen permanenten Ausnahmezustand, mit dem man im Rahmen des legalen Systems scheinbar nicht mehr adäquat umgehen kann. Mehr und mehr tritt die bloße Rechtfertigung an die Stelle des Gesetzes, was die westlichen Regierungen zunehmend in die Logik von Warlords hineindrängt, die sozial auseinander fallende Gemeinwesen mit einer massenkulturellen Dauermobilisierung für den Krieg hinter sich scharen wollen. Ein verheerender Effekt dieser Entwicklung ist, dass die universalen Prinzipien, für die der Westen angeblich kämpft – Demokratie, Menschenrechte, Legalität oder Toleranz –, immer unglaubwürdiger wirken.

Je mehr Ethnizität, Religion oder universelle Werte zu bloßen Rechtfertigungen verkommen, desto ernster werden sie paradoxerweise genommen. Die Behauptung, dass der Krieg in Bosnien-Herzegowina ein ethnischer Konflikt zwischen Kroaten, Serben und Muslimen war, scheint jedem sofort einzuleuchten. Mit der These vom Ethno-Krieg lassen sich bestimmte Phänomene jedoch überhaupt nicht erklären. Beispielsweise richtete die bosnisch-muslimische Armee, als sie 1994 einigermaßen zu Kräften gekommen war, ihre erste eigene Offensive in einer militärisch aberwitzigen Aktion nicht etwa gegen serbische oder kroatische Einheiten, sondern gegen die von Muslimen beherrschte Enklave Bihać. Dort hatte sich eine autonome Zone gebildet, deren Bevölkerung durch den Handel mit Serben und Kroaten wohlhabend geworden war. Der Feldzug bedeutete in erster Linie einen Griff nach reicher Beute; in Zeiten eines dramatischen wirtschaftlichen Niedergangs war der Krieg auch ein Krieg um Ressourcen. Das trifft nicht nur auf das ehemalige Jugoslawien zu, sondern auch auf die meisten anderen Krisenregionen. Aber dieser Aspekt bleibt, wenn über die Gründe für die neuen Kriege gesprochen wird, konsequent außen vor.

Die offensichtliche Ignoranz hat mit einer verbreiteten Praxis und Ideologie zu tun, die gleichzeitig den Krieg weiter befördert. Seitdem der so genannte Neoliberalismus das Geschehen in der Wirtschaft beherrscht, ist der freie Markt in den Bereich der Natur zurückverlegt worden. Keine Politik kann ihm etwas anhaben – im Gegenteil, auch die Politik hat sich an Angebot und Nachfrage zu orientieren. Daher hat es scheinbar gar keinen Sinn mehr, über wirtschaftliche Ursachen zu sprechen, obwohl es völlig klar ist, dass viele Konflikte sich schlicht in Luft auflösen würden, wenn es für das Gros der Menschen auch die Perspektive gäbe, in absehbarer Zeit ein wirtschaftlich gesichertes Leben führen zu können. Der Neoliberalismus ist selbst eine Praxis und Ideologie des Krieges. Denn wenn der Markt zum Naturzustand verklärt wird, dann soll sich die Gesellschaft ganz im Hobbes'schen Sinne des Begriffes in den wirtschaftlichen Überlebenskampf, den »Krieg aller gegen alle«, stürzen. Dass einige für diesen Krieg besser gerüstet sind als andere, braucht nicht eigens hervorgehoben zu werden.

Da die Wirtschaft allgegenwärtig und abwesend zugleich ist, hat sich eine Politik, die ihre eigene Entmachtung unaufhaltsam vorantreibt, auf den Bereich der Darstellung von Handlungsfähigkeit verlegt. Das Feld dieser Darstellung ist das Reich der Zeichen und der symbolischen Gesten – die Massen-

kultur. Um die neue Relevanz von Massenkultur begreifen zu
können, müssen wir zunächst erklären, was wir unter Kultur
verstehen. Kultur ist das gesellschaftliche Feld, auf dem es zum
einen um Bedeutungen und zum anderen um Selbstbilder geht.
In der Kultur, so heißt es in den so genannten Cultural Studies,
in deren Tradition wir unser Buch stellen, entwickeln die Menschen Landkarten der Bedeutung. Diese Landkarten sind allerdings nicht unumstritten – insofern ist Kultur auch der Bereich, wo um diese Bedeutungen gerungen wird und sich stets
aufs Neue ein hegemonialer »common sense« herausbildet.
Ferner entsteht durch die Produkte und Praktiken der Kultur
ein gesellschaftliches Imaginäres – hier werden Selbstbilder
erzeugt. Schon im 19. Jahrhundert diente die bürgerliche Hochkultur zur Bildung von individuellen wie kollektiven Subjekten. Beispielsweise konnte die oder der Einzelne während der
Lektüre von Romanen eine Vorstellung von sich selbst entwickeln. Gleichzeitig wirkte die Hochkultur aber auch als Verkörperung der nationalen Gemeinschaft. Seitdem sich im Verlauf
des 20. Jahrhunderts die elitäre Hochkultur in der industriell
gefertigten und verbreiteten Massenkultur auflöste, hat die
Massenkultur diese Aufgabe übernommen. Uns interessiert
der Vorgang, wie sich die Menschen beim Konsum der massenkulturellen Produkte und Informationen sowie während der
Teilnahme an ihren Spektakeln aktiv eine Vorstellung von ihrer Subjektivität machen und von der Gemeinschaft, in der sie
leben. Und im Besonderen: was diese Vorstellungen mit dem
Krieg zu tun haben.

Den Begriff der Massenkultur wollen wir keinesfalls abwer-
tend verwenden, sondern neutral. Es geht uns weder um eine
Verurteilung der Massenkultur als kulturelles Pendant des Kapitalismus, wie sie von Max Horkheimer und Theodor W. Adorno in der einflussreichen Kulturindustrie-These vorgetragen
wurde, noch umgekehrt um die Feier der Massenkultur als Instrument der Demokratisierung. Die Bedeutung von Bildern

steigt gegenüber dem geschriebenen Wort. Nachrichten werden zunehmend zu Unterhaltung und Show. Und Politik beschränkt sich wie erwähnt auf die symbolische Darstellung einer längst nicht mehr vorhandenen Handlungsfähigkeit. Zunächst bot sich auch der Begriff Popkultur an. Erste Beispiele für den Krieg als Massenkultur fielen uns im Bereich der Musik auf, in Songtexten, auf Plattencovern, in Videos. Doch weckt »Popkultur« inzwischen die falschen Assoziationen. Obwohl in den letzten Jahren oft davon die Rede war, dass etwas – die Politik zum Beispiel – »Pop« wird, erschien uns dieser inflationäre Begriff zu begrenzt, um das Phänomen des Krieges, wie es sich unter den Bedingungen einer neoliberalen Wirtschaftsordnung und einer globalen Kulturindustrie darstellt, angemessen zu erfassen.

Das erste Kapitel dieses Buches behandelt den Krieg in Vietnam – als Praxis und als Repräsentation. Wir widmen diesem Krieg so viel Aufmerksamkeit, weil wir ihn für den ersten massenkulturellen Krieg halten, dessen Folgen überall noch spürbar sind. Dieser Krieg drang wie kaum ein anderer zuvor in die Ikonographie der Massenkultur ein. Aus den Darstellungen des Krieges in Vietnam schälte sich mit erstaunlicher Deutlichkeit ein neuer Typus heraus: der Einzelkämpfer. Welche Rolle dieser Typus heute spielt, welche Eigenschaften ihm zugeschrieben werden und welche Beziehungen er zur Zivilgesellschaft unterhält, davon handelt das zweite Kapitel. Das dritte Kapitel befasst sich damit, wie dieses zivile Kämpfer-Individuum über die Massenkultur in eine traditionelle, militärische Organisation wie die Bundeswehr eingepasst wurde. Darüber hinaus zeigt das Kapitel, wie die Bundeswehr sich durch die Massenkultur die Legitimation für ihre Einsätze verschafft. Im vierten Kapitel geht es ins Kosovo, also an einen Einsatzort der Bundeswehr. Dort untersuchen wir die Praxis der zivilen UN-Verwaltung. Anhand des massenkulturellen Gepräges der Hilfsorganisationen – etwa dem ikonischen Geländewagen –

lässt sich das Scheitern einer Strategie beobachten, welche durch militärische Interventionen zu mehr Sicherheit gelangen möchte. Das fünfte Kapitel beginnt mit einer Beschreibung der Arbeit von Kriegsreportern. Denn es ist deren massenkulturelle Bildproduktion, welche für die Öffentlichkeit den Krieg zugänglich macht und damit gleichzeitig die Frage der Intervention aufwirft. Beispielhaft werden die Bilder des »Schlächters« Slobodan Milošević mit dessen realer Politik verglichen – gerade Milošević erweist sich als Meister des massenkulturellen Krieges. Aber im ehemaligen Jugoslawien lässt sich eben auch beobachten, wie der Krieg nicht in der Massenkultur verbleibt, sondern zur Kultur der Massen wird. Das sechste und letzte Kapitel beginnt mit einem Blick auf »Ground Zero« in New York. Es rekonstruiert die Aspekte jenes Krieges, der schon vor dem 11. September an der Wall Street die Regel war. Gerade das Bedürfnis nach Sicherheit verwandelt die Stadt immer weiter in eine Kampfzone, während die »war zone« zum Ort körperlicher Erfahrungen in der Massenkultur avanciert.

Wir sind für dieses Buch viel gereist. Wir haben uns vor Ort angeschaut, wie der »Amerikakrieg« in der vietnamesischen Massenkultur verarbeitet wird, wie die Vereinten Nationen im Kosovo Sicherheit produzieren, wie Kriegsreporter in Mazedonien arbeiten, wie die Milošević-Regierung den Krieg inszenierte, wie sich Serbien während des Krieges veränderte und was in New York nach dem 11. September passierte. Selbstverständlich ist das bloß eine Auswahl von Schauplätzen, die von den eigenen Interessen ausging. Dennoch sind all diese Orte repräsentativ für das, was wir den massenkulturellen Krieg nennen. Mit unseren Reisen wollten wir die in Deutschland übliche Arbeitsteilung aufheben zwischen denjenigen, die in der heimischen Studierstube und weitgehend ohne Empirie den Krieg beurteilen und oft genug auch Partei ergreifen, und denjenigen, die ohne Theorie und angesichts der Schnelligkeit des Mediengeschäftes auch zunehmend ohne Hintergrund aus den Kriegsgebieten berichten. Sämtliche Kapitel beginnen mit einer Reportage und entwickeln die Theorie eng am Material. Wir hoffen mit dieser bewussten Kombination von journalistischer und wissenschaftlicher Arbeit den Krieg in seinem Kontext begreifen zu können. Das Verständnis des Zusammenhangs erscheint uns umso wichtiger, je mehr uns der Krieg als unvermeidliche Angelegenheit präsentiert wird und zuletzt auch noch als Mittel, um Frieden zu schaffen.

1
Was macht Francis Ford Coppola auf den Philippinen?

Vietnam und die Folgen: Kriegstouristen, Rock-'n'-Roll-Kämpfer und die Geburt des massenkulturellen Krieges

Ho-Chi-Minh-Stadt, 13. Oktober 2000

Wenn es den Touristen aus dem Westen in Ho-Chi-Minh-Stadt, dem früheren Saigon, nach nächtlicher Abwechslung verlangt, dann fällt oft ein Besuch in der Duong Thi Sach an – einer Nebenstraße auf dem Weg zum Hafen. Dort wurde vor etwas mehr als zehn Jahren von findigen vietnamesischen Geschäftsleuten eine Diskothek eröffnet, die den Namen des vielleicht berühmtesten US-amerikanischen Vietnam-Filmes trägt: *Apocalypse Now*. Hier trifft sich nicht die einheimische Jeunesse dorée, sondern es handelt sich um einen Amüsierschuppen für Westler. Die Musik könnte von jeder beliebigen Party-Hit-Compilation stammen, und die Getränkepreise liegen auf europäischem Niveau. Der Name des Clubs ist gut gewählt – denn ähnlich wie der Film führt das *Apocalypse Now* in das dunkle Herz des Westens. Vor der Tür tummeln sich junge Vietnamesinnen in sexy Abendgarderobe – ein Individualismus, den sich sonst in dem armen Land, in dem die meisten Frauen pyjamaähnliche Anzüge aus grober Baumwolle tragen, kaum jemand leisten kann. Sie sind Prostituierte. Im *Apocalypse Now* ist jede Vietnamesin eine Prostituierte.

Ein Abend in diesem Etablissement hinterlässt das Gefühl, als hieße die Stadt bereits offiziell wieder Saigon und die US-Armee sei nie abgezogen. In einem ausgezeichneten Buch über das Verschwinden eines australischen Kriegsfotografen lässt Christopher J. Koch einen seiner Protagonisten, einen Korrespondenten, die Bars von Saigon so beschreiben: »Eine Reihe

G.I.s saßen auf Hockern mit winzigen Mädchen auf den Knien. Die Mädchen (…) wirkten wie Kinder auf einer Party, und sie streichelten die Amerikaner zaghaft, als tätschelten sie unberechenbare Tiere.«[1] Noch immer ist der physische Unterschied befremdend: Neben den zierlichen einheimischen Frauen versprühen die westlichen Männer den Charme von kaum unterscheidbaren Troglodyten. In den meisten Fällen handelt es sich um Touristen – und sie erscheinen wie eine seltsame neue Armee, die in Friedenszeiten auf den ausgetrampelten Pfaden der damaligen G.I.-Vergnügungen lustwandelt. Die einzigen wirklich Uniformierten sind Ordner der kommunistischen Regierung, die auf Züchtigkeit achten und Drogenkonsum unterbinden. Allerdings ist die Ordnung, die sie vertreten, zutiefst korrupt: Geld ist unter dem Tisch von Hand zu Hand gegangen, damit Küsse auf der Tanzfläche so verboten bleiben wie späterer Sex hinter zugezogenen Vorhängen erlaubt. Heute machen die Ordner der Sozialistischen Republik Vietnam den Eindruck von Marionetten – ebenso wie früher die Truppen der »Demokratischen Republik« im Süden.

Allerdings ist das *Apocalypse Now* keineswegs nur ein besseres Bordell. Auch Touristinnen verbringen in der Diskothek gern einen Abend, um zu tanzen und Spaß zu haben. Manche Britin scheut dabei ebenfalls nicht vor einem kleinen Tänzchen mit weiblichen Prostituierten zurück, wobei sie kaum weniger Barbarei ausstrahlt als ihre männlichen Widerparts. Zufrieden schaut der britische Freund zu – die sexuellen Ausschweifungen, die in diesem Tanz angedeutet sind, bleiben der Phantasie des Beobachters überlassen. Wohlhabende Männer aus anderen asiatischen Staaten wie Pakistan oder den Philippinen kommen ebenfalls gern auf einen Sprung ins *Apocalypse Now*. Sie schätzen Ho-Chi-Minh-Stadt als Amüsiermeile – hier ist der Straßenverkehr weniger schlimm und die endemische Kriminalität etwa im Vergleich zu Manila extrem niedrig. Und schließlich gehören auch »Expatriates« zu den regelmäßigen

Besuchern, also Europäer und US-Amerikaner, die in Ho-Chi-Minh-Stadt für die zahlreichen ansässigen westlichen Unternehmen arbeiten. Sie suchen die Gesellschaft von Weißen – den ganzen Tag Asien ist manchmal nicht leicht zu ertragen.

Die Begegnungen zwischen Männern aus dem Westen und einheimischen Frauen verlieren in Vietnam kaum einmal den Aspekt von Kaufen und Verkaufen; das Reichtumsgefälle stört offenbar jeden ernsthaften Kontakt. Da das Angebot an verfügbaren Frauen schier unendlich und vor allem billig ist, haben manche ansässigen Männer mit der Zeit jede Zurückhaltung eingebüßt. Ein griechischer Auswanderer etwa versucht, eine Frau aus Deutschland anzumachen, indem er ihr von den vietnamesischen Nutten vorschwärmt. »Du kannst vier auf einmal haben«, erklärt er, »und das Beste ist: Sie finden es super.« Spät wird es immer im *Apocalypse Now*. Am Ende dieses Abends finden sich eine Nutte und ein Stricher – Homosexuelle kommen hier selbstverständlich auch auf ihre Kosten – zusammen, um gemeinsam zu dem Prince-Stück *Purple Rain* zu tanzen. Diese Szene ist wie aus einem Film – ein abgegriffenes Spektakel zwischen Laszivität und Verzweiflung. Doch gerade weil die Tänzer sich vor dem Publikum aus dem Westen wie im Film fühlen möchten, bekommt die Verzweiflung eine glamouröse Authentizität. Das hier ist Saigon – das hier ist die kaputte, perverse, gleichzeitig fremde und westlich beherrschte Metropole, wie wir sie aus *The Deer Hunter*, *Full Metal Jacket* oder anderen Filmen kennen. Auf den Stand des neuen Jahrhunderts gebracht, selbstverständlich. Apocalypse Now?

Das ominöse Arrangement von brutal wirkenden westlichen Männerkörpern auf der Suche nach Spaß, vietnamesischen Uniformierten, welche eine längst prekär gewordene Souveränität signalisieren sollen, und den stets verfügbaren einheimischen Frauen, die hier an einem Abend mehr Geld machen können als bei einem anderen Job im ganzen Monat, entfaltet nicht zuletzt durch die Suggestivkraft des Filmtitels den Charakter einer wieder aufgeführten Szene aus dem Saigon des Krieges. *Apocalypse Now* hat wahrscheinlich am nachhaltigsten das Bild des Vietnamkrieges im Westen geprägt. Zumindest des Krieges, wie er bis 1969 geführt wurde – ein Krieg am Boden, dessen Protagonisten auf US-Seite im Durchschnitt 19 Jahre alt waren. 1979 erstmals im Kino, gab Francis Ford Coppolas Opus Magnum der Welt den sinnlichen Eindruck eines jugendlich-psychedelischen Kriegserlebnisses – er bebilderte die Kriegserfahrung einer Armee von durchgeknallten Individualisten, die trotz oder wegen der Kampfhandlungen eigentlich nichts weiter im Kopf hatten als Surfen, Drogen, Rock 'n' Roll und Abenteuer.

Dabei handelt der Film weder von den Gräueln des Krieges noch von Vietnam oder den Vietnamesen – all das ist nichts als eine Kulisse für das Seelendrama des modernen Westlers in der Begegnung mit der Natur, dem Fremden und vor allen Dingen sich selbst. Der Plot ist schnell erzählt. Captain Willard – gespielt von Martin Sheen – bekommt beim Kommando der US-Truppen im Küstenort Na Thrang den Auftrag, einen abtrünnigen Colonel der Spezialeinheit Green Berets aufzuspüren und zu töten. Dieser hoch dekorierte Colonel mit Namen Kurtz (Marlon Brando) hatte sich nach Kambodscha abgesetzt: Er ignorierte Kommandos und führte einen Krieg auf eigene Faust – mit äußerst brutalen Mitteln. Willard reist auf einem kleinen Boot, dessen Besatzung aus vier Männern besteht, den endlos langen und absurd entvölkerten – Vietnam war schon damals extrem dicht besiedelt – Nung-Fluss hinauf. Diese Reise, die sich vage an Joseph Conrads berühmten Roman *Das Herz der Finsternis* anlehnt, bekommt in *Apocalypse Now* den Charakter des ultimativen Besuchs in einem Themenpark. Von einer Attraktion treibt es die jungen Männer zur nächsten. Wagner tönt aus den Lautsprechern der Hubschrauber-Kavallerie, während sie ein vietnamesisches Dorf dem Erdboden gleichmacht. Auf einer eigens für die Unterhaltung der G.I.s mitten im unbewohnten Dschungel errichteten Riesenbühne tanzen Playmates vor einer Horde gieriger Soldaten. Der sinnlose, aber zähe Kampf um eine Brücke erscheint als eindrucksvoll-surreales Feuerwerk. Einer der Mitreisenden auf dem Boot, der kalifornische Surf-Boy Lance, meint schließlich: »Disneyland, fuck, man, this is better than Disneyland!«

Wie aus Soldaten Touristen wurden

Die abenteuerliche Reise über den wilden Fluss ist ein Selbsterfahrungstrip – und hat, wie später noch deutlich wird, erstaunliche Ähnlichkeit mit jener Art des neuen Tourismus, der den jungen Einzelkämpfern von heute Aktivität und Abenteuer verspricht. Der Zusammenhang zwischen Krieg und Tourismus lag schon seit geraumer Zeit auf der Hand. Auch die Soldaten der Wehrmacht auf ihren Feldzügen im Zweiten Weltkrieg hatten plötzlich erstmals die Gelegenheit, das Land zu verlassen und die Fremde zu sehen. So verdankt man eines der populärsten deutschsprachigen Reisebücher über Griechenland – Erhard Kästners *Ölberge, Weinberge*, erstmals erschienen 1953 – der Verbindung von Eroberung und touristischem Blick. Kästner erhielt vom kommandierenden General im Luftgau Südost kurz nach dem Einmarsch den Auftrag, ein Buch über Griechenland zu schreiben. In der Ausgabe des Buches von 1953 schreibt er: »So waren wir denn dem Untier Militarismus auf Haupt und Schultern geflogen und genossen die Aussicht von Herzen.«[2]

Ähnlich wie Kästner Griechenland degradiert Coppola Vietnam zu einer geschichtslos-authentischen Wildnis, die als Folie der Selbsterfahrung von »Aussteigern« dient. Am Höhepunkt des Bodenkrieges in Vietnam waren eine halbe Million G.I.s dort – man mag sich also vorstellen, wie viele junge Männer bei einer Aufenthaltsdauer von einem Jahr insgesamt nach Asien »aussteigen« durften. Im Gegensatz zum vorübergehenden Aussteigen mit Rückkehrgarantie von heute war der Aufenthalt in Vietnam mit manifesten Risiken verbunden: Tod in erster Linie, aber auch körperliche und psychische Folgeschäden. Dennoch ist das Leiden am Krieg mitnichten ein durchgängiges Phänomen. Viele Teilnehmer an Kriegen haben nicht nur deswegen solch immense Schwierigkeiten mit der Rückkehr gehabt, weil der Krieg so schrecklich war, sondern weil sie die öde Normalität nicht mehr ertragen konnten: Im Krieg hatten sie einen extrem aufregenden Anti-Alltag erfahren. Davon zeugt eine schier endlose Anzahl von Berichten schon seit dem Ersten Weltkrieg. In ihrem Buch *An Intimate History of Killing* hat Joanna Bourke diesem Phänomen ein Kapitel mit dem bezeichnenden Titel »The Pleasures of War« gewidmet.[3]

Dabei referiert Bourke neben jener Faszination des Krieges auch zahlreiche weitere Handlungen, die an Tourismus erinnern. Nicht nur, dass die Soldaten in Vietnam oft genug wie »Touristen in der Hölle« ihre eigenen Taten fotografierten und Fotoalben anlegten. Wie der Journalist Michael Herr berichtete, fanden sich darin die immer gleichen Motive: das »Schnippfeuerzeug-Foto« (mit einem Zippo-Feuerzeug wird ein vietnamesisches Dorf angezündet), das »Kopf-ab-Foto«, Bilder von sehr jungen toten Vietcong und von toten Vietcong-Mädchen sowie Bilder von US-Soldaten, welche zwei Ohren oder eine ganze Halskette aus Ohren in die Kamera hielten.[4] Das Sammeln von »erstklassigen Souvenirs« war bereits seit der »Polizeiaktion« der Vereinten Nationen in Korea in den fünfziger Jahren an der Tagesordnung. An heutigen Maßstäben gemessen handelte es sich zweifellos um makabre Erinnerungsstücke: wie erwähnt Ohren, auch Zähne – ebenso wurde von Köpfen, Penissen und Fingern berichtet.[5] Schließlich war auch die Party aus Vietnam nicht wegzudenken – in *Apocalypse Now* werden die Truppen bei Grill und Bier am romantischen Lagerfeuer nach der erfolgreichen Zerstörung eines Dorfes gezeigt; in Oliver Stones *Platoon* aus dem Jahre 1986 feiern die G.I.s eine Party, bei welcher der Ehrengast ein gerade getöteter Vietnamese ist. Dabei sorgte die US-Army ähnlich wie die heutigen Reiseorganisationen dafür, dass den Jungs in Vietnam möglichst viel von Zuhause geboten wurde. Dazu gehörte die Versorgung mit Nahrungsmitteln aus der Heimat ebenso wie die Auftritte von Schauspielern wie Bob Hope mit Tänzerinnen.

Die Assoziation mit Tourismus wird auch indirekt durch die Tatsache verstärkt, dass viele der G.I.s nach eigenen Aussagen den Krieg aus der Distanz erlebten – als Panorama von Eindrücken. Viele fühlten sich, als spielten sie in einem Film. Die jungen G.I.s stammten aus der ersten Generation, die durch Film und vor allem Fernsehen sozialisiert wurde, wodurch ihre Instanzen der Sinngebung und Wahrnehmungsstrukturen nachhaltig geprägt wurden. Das »John-Wayning« war ein oft beobachtetes Phänomen – der »Duke« war ein Vorbild für die eigene, unausgereifte Männlichkeit. Vietnam verwandelte sich in eine Art Western-Setting: »Kommen Sie mit«, meinte ein Captain der US-Truppen zum Journalisten Michael Herr, »wir nehmen Sie mit zum Cowboy-und-Indianer-Spielen.«[6] Zum »John-Wayning« trugen nicht zuletzt auch die Reporter bei – zumal jene, die Bilder herstellten. Herr schrieb, dass die G.I.s »hip« genug waren, um die Fotografen ernster zu nehmen als die Korrespondenten. Das Interesse für die Kamera wurde auch in den späteren Filmen über Vietnam aufgegriffen. »Weiter, weiter, das ist fürs Fernsehen, weiter, als ob ihr kämpfen würdet«, treibt ein Fernsehregisseur – gespielt von Coppola selbst – zu Beginn von *Apocalypse Now* G.I.s an, die bei einem Angriff der Kamera mehr Aufmerksamkeit schenken als dem Gegner. Stanley Kubrick bezog sich in seinem Vietnam-Film *Full Metal Jacket* von 1987 auf diese Szene, als er einen Marine ausrufen ließ: »Hey, mach die Kamera an, das ist Vietnam, der Film.«

Davon, dass der Krieg vor den Soldaten ablief wie ein Film, ist auch in den Erlebnisberichten von Kriegsteilnehmern und den literarischen Bearbeitungen des Krieges oft die Rede. »Ich mochte es, im Graben zu sitzen und Leute sterben zu sehen. So schlimm wie das klingt, aber mir gefiel es, einfach zuzusehen, egal was passierte, zurückgelehnt mit meiner Tasse hausgemachtem Kakao. Es war wie im Film«, meint ein Veteran im Nachhinein.[7] Diese Szene wird illustriert durch ein erschütterndes Foto in Philip Jones Griffiths Fotoessay *Vietnam Inc.*, das einen G.I. in voller Kampfmontur zeigt, der eine schwer gezeichnete Vietnamesin mit einem Kind auf dem Arm anschaut.[8] Sein Blick schwankt zwischen ethnografischer Betrachtung, Neugier und Mitleid. Kurz danach, berichtet Griffith im zugehörigen Text, werden die Frau und ihr Kind getötet – nach dem Rückzug aus jenem Dorf fordern die Soldaten einen Luftangriff an. Man kann die Erfahrung des Krieges als Tourismus und die Wahrnehmung des Krieges als Film so analysieren, als würden die G.I.s den Versuch unternehmen, Distanz zu schaffen zwischen sich und dem grausamen Tun, zu dem sie genötigt wurden. Doch es handelte sich auch um den Durchbruch einer neuen Normalität – dem, was wir heute Konsumgesellschaft nennen – an einem quasikolonialen Schauplatz in Übersee: Auf eine perverse Weise konsumierten die jungen US-Soldaten Vietnam – als psychedelische Landschaft, als karnevaleske Todesinszenierung, als Prostituierte.

»Aussteigen« in den Krieg

Freilich deutet die Tatsache, dass Schätzungen von etwa fünfzig Prozent Marihuana- und dreißig Prozent Heroin-, Opium- oder LSD-Konsumenten sprechen, darauf hin, dass Vietnam nicht nur mit US-amerikanischer Kultur beliefert wurde, sondern dass das Vietnam-Erlebnis vielleicht sogar die perverse Erfüllung des Vulgats jener Hippie-Gegenkultur war, die in den Vereinigten Staaten zu dieser Zeit gegen den Krieg protestierte. Vielleicht muss man das Ende des Kitsch-Musicals *Hair* in diesem Sinne neu interpretieren. Als der Protagonist nach der Gegenkultur-Show und der hilflosen Verweigerung schließlich doch das Flugzeug nach Vietnam besteigt, ist das möglicherweise nicht nur das Ende seines bisherigen alternativen Lebens, nicht nur der Anfang eines Leidensweges, sondern der eigentliche Beginn des Trips – ein »Aussteigen« mit authentischem Risiko. Das klingt zynisch – und es wäre vermessen, zu behaupten, Vietnam sei bloß ein Abenteuerspielplatz für 19-Jährige gewesen. Ohnehin war es nicht der durchschnittliche 19-jährige US-Amerikaner, der in Vietnam einrückte, sondern eine besondere Mischung: Etwa die Hälfte jeder Kompanie bestand aus Schwarzen, Latinos, Puertoricanern usw. – und die übrig gebliebenen Weißen stammten zum überwiegenden Teil aus einkommensschwachen Familien.

Nichtsdestotrotz kreisen sämtliche späteren Bearbeitungen des Krieges um die Erfahrungen des All-American-Boy. Dessen Ambiente freilich war nun »multikulturell« – ganz im Sinne der gegenkulturellen »white negroes«, die den Kontakt zum »Anderen« im eigenen Land suchten, insbesondere zu den Ureinwohnern und eben den Schwarzen. Darüber hinaus gab es in der Armee einen ähnlichen Generationenkonflikt mit autoritären Vorgesetzten, der alle Gruppen von Soldaten gleichermaßen betraf. In dem Film *Good Morning Vietnam* aus dem Jahre 1987 mit Robin Williams als DJ in der Hauptrolle wird diese Auseinandersetzung um Rock 'n' Roll herum inszeniert. Der Film erzählt den Kampf der jungen Truppe mit sturköpfigen Redneck-Offizieren um die richtige Musik – eine Musik, die intrinsisch »multikulturell« ist, die selbst die südvietnamesischen Truppen über alles schätzen. Die Verarbeitung und Repräsentation des Krieges stellt andauernd eine Verbindung des Vietnamkrieges mit der Gegenkultur her – vor allem mit Rock' n' Roll. Noch bevor *Apocalypse Now* das Image von

Vietnam nachhaltig visualisierte, hatte Michael Herr in seinen Reportagen, die er 1977 im vielleicht berühmtesten Vietnam-Buch *Dispatches* zusammenfasste, den Krieg als Rock'n'Roll beschrieben. Herr war damals Korrespondent von *Esquire* und überzeugter »New Journalist« in der Tradition von Hunter S. Thompson. In diesem Sinne hatte Coppola das Buch als wichtigste Quelle für seinen Film betrachtet und Herr später auch selbst engagiert, um seine sechs Stunden chaotischen Filmmaterials in einer »Narration« zusammenzufügen.

Bereits auf den ersten Seiten von *Dispatches* zieht Herr eine Parallele zwischen Vietnam und San Francisco – der Hochburg der Gegenkultur. Er betrachtet einen Soldaten, der sich für einen Nachteinsatz das Gesicht angemalt hat »wie 'ne böse Wahnerscheinung«, und vergleicht ihn mit den bemalten Gesichtern auf den Straßen der kalifornischen Metropole: Er sieht das »andere Extrem desselben Theaters«.[9] Immer wieder schaut er in die Gesichter, und das Ereignis des Krieges bekommt etwas von einem Gig: »All diese Gesichter, manchmal wars, als gucktest du in Gesichter bei einem Rockkonzert – eingesperrt, das Geschehen hatte sie am Wickel.«[10] Herr hatte sich von Anfang an den Erfahrungen der G.I.s verschrieben, die er gegen die permanenten Beschönigungen der Armeeführung und der Regierung in Stellung brachte. Der Korrespondent hing mit den Soldaten herum, rauchte Dope und hörte ihre Geschichten.[11] Herr beobachtete eine seltsame neue Religiosität der Truppen, die nach einem synkretistischen Pop-Kult klingen. Junge Männer, die eingewickelt in Batman-Fetische in den Kampf zogen. Andere steckten sich die erwähnten »Souvenirs« ihrer getöteten Feinde unter den Helm. Wieder andere trugen Andenken an zu Hause mit sich herum. Und Bilder: unter anderem von John F. Kennedy, Martin Luther King, Huey Newton, Che Guevara, den Beatles oder Jimi Hendrix.[12]

Bei seinem Versuch, die Erfahrungen der Soldaten zu reproduzieren, wird der Korrespondent selbst zum G.I. Nicht zum

Bestandteil einer Streitmacht im Dienste der guten Sache freilich, nein, zum verwirrten Rock-'n'-Roll-Einzelkämpfer – ein
»Steppenwolf«, ausgestiegen, einsam, ziellos. »Quakin' and
Shakin'« hieß der Feindkontakt in Vietnam oder auch nach einem Song von Jerry Lee Lewis, »Great Balls of Fire«. Der Angriff, so Herr, riss dich aus deinem Kopf und deinem Körper.
Selbst Leistungssportler erzählten ihm, dass sie nie zuvor ein
solches Gefühl gehabt hätten – »das plötzliche Niedergehen
und Raketensausen des Treffers, die Adrenalinreserve, die du
dir selber nutzbar machen konntest, indem du sie hochpump-
test und freisetztest, bis du verloren drin rumtriebst, ohne
Angst, fast bereitwillig, darin heiter-wollüstig zu ersaufen, wirklich entspannt«. Bis die Kriegsteilnehmer schließlich buchstäblich »high on war« waren – und dieser Spruch stand auch auf
vielen der Stoffbezüge der G.I.-Helme.[13] Allerdings waren es
letztlich die Korrespondenten und Fotografen selbst, die in die
Erfahrungen der G.I.s hineinkrochen und so eine Kämpfer-Mimikry betrieben, welche als wahre Rock-Stars des Krieges gelten können – vor allem nahmen sie den »Kick« Vietnam völlig
freiwillig auf sich und konnten jederzeit wieder verschwinden.
Doch darum wird es im zweiten Kapitel noch ausführlicher gehen.

Michael Herr hat in seinen Texten nicht nur sprachliche
Idiome des Rock 'n' Roll für die Erfahrung der G.I.s verwendet, er hat diese Erfahrung als Rock 'n' Roll neu geschrieben.
Die Mischung zwischen Terror und Ekstase, zwischen traditionellem Soldatentum und psychedelischer Halluzination, sowie
das Erlebnis von fundamentaler Unsicherheit in einer unkon-
trollierbaren Umwelt mit einem weitgehend unsichtbaren
Feind – all die Elemente, die den Vietnam-Krieg so anders als
vorherige Kriege erscheinen ließen, repräsentierte er als
Rock 'n' Roll, als eine sublime Erfahrung von Intensität, als un-
ausgesprochenes Komplement des Gegenkultur-Theaters auf
der anderen Seite des Ozeans. Auch Rock war nicht einfach

gegen den Krieg, wie der Kulturwissenschaftler David E. James in seinem Buch *Power Misses* schreibt. Die Protagonisten der politisiertesten Bands – etwa John Sinclair von MC5 – wünschten sich eine »Armee von Gitarren« und knüpften damit offenbar an eine frühere Aussage von Woodie Guthrie an, dass diese Maschine, die Gitarre, Faschisten töten könne. Besonders symptomatisch erscheint James jedoch die Simulation von Maschinengewehrfeuer durch Gitarren. Eine »sonic violence«, eine Art Gewalt des Schalls, sei durchaus als Essenz der Rockmusik zu bezeichnen, so James weiter, und in diesem Sinne seien Rock und Krieg »austauschbare Metaphern«. Zum Inbegriff der Verquickung von militärischer, musikalischer und sexueller Gewalt erklärt James das Stück *Machine Gun* von Jimi Hendrix, das dieser in einem Konzert in der Silvesternacht von 1970 ironisch den »counterinsurgency«-Einheiten widmete, die innerhalb der USA gegen den schwarzen Protest vorgingen, und mit einem nonchalanten »oh, yes« am Ende fast beiläufig auch den US-Truppen in Vietnam. Noch heute thront auf den Regalen des Alternativ-Versandes *2001* eine preiswerte 5-CD-Compilation mit einer wilden Mischung der Mainstream-Musik der späten sechziger und siebziger Jahre mit dem Titel: *Good Morning Vietnam.*

Töten als Spaß und Mimikry an den Feind

Auch das Töten war nicht frei von Spaß, wie Frederick Downs in seinem Vietnam-Erlebnisbericht *The Killing Zone* offen zugibt: »Es stellte sich heraus, dass die meisten von uns es mochten, andere Männer zu töten.«[14] Vor allem, wenn es sich dabei um »dinks« oder »gooks« handelte, Asiaten, die man nicht genau als Kämpfer oder Zivilisten identifizieren konnte und die deshalb wahllos niedergemäht wurden. Der »body count«, die Abschussrate, war in Ermangelung irgendwelcher konventionellen Ziele wie dem Gewinn von Territorium das Maß aller

Dinge geworden, und so gab es unter den verschiedenen Einheiten einen perversen Wettbewerb um die höchsten Leichenberge – inklusive permanenter statistischer Übertreibung der Opferzahlen. Außer Konkurrenz allerdings agierte die Spezialeinheit Green Berets, die in den sechziger Jahren in den USA zu einigem Ruhm gelangte. Es handelte sich um eine Anti-Guerilla-Einheit – John F. Kennedy, der sie zu seiner »Lieblingseinheit« erklärte, verstand sie als eine US-Antwort auf die neue Kriegführung, die Mao Tse-tung eingeführt hatte. Die Truppe funktionierte durch eine Art Mimikry der Guerilla-Taktik: Sie agierte im Verborgenen, ignorierte die »normalen« Regeln des Krieges und kannte alle Techniken des Überlebenskampfes unter härtesten Bedingungen. Ihre Flexibilität verdankten sie nicht zuletzt der Ausstattung mit Sportswear: Kennedy überwachte persönlich, wie die schweren und starren Armeestiefel durch Turnschuhe ersetzt wurden.[15] Zumindest einen mythischen Erfolg mit massenkulturellem Appeal hatten die Green Berets dabei vorzuweisen: Die Legende sagt, dass sie in Bolivien jene Soldaten trainierten, welche schließlich Che Guevara zur Strecke brachten. In Vietnam hatten die Green Berets stets die höchste Rate an getöteten Feinden: Auf einen Gefallenen aus der Einheit kamen 1969 angeblich 150 tote Nordvietnamesen.

Der erste Vietnamfilm von 1968, der für fast zehn Jahre auch der einzige von Belang bleiben sollte, trug den Titel *The Green Berets*. Die Hauptrolle spielte John Wayne, und es handelte sich um ein widerlich-kolonialistisches Machwerk, in dem die Spezialeinheit als strahlender Helfer des gebeutelten vietnamesischen Volkes gegen brutale Kommunisten auftrat. Der Film ist strukturiert wie ein Western, und die Vietnamesen sterben hier auf ähnlich beiläufige Weise wie in den Western zuvor die Indianer. Zehn Jahre später waren die Green Berets in der Ikonografie von Hollywood zu gescheiterten Wahnsinnigen mutiert: Colonel Kurtz, der Abtrünnige in *Apocalypse Now*, war ein Green Beret – er hatte sich noch im hohen Alter von 38 freiwillig zu dieser Einheit gemeldet. Was war geschehen? In der Ursprungsversion von *Apocalypse Now* fällt es nicht leicht, die Motive von Kurtz zu verstehen. So viel jedoch ist klar: In seinem unbedingten Willen, die vietnamesischen »Indianer« zu bekämpfen, ist Kurtz seinem eigenen Bild vom »Wilden« ähnlich geworden. Zunächst schließt er sich den Green Berets an, die selbst schon Mimikry-Guerillakämpfer sind. Danach setzt er seine »Verwilderung« allein fort, und bald führt er zusammen mit den tatsächlichen »Wilden« im kambodschanischen Busch einen ultrabrutalen Privatkrieg.

In der seltsamen und oft karnevalesken Freude am Töten und in der Mimikry an die »Wilden«, an die »Indianer«, kommen noch einmal Topoi der Gegenkultur zum Ausdruck. Es gehörte zu den wiederholten Forderungen der Hippies, dass die Arbeit mehr sein solle als stumpfsinnige Plackerei in Fabrik oder Büro. Die G.I.s in Vietnam machten zwar ihren Job, doch der Spaß am Töten, der »kreative« Umgang mit den Leichen – Souvenirs nehmen, Tote für Fotos arrangieren usw. – sowie die immense Verantwortung für das eigene Leben und das der Kameraden ließen die Soldaten weit mehr sein als nur kleine, gehorsame Rädchen im großen Getriebe. Darüber hinaus wollten die zutiefst mittelständisch geprägten Blumenkinder ihre »Entfremdung« in der verplanten Plastikwelt der Bürokraten vor allem durch eine Art Rückkehr zur Natur bewerkstelligen. Die Hippies betrieben also ebenfalls eine Mimikry in Aussehen, Denken und Verhalten an das, was sie als »Indianer« oder vielmehr »edle Wilde« imaginierten – sie »verwilderten« letztlich ebenso wie Kurtz, nur an einem anderen Schauplatz und zu humaneren Bedingungen.

In *Apocalypse Now* findet sich eine Szene, in der Kurtz den Vorgang der Mimikry ausdrücklich erläutert. Zunächst erzählt er eine Geschichte, die klingt, als stamme sie aus dem *Green Berets*-Machwerk mit John Wayne. Seine Einheit habe in einem

Dorf die Kinder gegen Polio geimpft – mit einer Injektion in den Arm. Dann sei der Vietcong eingedrungen und habe den Kindern diese Arme abgeschnitten und sie ostentativ auf einen Haufen geworfen. Kurtz berichtet weiter, wie er zunächst zu weinen begann und schließlich schrie und tobte. Dann habe er jedoch das »Genie« und die »Schöpferkraft« dieser »Männer mit Überzeugungen« erkannt, die sich nicht scheuten, »ihre ursprünglichen Instinkte« einzusetzen, »um zu töten«, »ohne Leidenschaft« und vor allem »ohne Strafgericht«. Mit solchen Männern könne er den Krieg sofort gewinnen, erklärte er. Doch letztlich sei eben das »Strafgericht« dazwischen: »Es ist das Strafgericht, das uns besiegt.«

Nicht umsonst lässt Coppola seine Kurtz-Figur den Aspekt des Strafgerichtes so stark betonen, denn historisch hat gerade dieses Strafgericht die Kriegführung in Vietnam nachhaltig verändert. Es brach über die Regierung und die Armee herein mit dem Bekanntwerden des Massakers von My Lai, wo eine Kompanie der so genannten Americal Division am 16. Mai 1968 zwischen 100 und 350 Zivilisten – die genauen Zahlen sind bis heute umstritten – brutal niedermetzelte. Damals war es kein Korrespondent vor Ort, sondern ein Freelancer in den Vereinigten Staaten, Seymour Hersh, der das Massaker rekonstruierte.[16] Er war geschockt, während die Reporter vor Ort sich offenbar ebenso an die Grausamkeiten gewöhnt hatten wie die G.I.s selbst. Freilich dauerte es ein halbes Jahr, bis Zeitungen der Geschichte überhaupt einen Nachrichtenwert zubilligten und sie veröffentlichten. Als es danach in den USA einen Aufschrei der Empörung gab, hatte plötzlich jeder Berichterstatter auch eine Geschichte über die Grausamkeit der US-Truppen zur Hand. Es ist bis heute unklar, warum ausgerechnet die Ereignisse in My Lai die Aufmerksamkeit auf die schmutzigen Seiten des Krieges lenkte – dort fand weder das erste noch das letzte Massaker statt. Der Umschwung im Meinungsbild jedenfalls war schon seit Beginn des Jahres 1968 greifbar: Im Januar hatte der Vietcong die so genannte Tet-Offensive gestartet und damit die Berichte des Oberkommandos über die Fortschritte in der Guerillabekämpfung als schiere Schönrednerei entlarvt. Ab 1968 wurde die Berichterstattung daher zu einem ständigen Strafgericht.

Kurtz ist also »verwildert«; er hat sich dem Vietcong und dem Dschungel, mit dem dieser scheinbar identisch ist, assimiliert bzw. dem Bild, das er sich vom Vietcong und seinem Dschungel gemacht hat: Der Gegner gilt ihm als skrupellose, instinktive Tötungsmaschine, und so möchte Kurtz auch werden. Doch das Gelingen dieser Mimikry ist an einem Strafgericht gescheitert – der Colonel ist verzweifelt, weil ihm die Verwandlung nicht gelingt; er ist unfähig, Natur, Dschungel zu werden und die moralische Dimension zu suspendieren. Am Ende wird er von dem gedungenen Mörder Willard getötet, der eigentlich völlig fasziniert von Kurtz ist. Auch Willard hat den Prozess der Mimikry durchlaufen: Als er den finalen Streich führen soll, lässt Coppola ihn aus dem Wasser des Nung-Flusses auftauchen. Sein Gesicht ist bemalt – er ist selbst »verwildert«. Das Verbindungsglied zwischen den beiden ist der Surf-Boy Lance, der zur Besatzung des Bootes gehört, auf dem Willard den Fluss hinuntergefahren ist. Während der Fahrt beginnt Lance damit, sein Gesicht mehr und mehr mit Tarnfarben zu beschmieren. Als sie bei Kurtz ankommen, ordnet er sich sofort in dessen Armee ein. Diese Armee von »Wilden« erwartet nach Kurtz' Ermordung, dass Willard dessen Rolle einnimmt, doch der verweigert sich. Er greift sich Lance und steigt wieder aufs Boot. Der nächste Regen wäscht Lance wieder weiß. Willards Gesicht jedoch schimmert in der Schlusssequenz in Grün, während Kurtz' Stimme resümiert: »The Horror, the horror.« Mit diesem Bild beginnt die Geschichte des Veteranen.

Krieg als Massenkultur und Kultur der Massen

Es ist erstaunlich, wie sehr manche von Coppolas Einsichten dem ähneln, was man in jüngeren Analysen des Krieges nachlesen kann – vor allem was die Darstellung der gescheiterten Mimikry an den Gegner betrifft. Der israelische Militärhistoriker Martin van Creveld hat in seinem viel beachteten Buch *Die Zukunft des Krieges* darauf hingewiesen, dass der »Krieg diejenige menschliche Tätigkeit ist, bei der die Nachahmung die größte Rolle spielt«. Vor allem bei einem Kampf zwischen einem starken und einem schwachen Gegner finde ein »wechselseitiger Lernprozess« statt: »Noch während des Kampfes gleichen beide Seiten ihre taktischen Vorgehensweisen, die eingesetzten Mittel und (…) ihre Moral den Verhältnissen des Gegners an. Früher oder später ist es dann so weit, dass die beiden nicht mehr unterscheidbar sind.«[17]

Was den Prozess der Nachahmung beim stärkeren der beiden Gegner betrifft, ist Coppolas Film weitaus spezifischer als van Crevelds allgemeines Diktum. Zweifellos ahmen die US-Amerikaner ihren Gegner nach – allerdings näherten sie sich dabei nicht an irgendeine tatsächliche Essenz ihres Gegners an, sondern sie vermischten ein beobachtetes Verhalten mit phantasierten Eigenschaften zu einem imaginären Feind, den sie dann kopierten: Letztlich ahmten sie also ihr eigenes Bild vom Gegner nach. Doch während van Creveld glaubt, dass die Gegner bei längerer Dauer des Kampfes nach und nach »ununterscheidbar« werden, ist die imaginäre Nachahmung für die US-Truppen auf Dauer problematisch. Nach My Lai haben der Spaß am Töten und die »Verwilderung« ein Ende. Die »Zivilisation« in Person der heimischen Presse macht sich als Stimme des Gewissens bemerkbar: Sie fordert von der US-Kriegführung eben jenen Humanismus und jene Moralität ein, in deren Namen die US-Truppen angeblich dort kämpften – wobei im Hinblick auf die Folgen der Tet-Offensive an der Heimatfront realistisch hinzugefügt werden muss, dass nicht zuletzt der

mangelnde Erfolg der US-Army diese Werte auf der Tagesordnung erscheinen ließ.

Danach wurde es jedenfalls völlig unmöglich, weiter ohne
Strafgericht zu töten. Ab 1969 zieht Richard Nixon die Truppen zurück – sicherlich auch wegen der 300 Särge mit jungen
Männern, die jede Woche in den Staaten eintrafen, aber auch,
weil die Truppe am Widerspruch zwischen ihrer Art der Kriegführung und dem Strafgericht langsam verzweifelte. Der Bodenkrieg wird nun der südvietnamesischen Armee überlassen;
»vietnamisiert«, wie es auf US-amerikanischer Seite heißt.
Gleichzeitig wird der Luftkrieg auf eine neue und bis dahin
unvorstellbare Weise intensiviert. Dadurch fuhr man mit dem
Töten fort – aber aus der Distanz. Bei genauerer Betrachtung
sind sich also die Gegner, auch wenn van Crevelds Diktum zunächst einleuchtend erscheint, trotz der Nachahmung nicht
ähnlich geworden. Zwar imitieren sich die Gegner, doch zum
einen ahmen sie verschiedene und eben teilweise imaginäre
Aspekte des gegenseitigen Verhaltens nach. Zum anderen
führt die Imitation paradoxerweise auch zur Abgrenzung vom
Gegner. »Charlie« war bekanntlich die fast liebevolle Verball-
hornung des vietnamesischen Gegners. Die Bezeichnung ent-
hielt gleichsam das Eingeständnis einer engen Vertrautheit und
integrierte den Anderen ins eigene Universum. Dieser »Charlie« war zum einen ein durchaus bewunderter Gegner, dem
man durch die Brutalisierung des Kampfes ähnlich zu werden
trachtete. Auf der anderen Seite war »Charlie« aber für die seltsame Rock-'n'-Roll-Armee auch ein Spiegel des Spießerlebens
zu Hause.

»Charlie don't relax«, zitiert Michael Herr einen jungen
Captain zu Beginn von *Dispatches*. »Charlie don't surf«, heißt
es in der legendären Szene von *Apocalypse Now*, in welcher
den Soldaten befohlen wird, im Bombenhagel während der Eroberung eines Dorfes zu surfen. Nein, »Charlie« hatte nichts
von Rock 'n' Roll: »Charlie« war aufopferungsbereit im Diens-

te der Nation, »Charlie« von der nordvietnamesischen Armee hatte stets saubere und gebügelte Uniformen[18], »Charlie« war äußerst diszipliniert und »Charlie« war Masse – ohne Namen und für die G.I.s, für die bekanntlich alle »gooks« glcich aussahen, auch ohne eigenes Gesicht. »Charlie« arbeitete hart – so viel ist klar, wenn man heute die übersetzten Tagebücher der gefangenen Nordvietnamesen in Oriana Fallacis Vietnam-Buch liest[19] oder auch den einzigen auf Deutsch übersetzten Roman über den »Amerikakrieg« von Duong Thu Huong.[20] Mit »Charlie« hatte man nichts zu lachen. »Charlie« war die Reinkarnation des US-amerikanischen Paradespießers als vietnamesischer Feind.

Offenbar waren die US-Armee und ihr Feind wiederum zwei extreme Ausprägungen eines Theaters. Auf der einen Seite stand eine Truppe, deren Erfahrungen in psychedelischen Bildern und den Idiomen des Rock 'n' Roll verkörpert wurden; auf der anderen eine, welche den Krieg als notwendiges Opfer und Arbeit betrachtete. Die G.I.s lernten die Konsumgesellschaft kennen, indem sie auf völlig unkontrollierte Weise das Land konsumierten; die Vietnamesen dagegen übten Verzicht, um dieses Land zu befreien. Für die US-Truppen sprengte der Krieg die Normalität einer Welt zu Hause, die sich durch Disziplin, Karriere, Leistung und den bereits im Voraus geplanten Verlauf von Alltag und Zukunft auszeichnete, während für die Vietnamesen, deren Alltag schon seit den Tagen des Widerstandes gegen die französische Kolonialherrschaft in einem mal mehr und mal weniger spürbaren Kriegszustand lavierte und immense Unsicherheit barg, genau diese scheinbar langweilige, aber berechenbare Welt nach dem Paradies der Zukunft klang. Der Ausnahmezustand des Krieges bedeutete für die Gegner also etwas zutiefst Verschiedenes: Eine teilweise durchaus lustvolle Zerstörung der Normalität stand einem Kampf um eben diese Normalität gegenüber – die Vietnamesen, so verstanden es auch viele kritische Stimmen in den Staaten, wollten ja eigentlich nur allein gelassen werden bzw. ihre Ruhe haben.

Insofern zerfällt der Krieg in Vietnam in zwei Schauplätze dessen, was wir den »massenkulturellen Krieg« nennen wollen. Auf der Seite der US-Truppen wird der Krieg als Gegenkultur wahrgenommen, wobei das tatsächliche Erlebnis und die Repräsentation der Erfahrungen nicht auseinander gehalten werden können. Wie schon erwähnt, wäre es wohl zynisch, die Erfahrungen der G.I.s als Erfüllung des Hippie-Strebens in den USA selbst zu betrachten. Dennoch entsprechen bestimmte Handlungen dem Verlangen nach »Aussteigen« – selbstverständlich mit der absoluten Grenze des Todesrisikos. »Was den Umgang mit der Gefahr so ausgesprochen genussreich macht«, schreibt Martin van Creveld im Hinblick auf den Krieg, »ist das einzigartige Gefühl der Freiheit, welches dabei entstehen kann.«[21] In den Beschreibungen der G.I.-Erfahrung in Reportagen, Büchern und Filmen, also in der Repräsentation des Krieges, ist der Krieg als Gegenkultur freilich deutlich sichtbar. Bereits im Bildband *Vietnam Inc.* des Fotografen Philip Jones Griffith aus dem Jahre 1971, der 2001 neu aufgelegt wurde[22], drängt sich der Eindruck der Rock-'n'-Roll-Armee auf Abenteuertrip sofort auf: überall junge Individualisten, zumeist mit nacktem Oberkörper und der Zigarette keck im Mund, die Uniform zumeist unvollständig und lässig umgeworfen.

Auf der Seite der südvietnamesischen Befreiungsfront und der nordvietnamesischen Armee und auch der Bevölkerung des Landes, die durch den innervietnamesischen Bürgerkrieg, den flexiblen Guerillakampf ohne größere Schlachten und die »Search and Destroy«-Gegentaktik der USA unmittelbar in den Krieg einbezogen war, wird der Krieg dagegen – und auch das mag zynisch klingen – zur Kultur der Massen. Angelehnt an Mao Tse-tungs Überlegungen in der »Theorie des Guerillakriegs« hatte Ho Chi Minh bereits im Kampf gegen Franzosen und Japaner die Parole ausgegeben, dass es sich um einen »lang anhaltenden Widerstandskampf« handelte.[23] Der Krieg war für die vietnamesische Führung so sehr zur Normalität geworden, dass deren Wirtschaftskonzeptionen nach Beendigung des Krieges vor allem daran scheiterten, dass die Partei auf Wirtschaftspolitik im Frieden überhaupt nicht vorbereitet war. Ho hatte jede Vermutung, dass der Krieg bald beendet werden könnte, als »Subjektivismus« gegeißelt – und hielt diesen auch für das größte Manko des damals noch französischen Feindes.[24]

Er betrachtete den Krieg als »Volkskrieg« – die Begeisterung und der Patriotismus galten ihm als Rückhalt der Guerilla. Eines seiner geflügelten Worte besagte, das Volk sei das Meer, in dem der Kämpfer schwimme. In seinen Memoiren schreibt der Vier-Sterne-General und derzeitige US-Außenminister Colin Powell, dass die US-Antwort darauf gelautet habe, durch »counterinsurgency at the cutting edge« das ganze Meer unbewohnbar zu machen.[25] Freilich hat die US-Truppe diese vollständige Zerstörung der Normalität des Landes auch mit der nachhaltigen Zerstörung der Normalität im eigenen Land bezahlt: Die Angst und der Kampf kamen zurück nach Hause. Die Nachwirkung des Krieges in Vietnam war das Eindringen des Krieges als Massenkultur in die Eingeweide der Gesellschaften des Westens – das Ende des Vietnamkrieges war gleichzeitig der Beginn eines endlosen, nicht zu beendenden Krieges.

Der Krieg kommt nach Hause

Im Protest der Blumenkinder und dem Krieg als Gegenkultur auf der Seite der USA und dem Krieg als Kultur der Massen auf der Seite der Vietnamesen war in den sechziger Jahren noch ein emanzipatorisches Moment eingeschrieben. Trotz der Grausamkeiten spiegelte sich im Verhalten der US-amerikanischen Jugend an beiden Schauplätzen das Unvermögen der Regierung, auf traditionelle Weise für den Krieg zu mobilisieren. Die Körper machten nicht mehr mit – sie ließen sich nicht mehr einziehen, disziplinieren und opfern. Der »Volkskrieg« der Vietnamesen dagegen stand im Dienste von nationaler Befreiung und sozialer Revolution. Rückblickend haben beide Versionen ihr emanzipatorisches Potenzial nicht entwickelt. Denn auf US-Seite wurde der Krieg durch die Kommerzialisierung der Hippiebewegung und des Vietnam-Erlebnisses gleichermaßen zu einer Figur der Massenkultur, die jeden und jede »seelisch« in den Krieg einbezog. Gleichzeitig wurde der tatsächliche Krieg nun aus der Luft geführt – ein Krieg, an dem die kriegführende Nation ebenfalls nur noch vermittelt, nämlich »seelisch«-medial beteiligt ist. Vietnam wiederum hat zwar die nationale Souveränität erlangt, aber der dortige Nationalismus entpuppte sich als ebenso wenig fortschrittlich wie der Nationalismus im Westen. Das Versprechen von der sozialen Gleichheit hat sich in einem autokratisch-korrupten System aufgelöst. Mit kommunistischer Rhetorik wird kaschiert, dass seit den mittleren achtziger Jahren der Internationale Währungsfond die Direktiven für die Wirtschaft des Landes formuliert.

Mit der Integration von Hippie- und Vietnam-Erfahrung in die Massenkultur fand in den USA das Aussteigen ein Ende – zumindest in seiner unkontrollierten Version. Schon 1967 wurde in Haight Ashbury symbolisch die Asche des Hippies zu Grabe getragen – jenes »gehorsamen Sohnes der Massenmedien«, wie es bei dieser Gelegenheit hieß. Die Gegenkultur wurde nicht nur von der Vergnügungsindustrie absorbiert, die Hippie-Utensilien massenfertigte und Hippie-Musik auf Stadionniveau aufpumpte, sondern die Werte der Gegenkultur rückten immer mehr ins Zentrum eines neuen Kapitalismus. Das disziplinierte und gehorsame Rädchen im Getriebe hatte ausgedient, und im beginnenden Siegesmarsch des Neoliberalismus wurde ein neuer Idealtypus herausgebildet: das unabhängige Unternehmens-Individuum. Dieses Individuum, dessen fertige Ausprägung uns heute von allen Seiten als Maßstab vorgehalten wird, ist die pervertierte Erfüllung von Hippie–Träumen: Es arbeitet angeblich nur, um Spaß zu haben und sich selbst zu verwirklichen – frei von endlosen Disziplinierungen und vom verwalteten Leben, aber auch frei von jeglichem Schutz durch eine engmaschig geknüpfte soziale Sicherheit.

Die Identität dieses Individuums wird qua Konsum erworben – einem »kreativen« Konsum, der einen Unterschied herausstreicht: Der freie Einzelne wählt bestimmte Elemente aus, verändert sie möglicherweise in ihrer Bedeutung und setzt sie wieder neu zusammen. Schließlich besitzt dieses Individuum auch ein zutiefst moralisches Bewusstsein, das humanistische Werte in der eigenen Lebensführung und der näheren und weiteren Umwelt vertritt. Mittlerweile hat sich eine neue Elite formiert, die der Europa-Korrespondent des *Wall Street Journal*, David Brooks, als »bourgeoise Bohemiens« bezeichnet.[26] Bevor jedoch aus Hippies »Bobos« werden konnten, erlebte auch die Gegenkultur ihr Strafgericht. Vor allem in der zweiten Hälfte der siebziger Jahre begann eine neokonservative Offensive, welche die politische Stoßrichtung des Protestes gnadenlos aufrieb. Auf dem Feld der Kultur allerdings – einer scheinbar entpolitisierten Massenkultur – traten Hippie-Werte und Gegenkultur-Praktiken einen Siegeszug an und verwandelten sich zu jener Form einer neuen Bürgerlichkeit, die heute die herrschende Subjektivität definiert.

Zur Formierung dieser neuen Subjektivität trug auch die Vietnamerfahrung maßgeblich bei – ebenfalls durch einen Siegeszug in der Massenkultur. Neben Rock 'n' Roll war es vor allem der Film, der Vietnam nach Hause brachte. Werfen wir noch einmal einen Blick auf das Gesicht Willards am Ende von *Apocalypse Now*. Sein Gesicht war das Gesicht eines Überlebenden, aber es war zur gleichen Zeit auch das Gesicht des Veteranen, dem die Erfahrung des »Horrors« eingeschrieben blieb. Auch die G.I.s in Vietnam waren der Disziplinargesellschaft – um einen Ausdruck von Michel Foucault zu verwenden – entronnen: durch einen Konsum mit gigantischem Appetit, nahezu außer Kontrolle, sowie durch die beschriebene »Verwilderung«, die eng mit diesem maßlosen Konsum zusammenhing. Insofern war Willards Gesicht gezeichnet von der Erinnerung an ein Erlebnis von maximaler Intensität und totaler Freiheit jenseits der Normalität, das sich durch das zivilisatorische Strafgericht jedoch in einen Albtraum verwandelt hatte. So entstand das Trauma des Veteranen nicht während der Einsätze, sondern erst nach dem Strafgericht. Diese Behauptung lässt sich erhärten durch ein wenig Statistik: Bei den G.I.s trat während des Aufenthaltes in Vietnam nämlich eine erstaunlich geringe Anzahl von psychischen Störungen auf.[27]

Im Kampf hatten die Soldaten, wie Michael Herr schrieb, eine »Erlaubnis durchzudrehen, jeder schnappte dort wenigstens einmal über, und keiner merkte das, sie merktens kaum, wenn du vergessen hattest, wieder zurückzuschnappen«.[28] Nur fünf Prozent der Truppe musste wegen psychischer Probleme evakuiert werden, und in den Jahren 1967 und 1968 – auf dem Höhepunkt der Bodentruppenkampagne – fiel diese Zahl sogar auf drei Prozent. Das ist wenig im Vergleich zu den beiden Weltkriegen. Das hatte sicher mit der kurzen Verweildauer von 13 Monaten und der recht guten psychiatrischen Betreuung vor Ort zu tun, aber dennoch ist die Schere zwischen diesen Zahlen und dem Bild des zutiefst traumatisierten Veteranen bemerkenswert. Das Trauma hat offenbar mehr mit dem späteren Imago des Krieges zu tun als mit dem Kriegseinsatz selbst. Ähnliches berichten auch die Korrespondenten. Charles Mohr, Chef des Südostasienbüros von *Time*, gab zu, dass er den Krieg keineswegs als »unmoralisch« empfunden hätte – bis er zu Ende war.[29]

In Hal Ashbys Film *Coming Home* von 1978, welcher den Startschuss gab für eine ganze Welle von filmischen Bearbeitungen, kommt der Protagonist Luke als »Krüppel« aus dem

Krieg zurück – symbolisch wird die traumatische Erinnerung im körperlichen Gebrechen verkörpert. Im Prozess seiner Genesung freilich entwickelt er sich zum Hippie und protestiert gegen die Einberufung von weiteren jungen Leuten. Freilich mutiert er weiter, und aus den verfilzten langen Haaren werden ordentlich gekämmte lange Haare. Am Ende des Filmes hält er eine Rede vor Schülern und betont: »Es war ein Haufen Scheiße, was ich da drüben gemacht habe.« Dennoch sei er drüben auch »erwachsen geworden« und nun »eine ganze Portion gescheiter«; daher wolle er nicht, dass die jungen Männer dasselbe erleben müssten. Sein Widerpart in *Coming Home* ist ein anderer Veteran, Bob, der unbedingt in Vietnam ein Held werden wollte, um sich selbst zu etwas Besonderem zu machen. Doch Vietnam war eben kein Ort für konventionelle Helden. Weil »Charlie« bekanntlich niemals relaxte, hatte Bob auch auf dem Weg zur Dusche sein Gewehr dabei; als er stolperte, schoss er sich selbst in den Fuß. Während Luke die erwähnte Rede hält, entledigt sich Bob seiner Uniform und schwimmt nackt ins Meer hinaus.

In *Coming Home* kommen Trauma, Reinigung und ein neu erworbener Heldenmut zusammen – der Veteran wird zum wahren Kämpfer erst bei seiner Rückkehr. Sein Trauma besteht aus den Bildern des Krieges – Bildern, die durch das Strafgericht neu bewertet wurden und so zu ihm zurückgekommen sind. Wahrscheinlich wurde dieses Trauma nicht einmal von seinen eigenen Erfahrungen ausgelöst, sondern von den Blicken der entsetzten US-amerikanischen Öffentlichkeit, als sie die Fotos des Krieges sah: Bilder von getöteten, verstümmelten, gequälten Gegnern, Bilder von leidenden Frauen und verwundeten Alten und Kindern. Seine eigene Erfahrung war vielleicht wenig mehr als »ein dichter, unheimlicher Nebel, zäh und beständig« und »die einzige Gewissheit (…) eine überwältigende Ambiguität«, wie Tim O'Brian schreibt.[30] Erst die Anwesenheit der Kamera hat – psychoanalytisch betrachtet – das visuelle Unbewusste seiner Taten sichtbar und der Zensur zugänglich gemacht, die dem Geschehenen nachträglich ein unauslöschbares Moment des Schreckens verlieh.

Doch das Trauma hat für den Veteranen auch einen Effekt, den Sigmund Freud einmal als »Krankheitsgewinn« bezeichnete. Zunächst individualisiert das Trauma: Nicht mehr das Heldentum von Bob, sondern die dauerhafte Verletzung von Luke – in *Coming Home* wie erwähnt symbolisiert durch die Lähmung seiner Beine – macht die Person zu etwas Besonderem. Zudem setzt die Traumatisierung einen Reinigungsprozess in Gang, welcher den Veteranen in den Status der Unschuld zurückversetzt: Seine Verletzung beweist, dass er es ist, dem etwas zugestoßen ist. In diesem Sinne muss in *Coming Home* und anderen Vietnamfilmen vom Leiden der Vietnamesen überhaupt nicht gesprochen werden. Letztlich sind es die US-Amerikaner, die durch die Bilder der Grausamkeiten verletzt wurden. Insbesondere jene US-Amerikaner, die diese Grausamkeiten verursacht haben. Schließlich führt die Traumatisierung auch zum Erwachsenwerden. Insbesondere die Grausamkeit der Kriegserfahrung, in der ein Moment der Unkontrollierbarkeit zum Ausdruck kam (Aussteigen, Rock 'n' Roll), führt nun zur Revision und zur Integration in die neue Gesellschaft: Ich habe »Scheiße gemacht«, die Party ist vorbei, und jetzt diene ich als Modell für eine neue Bürgerlichkeit. In diesem Sinne macht *Coming Home* geradezu exzessiven Gebrauch von Rock als Untermalung der Handlung. Die Geschichte des wahren Kämpfers, die Geschichte des Helden beginnt eben erst jetzt.

Ein anderer Film hat die Ikonografie des Veteranen als Einzelkämpfer weit nachhaltiger geprägt: *First Blood* (dt.: *Rambo*) von Ted Kotcheff aus dem Jahre 1982. Der Film war Hollywoods kongeniale Adaption einer veränderten Haltung gegenüber den Veteranen, welche von der neuen Regierung unter Ronald Reagan offensiv vertreten wurde. Kurz nach seinem

Amtsantritt hatte Reagan dem Gründer der Veteranen-Stiftung erklärt: »Das Schlimme an Vietnam war, dass wir euch nie erlaubt haben, den Krieg zu kämpfen, den ihr hättet kämpfen können. Und damit haben wir euch den Sieg verweigert, den all unsere anderen Veteranen genießen durften. Das wird nie wieder passieren ...«[31] Die Reagan-Administration wärmte vehement eine altbekannte These auf: Ein innerer Feind sei es gewesen, nämlich die Protestbewegung, welche den Sieg verhindert habe – nicht das kleine Nordvietnam. Dieser unpatriotische innere Feind mit dem Sammelnamen »68er«, so behaupteten die wieder erstarkten Neokonservativen in den achtziger Jahren, sei mittlerweile eine hegemoniale Schicht geworden und belege die Öffentlichkeit mit Denkverboten. Nonkonformist war nun nicht mehr der linke Protestler, sondern der Konservative, der den linken Konsens bricht. John Rambo, gespielt von Sylvester Stallone, wurde zur Verkörperung dieses Nonkonformismus.

Zu Beginn des Filmes kommt der offenkundig leidende und heimatlose Veteran in eine Kleinstadt, dessen Sheriff ihn gleich wieder loswerden will. Der Polizist mokiert sich darüber, dass Rambo die US-Flagge auf seiner Jacke trage und wie ein »Gammler« aussehe – erneut sind Veteran und Hippie nicht mehr zu unterscheiden. Als Rambo sich gegen die Ausweisung wehrt, nimmt der Sheriff ihn fest und befiehlt seinen Kollegen, ihn zu waschen: »Er stinkt wie ein Tier.« Er sieht auch zunehmend aus wie ein verschrecktes Tier beziehungsweise ein »verwilderter« Mensch. Das Waschen und das Rasieren rufen in Rambo Erinnerungen an seine Gefangenschaft in Vietnam hervor: In höchst suggestiven Bildern gehen der damalige Gegner und die Spießer in der US-Kleinstadt ineinander über. Als er genug hat, bringt er Vietnam nach Hause zurück, indem er es mit der gesamten Stadt aufnimmt. Im Gegensatz zu *Coming Home* hat das Trauma hier eine neue Funktion – es ist nicht länger ein Anlass für Friedenspädagogik, sondern ein Movens für den Kampf. In seinem Schlussmonolog lobt Rambo das Kriegserlebnis (Ehrenkodex, Freundschaft, Verantwortung), beklagt sein Trauma (»Ich kann das nicht vergessen«) und beteuert seine Unschuld (»Ich kann doch nichts dafür«). An der Niederlage sind die schuld, die »gegen mich demonstrierten«: »Ich hab nur alles gegeben, um zu gewinnen, aber jemand ließ uns nicht gewinnen.«

Mit diesem Film drang der Vietnam-Veteran in den Sprachschatz von Jugendlichen und Erwachsenen überall in der westlichen Welt ein – irgendwo zwischen Maßregelung (»Mach hier nicht den Rambo!«) und Drohung (»… sonst werd ich zum Rambo!«). Im Zentrum des Action-Spektakels stand der Körper von Sylvester Stallone – ein durchtrainiertes Denkmal der Auferstehung des Veteranen. Als Rambo den Polizisten entwischt und in die Wälder führt, beginnt sein Körper aufzublühen: Er erledigt wieder seinen »Job«. Aber John Rambo ist ein »neuer Mann« – sein Körper leidet. Während John Wayne in *The Green Berets* in gebügelter Uniform, distanziert und unverletzbar die Bühne des Krieges betrat, ist Stallones Äußeres derangiert, und sein Körper verliert ständig Flüssigkeit: Schweiß, Blut und am Ende auch Tränen. Trotz seiner Verletzung und Verletzlichkeit hält er durch. So blieb das Bild des starken, geschmeidigen und kontrollierten Körpers im Gedächtnis und wurde schnell zur Ikone der Massenkultur. Diese Ikone zeigte den Einzelkämpfer als Mischung zwischen Veteran und Hippie. Von einem Fetzen zusammengehaltene lange Haare auf der einen Seite, überbordende Männlichkeit auf der anderen.

Das Bild dieses Körpers sprach zu zwei verschiedenen Gruppen von Männern auf unterschiedliche Weise. Zum einen entwarf Kotcheff ein Identifikationsobjekt für männliche Arbeiter, deren Körper im Zuge der Deindustrialisierung in den achtziger Jahren zunehmend überflüssig wurden. Stellvertretend restaurierte Sylvester Stallone deren verlorene Virilität.

Zum anderen sprach das Bild dieses Körpers aber auch schon zu einer gerade entstehenden neuen Mittelschicht. Deren Arbeit hatte mit Handarbeit überhaupt nichts mehr zu tun. Doch während der Körper in den Zukunftsbranchen als »Instrument« keine Rolle mehr spielte, entwickelte er sich mehr und mehr zum Symbol für gelungene Selbstkontrolle. Heute braucht man mit Schwabbelbauch bekanntlich vor keinem Personalchef mehr zu erscheinen; nur eine durchtrainierte Geschmeidigkeit zeigt, dass man sich etwas abverlangt, dass man »fit« für den Job und für »fun« ist. Zu Beginn der Body-Building-Welle waren es die »Prolls«, welche in die Studios strömten, aber mittlerweile hat der Mittelstand dort das Regiment übernommen.

Es ist atemberaubend, wie sehr jene ikonische Rambofigur dem »neuen Soldaten« entspricht, den der weit vorausblickende Ernst Jünger als Konsequenz der Ersten Weltkrieges heraufdämmern sah. Jünger entwarf die Leitidee eines selbständigen, anpassungsfähigen Einzelkämpfers, bei dem es vor allen Dingen auf den richtigen »Geist«, »raffinierte Camouflage« und »indianerhaften Spürsinn« ankomme.[31] Zu Beginn der achtziger Jahre schien also die Mimikry an den Gegner in Vietnam plötzlich doch noch funktioniert zu haben: Das Strafgericht hatte zwar ein Trauma ausgelöst, aber dieses Trauma verhinderte den Kampf nicht länger, sondern beförderte ihn sogar. Rambo war ein Klon des Vietcong, der nun die Pendants zum vietnamesischen Feind an der Heimatfront niedermähte.

Diese Revision der zunächst gescheiterten Mimikry wird durch die touristische Infrastruktur im heutigen Vietnam selbst unterstützt. Seit Mitte der achtziger Jahre ist das Land an Besuchern aus dem Westen interessiert. In Ermangelung größerer Kulturschätze hat insbesondere Ho-Chi-Minh-Stadt ein ganzes Panorama des Kriegstourismus geschaffen. Nicht nur das beschriebene *Apocalypse Now* spielt mit dieser Nostalgie, sondern auch Museen und Ausflugsorte. Was möglicherweise als

Erinnerung und Mahnung an den Krieg gedacht war, entpuppt sich bei einem Ausflug zu den berüchtigten Tunneln des Vietcong in Cu Chi – etwa dreißig Kilometer entfernt vom Zentrum – als reiner Themenpark. Fünfzig Meter des Tunnelsystems sind für Besucher offen, die beim Hindurchkriechen auf allen vieren zu Vietcong mutieren dürfen. Wieder draußen, kann man gegen Bezahlung eine Kalaschnikow abfeuern. Ein Besuch im nahe gelegenen Museum für Kriegsgeschichte mag einen US-amerikanischen Besucher mit scheußlichen Bildern von zivilen Opfern des Napalm-Abwurfes konfrontieren – doch deren Entsetzen ist gänzlich unschuldig. Denn kurz zuvor haben sie sich ja in Vietcong verwandelt.

Hollywood zieht in die Schlacht

Für das späte Gelingen der Mimikry darf sich die Nation bei Hollywood bedanken. Dabei haben Regisseure wie Francis Ford Coppola den gesamten Prozess an sich selbst exerziert. Zunächst identifizierte sich Coppola mit der Figur des Colonel Kurtz. Als Marlon Brando am Drehort in den Philippinen eintraf, spielte Coppola mit ihm Theater: Brando mimte den US-Oberbefehlshaber Westmoreland und Coppola Ho Chi Minh. Einen absurden Höhepunkt erreichte die Maskerade, als der Regisseur und sein Team beim Diktatorenehepaar Marcos eingeladen waren, um in dessen extrem luxuriösen, aber wie eine Festung bewachten Palast Teile seines Filmes zu präsentieren: Die Crew zeigte sich dort in der schwarzen, pyjamaähnlichen Kleidung des Vietcong.[33] Wie Coppolas Frau verbittert meinte, hatte er auf den Philippinen, die perfiderweise fünfzig Jahre lang eine Kolonie der Vereinigten Staaten gewesen waren, sein eigenes Vietnam geschaffen. Sie warf ihm vor, dass »er genau die Situation herstelle, die er mit seinem Film habe entlarven wollen«.[34] Drogen, Tropenkrankheiten, Schnittwunden, Hautabschürfungen, ein Taifun, ein Herzinfarkt und der Tod selbst gehörten während der über drei Jahre dauernden, endlosen Dreharbeiten zum Setting des Filmes.[35] Als das Lager von Kurtz im Dschungel fertig gebaut war, waren die überall herumliegenden Leichen zu einem bedeutenden Teil echt. Ein findiger Helfer hatte sie angeblich aus einem medizinischen Versuchslabor entliehen, tatsächlich aber auf dem Friedhof ausgegraben.[36] 25 Hubschrauber besaß die philippinische Armee, die den Film ausstattete, weil das US-Militär sich geweigert hatte, und Coppola brauchte vierzehn davon auf einmal. Teilweise flogen die Piloten vom Filmset zum Einsatz gegen muslimische Rebellen und wieder zurück.

Möglicherweise war das Filmset von *Apocalypse Now* der Geburtsort jenes »Military-Entertainment Complex«, von dem Science-Fiction-Autor Bruce Sterling in den letzten Jahren wiederholt gesprochen hat. 300 Filme sind allein in den achtziger Jahren entstanden, schätzt Georg Seeßlen, deren zentrales Thema der Krieg in Vietnam ist. Gedreht wurden diese Filme zum größten Teil auf den Philippinen – zunächst von den US-Amerikanern, dann in US-Philippino-Kooperationen, zuletzt von philippinischen Billigproduzenten selbst. Dabei wurde das Land verwüstet wie im Krieg, meint der philippinische Regisseur Lino Brocca: »Die Filmbrände haben den Urwald zerstört, die Filmpanzer die Erde gepflügt, die Filmdetonationen Kraterlandschaften erzeugt, die Filmsoldaten haben Prostitution, Verbrechen, Drogen gefördert, das Filmgeld hat die Menschen zerstört.«[37]

Dass Film und Krieg sich in ihrer Entwicklung beeinflusst haben, ist seit den Arbeiten von Paul Virilio kein Geheimnis mehr. Aber diese Verquickung geht über den Bereich der Wahrnehmungslogistik hinaus, den Virilio ausführlich analysiert hat. Die Grenzen zwischen Krieg und Massenkultur sind insgesamt flüssig geworden. 1980 zog der Hollywood-Schauspieler Ronald Reagan ins Weiße Haus ein, der bereits zwei Wochen nach seinem Amtsantritt den Verteidigungshaushalt um 32,6 Milliarden Dollar erhöhte. In seiner ersten Amtsperiode stiegen die Ausgaben für Verteidigung um fünfzig Prozent an. Im März 1983 stellte Reagan das Herzstück einer neuen Strategie vor: die »Strategische Verteidigungsinitiative« (SDI). Diese Idee einer Raketenabwehr im Weltraum wurde unter dem Namen »Star Wars« bekannt. Obwohl sich George Lucas, der Regisseur des gleichnamigen Films und Coppola-Schüler, sogar gerichtlich gegen diese Bezeichnung wehrte, trugen seitdem ein Film und ein Rüstungsprojekt den gleichen Namen.

Die Stoßrichtung des Films und Reagans Politik passten durchaus zusammen: Beide teilten die Welt schlicht in gut und böse ein, wobei Lucas dem Publikum wieder einmal den Einzelkämpfer schmackhaft machte (Luke Skywalker, Han Solo), während Reagans Projekt eher dem beeindruckenden Todesstern des Imperiums ähnelte. So besetzte der Military-Entertainment Complex alle Positionen zugleich. »Das Massenpublikum«, schreibt Otto K. Werckmeister, »kann die moralische Verwerflichkeit und technische Unterlegenheit eines scheinbar perfekten elektronischen Kampfsterns im Weltraum zur Kenntnis nehmen, ohne in seiner ästhetischen Einstimmung auf das Projekt eines Weltraumkrieges beirrt zu werden. Die naturgegebene ›Kraft‹, die den unnachgiebigen und unwiderstehlichen Freiheitskampf der Einzelnen so erfolgreich macht, liefert die notwendigen Korrekturen. So gehen Ideal und Feindbild ineinander über.«[38]

Im gleichen Jahr, in dem Reagan SDI propagierte, befahl er auch die Invasion des karibischen Inselstaates Grenada. Die Truppe landete in Grande Anse Bay – dem größten touristisch erschlossenen Badestrand der Insel. Wie die Zeitschrift *Esquire* berichtete, kopierten die G.I.s bei manchen Angriffen die Methoden psychologischer Kriegführung aus *Apocalypse Now*. Sie flogen ihre Hubschrauber-Attacken zu den Klängen von Wagners Ritt der Walküren.[39] Sechs Jahre später, 1989, eroberten die USA im Rahmen ihres »War on Drugs« Panama, um des

wegen Drogenhandels und Menschenrechtsverletzungen ange-
klagten Diktators Manuel Noriega habhaft zu werden. Als dieser sich in der Botschaft des Vatikans versteckte, machte das
US-Militär Rock 'n' Roll zu einer Waffe. Weil der angeblich
abergläubische Noriega den Teufel fürchtete, wollte man ihn
mit »teuflischer« Musik herausfordern. Um die Botschaft herum installierte die Truppe Lautsprecher und begann eine oh-
renbetäubende Dauerbeschallung. Der erste Song war bezeich-
nend: »Welcome to the Jungle« von Guns 'n' Roses. Auf der
Playlist standen zunächst besonders »teuflische« Bands wie
The Birthday Party, Pussy Galore oder Sonic Youth, aber als
die einflussreiche Elternorganisation von Tipper Gore – der
Gemahlin des späteren Vizepräsidenten Al Gore – sich be-
schwerte, wurde das Programm abgemildert: U2, The Alarm,
Mötley Crüe, John Cougar Mellencamp, Love and Rockets, The
Replacements, The Dead Milkmen, Madonna. Noriega gab auf.

Dass der Golfkrieg 1991 eine hollywoodreife Vorstellung
war – darüber ist viel geschrieben worden. Auf der einen Seite
waren es nun die Bomben selbst, welche Bilder ihres höchst rationalen und effizienten Einschlagens lieferten – die Waffen
produzierten ihren eigenen Kriegsfilm. Auf der anderen Seite
gelang es der Regierung erfolgreich, ein Szenario des Zweiten
Weltkrieges zu zeichnen und Saddam Hussein als den quasi-fa-
schistischen »Bösewicht« schlechthin zu dämonisieren – ganz
im Sinne des Gut/Böse-Schemas von Reagan und Star Wars.
Am 8. Dezember 1992 landeten US-Special-Forces dann im
Rahmen der UN-Mission *Restore Hope* an der Küste nahe Mogadischu. Der einzige Widerstand, auf den sie stießen, so berichtet der damalige Stabschef Colin Powell in seinen Memoiren, waren 75 Reporter und das blendende Licht der überall
platzierten Kameras.[40] Obwohl Powell das Sicherheitsrisiko in
seinem Buch bemängelt, hatte er die surreale Live-Wiederho-
lung des D-Day im Hollywood-Style kurz nach dem Einsatz als
»bezahlte politische Werbung« bezeichnet. Nach der Beendi-

gung des Kalten Krieges musste das Pentagon nämlich seine horrenden Ausgaben neu legitimieren, und das tat es, indem es die geplante schnelle Eingreiftruppe als Hilfsorganisation verkaufte. PR in dieser Hinsicht war bereits zuvor der Einsatz des Militärs bei Naturkatastrophen gewesen – in Guam, in Bangladesch und in Florida. Die Helden am Horn von Afrika waren an jenem Tag die Marines, die während des »Desert Storm« keine Chance hatten, ihr avanciertes Arsenal von Amphibienfahrzeugen zu zeigen, und die Kampfschwimmer-Spezialeinheit SEALs.

Auch bei der Invasion in Haiti 1994 stand die Presse bereit, aber es wurde eine »schlechte Hollywoodinszenierung«, wie Mira Beham schreibt.[41] Durch die diplomatische Vorarbeit von Jimmy Carter war die militärische Konfrontation vermieden worden. Außerdem war das Debakel in Somalia noch in Erinnerung, und die US-Öffentlichkeit interessierte sich weit mehr für eine Gerichtsverhandlung mit O. J. Simpson in der Hauptrolle. Die Galerie der filmreifen »Bösewichter« konnte freilich ergänzt werden: Auf Saddam, Noriega und Mohammed Aidid folgte Raoul Cédras. Die Bombardierung der serbischen Stellungen in Bosnien durch die NATO ein Jahr später bediente wiederum perfekt das Gut/Böse-Schema: Auf der einen Seite die serbischen Ungeheuer Radovan Karadžić und Radtko Mladić, auf der anderen eine Zivilbevölkerung im Belagerungszustand, welche dem Fernsehpublikum als Identifikationsobjekt angeboten wurde. Mit dem Startschuss für den Angriff auf die Bundesrepublik Jugoslawien 1999 setzte sich diese Einteilung fort: Slobodan Milošević versus traumatisierte Flüchtlinge. So groß war die Empathie für die geschundenen albanischen Kosovaren, dass es Christiane Amanpour – im übrigen Gemahlin des damaligen Pressesprechers des US-Außenministeriums James Rubin – auf CNN periodisch zu Tränen rührte. Am vierten Juli 1999, fast einen Monat nach dem Einmarsch der NATO-Truppen in das Kosovo, traten die Bellamy

Brothers auf dem US-Stützpunkt in Aviano auf, wo ein großer
Teil der Flugzeuge gen Jugoslawien gestartet war. Die Truppe
verlangte immer wieder ein Stück: »Old Hippie«. Dazu fanden
Bandanas reißenden Absatz, auf denen »Old Hippie« zu lesen
war.[42] An der Spitze der Regierung stand ein ebensolcher, ein
ehemaliger Gegner des Vietnamkrieges: William Clinton. Er
hatte den Veteranen mit dem Hippie versöhnt – mit Hilfe von
Nixons Strategie des Luftkrieges. Darum wird es weiter unten
noch gehen.

Dass Vietnam 1999 endgültig überwunden wurde, zeigt sich
bei einem Besuch im Camp der US-KFOR-Truppen im Kosovo. An der Straße nach Gnjilane – der Hauptstadt des amerikanischen Sektors – liegt das dreißig Hektar große Areal, das die
Vereinigten Staaten in kaum sieben Monaten nach dem Einmarsch aus dem Schlamm stampften. Etwa 5000 Soldaten sind
dort untergebracht. Den Kern des Lagers bilden 160 stabile
Holzhütten. Es handelt sich um so genannte Südostasien-Hüt-
ten, konzipiert für jeweils dreißig Personen und erstmals er-
probt – in Vietnam. Benannt ist das Camp nach Staff Sergeant
James Bondsteel, der für das US-Militär ein Held ist. Über seine Leistungen erfährt man in einem Infoblatt der US-amerikanischen Truppen im Kosovo. Nachdem er zehn Bunker zerstört
hatte und reihenweise Feinde »erledigt«, fiel er am 14. Mai 1969
– in Vietnam. US-Reporter sprachen nach den ersten Besichti-
gungen von Camp Bondsteel ziemlich aufgeregt vom größten
US-Lager auf fremdem Gebiet – seit dem Krieg in Vietnam.

In Bondsteel, das ganz den Eindruck einer US-Kleinstadt
für uniformierte Männer verbreitet, schnurren Krieg und Intervention auf die Größe von Merchandising-Produkten zusammen – eben »Kosovo American Style«, wie irgendwo im Camp
zu lesen war. Man kann niedliche Stoffbären mit Mützchen
erwerben, auf denen »KFOR« steht. Hunderte von Tassen,
T-Shirts, Handtüchern oder Baseball-Caps tragen Aufschriften
wie »Somebody in Kosovo loves me«, »Hard Rock Café Koso-

vo« oder »Harley Davidson Balkan Chapter«. Camp Bondsteel ist ein US-amerikanisches All-inclusive-Angebot, in dem sich gut isoliert von jeder Realität draußen im chaotischen Kosovo Vietnam gleichzeitig komfortabel erinnern und vergessen lässt. Im Supermarkt werden Postkarten verkauft, die sich an das Filmplakat von *Apocalypse Now* anlehnen. Sie werben für einen imaginären Film über den Einsatz im Kosovo: »NATO presents: Balkans Now – Kosovo Peace Keeping Mission«. Darunter können die Abnehmer ganz individuell den Namen ihrer Einheit eintragen. In der »gated community« von Camp Bondsteel hat sich die Apokalypse in eine Unterhaltungsshow verwandelt.

Selbstverständlich hat diese Hollywoodisierung des Krieges wiederum auf Hollywood zurückgewirkt. Seit den neunziger Jahren werden zunehmend patriotische Filme gedreht. Während auf der politischen Bühne mit Clinton die Vietnam-Generation jene Generation ablöste, die durch den Zweiten Weltkrieg geprägt worden war, entdeckte die Filmindustrie insbesondere nach dem Golfkrieg ein nostalgisches Gefühl für eben diesen Weltkrieg. *Saving Private Ryan* (1998), *The Thin Red Line* (1999) oder *Pearl Harbour* (2001) zeigten trotz ihrer teilweise vorgeblich kritischen Haltung gegenüber dem Krieg Szenen aus einem gerechten Kampf gegen den Faschismus, dessen konnotatives Feld (Diktatur, Unterdrückung, Intoleranz, ethnische Säuberung usw.) inzwischen sowohl für die US-amerikanische Politik als auch für sämtliche Hollywood-Filme die Negativfolie abgibt. Dabei stellte der Reklamespruch für *The Thin Red Line* eine Verbindung her zwischen dem Einzelkämpfer-Topos und dem Kampf gegen das kollektive Böse: »Every Man Fights His Own War«. Für diesen Einzelkämpfer bleibt aber auch weiterhin das Vietnam-Genre zuständig: In Joel Schumachers *Tigerland* (2001), in dem es um die Ausbildung der Truppe für den Einsatz in Vietnam geht, entpuppt sich der individualistische Rebell, der sich gegen die Härten des

Drills auflehnt und den Krieg kritisiert, mehr und mehr als Ideal des postmodernen New-Economy-Soldaten: Er ist die optimale Führungspersönlichkeit und der beste Kamerad. Derweil sind mit *Behind Enemy Lines* von John Moore und *Black Hawk Down* von Ridley Scott auch jüngere Einsätze der US-Streitkräfte auf die denkbar patriotischste Weise zum Thema geworden: Bosnien und Somalia. Bereits einen Monat nach den Anschlägen vom 11. September hatten sich Hollywood-Verantwortliche mit US-Regierungsvertretern getroffen und versprochen, dass sie die neuen Initiativen zum »War on Terrorism« unterstützen würden. Die Motion Picture Association veranstaltete nach der Fertigstellung von *Black Hawk Down* ein privates Screening für Pentagon-Berater und erlaubte ihnen sogar, Änderungen zu machen. Das Vergnügen der Premierenteilnahme in Washington D.C. schließlich ließ sich dann auch US-Verteidigungsminister Donald Rumsfeld nicht nehmen.

Am Ende ist es in den Vereinigten Staaten gelungen, in einer Praxis, in der Krieg, Tourismus und Massenkultur ineinander fließen, alle möglichen Subjekt-Positionen gleichzeitig zu besetzen. Wer heute aus Ho-Chi-Minh-Stadt abreist, wird nicht vergessen, sich ein T-Shirt mitzunehmen, auf dem steht: »I survived Saigon«. Wir alle sind zunächst einmal Überlebende; Veteranen eines Traumas, das uns sowohl Unschuld als auch Individualität verleiht. Dann sind wir aber auch Vietcong – Einzelkämpfer im neuen »Naturzustand« einer Gesellschaft, die vom organischen Gedeihen des Marktes regiert wird; wir sind Guerillas im »Dschungel« eines »Krieges aller gegen alle«. Gleichzeitig sind wir veritable Erben der »Blumenkinder«: Überall auf der Welt setzen wir uns für Frieden und Menschenrechte ein – unser Militär hilft, wo es kann. Doch letztlich bleiben wir eine Minderheit, deren »Way of Life«, deren Zivilisation ständig von »Bösewichtern« und vom »Bösen« allgemein überall auf der Welt bedroht wird. »One hundred American

Soldiers, surrounded by five thousand rebel fighters«, wie es in der US-Fernsehwerbung für *Black Hawk Down* heißt. Der Kampf dieser Minderheit in Somalia hat nach offiziellen Angaben 1000 Somalis, nach alternativen Schätzungen aber bis zu 10 000 das Leben gekostet – unter ihnen die meisten Zivilisten. John Rambo hatte zweifelsohne Recht, als er in Kotcheffs Film kühl feststellte: »Es gibt keine harmlosen Zivilisten.«

Wie Richard Nixon den Krieg doch noch gewann ...

Überraschenderweise war es Richard Nixon, der dem Krieg seine neue Legitimität verschafft hat. Im April 1970 saß er wie immer schwitzend im Weißen Haus – soeben hatten die US-Truppen und die südvietnamesische Armee die Invasion von Kambodscha begonnen. Nixon stand schwer unter Druck. Um sich Inspiration und Bestätigung zu holen, hatte er sich Anfang April im Weißen Haus eine private Filmvorführung geben lassen: Er schaute sich den gerade erschienenen Film *Patton* an – einen Film, in dem George C. Scott den Weltkriegsgeneral als talentierten, demagogischen, naiv-patriotischen und einsamen Mann verkörperte, der sich über Konvention und Kritik hinwegsetzte. Eine zweite Aufführung folgte, und Nixon begann sogar, seinen Beratern gegenüber Patton oder genauer aus *Patton* zu zitieren.[43] Die Bombardierung Kambodschas, die schon früher begonnen hatte, sowie die folgende Invasion waren das Ergebnis einer strategischen »Theorie« von Nixon, die wiederum das Ergebnis einer Mimikry an den Gegner auf höchster Ebene war. Um der Unberechenbarkeit der Vietnamesen zu begegnen, hatte Nixon eine »Madman-Theory« entworfen. Er glaubte, es sei notwendig, dem Gegenüber als unberechenbar und irrational zu erscheinen: Die Vorstellung, die Vereinigten Staaten würden ganz einfach alles tun, um einen Frieden in Vietnam zu erzwingen, würde auf der anderen Seite Angst verbreiten und Verhandlungen erzwingen. Freilich war bald nicht mehr klar, ob Nixon die »Madman-Theory« hatte oder die »Theorie« ihn: Denn schließlich musste er seine »Irrationalität« ständig unter Beweis stellen.

Gegenüber der Öffentlichkeit vertrat Nixon die Rationalisierung des Krieges. Er holte die G.I.s in die »Zivilisation« zurück – Nixon beendete das Aussteigen und damit sowohl die Möglichkeit weiterer Opfer in Vietnam als auch den ständigen Bilderfluss über die Grausamkeiten. Der folgende Krieg aus der Luft, bei dem die drei- bis vierfache Menge aller im Zweiten Weltkrieg von allen beteiligten Parteien abgeworfenen Bomben auf das kleine Vietnam niederprasselte, ließ sich der Öffentlichkeit als Akt der Vernunft verkaufen. Zum einen konnte er damit an den Mythos des erfolgreichen Luftkrieges im Zweiten Weltkriegs anknüpfen, zum anderen wurde nun ein Diskurs etabliert, der uns heute nur allzu bekannt erscheint. Das Militär behauptete nämlich bereits damals, dass die Bomben mit chirurgischer Präzision ausschließlich militärische Ziele treffen würden – ohne die Zivilbevölkerung zu beeinträchtigen. Auf Pressekonferenzen gab sich das US-Militär nun wortkarg: Die Einsatzgebiete wurden aufgezählt, aber ansonsten blieben die Informationen spärlich. Manche Korrespondenten protestierten – erfolglos. Über die ausgedehnte Bombardierung Vietnams und Kambodschas wurde nur noch wenig berichtet – und was geschrieben wurde, stellt Philip Knightley in seiner Geschichte des Kriegskorrespondenten fest, sorgte für erstaunlich wenig Aufregung in der US-Öffentlichkeit.[44]

Der zweite Teil von Nixons Strategie war die so genannte Vietnamisierung des Kriegs. Die Auseinandersetzung am Boden sollte mehr und mehr von den Truppen der südvietnamesischen Armee allein geführt werden – die Aufgabe der US-Amerikaner wurde auf die Beratung und Unterstützung in Sachen Equipment reduziert. Dieses Prinzip hatte Nixon bereits im Juli 1969 als neue Doktrin vorgestellt, wobei er den Horizont dieser Strategie keineswegs auf Vietnam beschränkte. Wenn ein Land durch die Subversion von Rebellen bedroht werde, gehe es zumal in Asien von nun an nur darum,»to help them fight the war but not fight the war for them«.[45] Diese Doktrin legitimierte in den siebziger Jahren die Unterstützung für den Putsch von Augusto Pinochet in Chile, die Ausstattung der antikommunistischen Bürgerkriegsparteien FNLA und UNITA in Angola, die Beihilfe zum Angriff der somalischen Armee unter dem Dikator Mohammed Siad Barre auf das sozialistische Äthiopien und die Versorgung der islamistischen Mujahedin in Afghanistan mit Training und Waffen.

Doch letztlich haben sich Nixons Überlegungen erst in den neunziger Jahren auf ganzer Linie durchgesetzt. 1991 führte der exzessive Einsatz von »chirurgischen« Luftschlägen am Golf zum Erfolg. 1995 nahm das »Strategische Kommando« der USA (STRATCOM) die »Madman-Theory« wieder auf und stellte unverhohlen fest, dass es schädlich sei, wenn »wir allzu rational und vernünftig wirken«.[46] 1999 und 2001 wurde die Nixon-Doktrin in die Praxis umgesetzt: Im Kosovo und in Afghanistan entwickelten sich die kosovo-albanische UÇK und die so genannte Nordallianz zu den lokalen Einheiten am Boden, welche von den Luftangriffen der Vereinigten Staaten zum Erfolg gebombt wurden.

Schließlich war auch der Feind im Inneren, jene Protestbewegung, gegen deren Schatten Reagan noch so vehement kämpfte, nachhaltig stillgestellt worden. Der Vietnam-Veteran Colin Powell hatte zusammen mit Reagans Verteidigungsminister Caspar Weinberger in der so genannten Weinberger-Powell-Doktrin aus Vietnam folgende Lehren gezogen: Interventionen müssen 1. mit den nationalen Interessen der USA übereinstimmen, 2. klare militärische und politische Ziele haben und 3. von der US-Bevölkerung und ihren Vertretern unterstützt werden. Da auf diese Unterstützung seit dem Vietnam-Krieg offenbar kein Verlass mehr war, schrieb sich die US-Administration nicht nur die »Zivilisierung« des Krieges via Luftkrieg auf die Fahnen, sondern eignete sich auch die Rhetorik der Protestbewegung an. Interventionen hießen in den neunziger Jahren »humanitär«. Und an der Spitze des Staates saß ein Präsident, der einmal ein Hippie war und diese Vergangenheit nicht leugnete, sondern durch Rock 'n' Roll zum Gewinner wurde. Er tingelte mit *Heartbreak Hotel* auf dem Saxofon durch den Wahlkampf und gab sogar zu, dass er – mit den bekannten Einschränkungen – Haschisch geraucht hatte. Letztendlich meinte MTV ausschließlich ihn, als es zu »Rock the Vote« aufrief. Das Strafgericht war überwunden, weil die Vietnam-Generation – jene in Übersee und jene zu Hause – vereint die Lehren aus der Vergangenheit gezogen hatte.

Nach dem Anschlag vom 11. September vereinigten sich Madman-Gehabe und Rock-'n'-Roll-Appeal in der Figur von US-Verteidigungsminister Donald Rumsfeld – das fanden jedenfalls die US-amerikanischen Medien. Als Warnung an Terroristen gefielen Starreporter Thomas Friedman die martialischen Auftritte von Rumsfeld gut. Die Botschaft sei eben: »Trefft Donald Rumsfeld – er ist noch verrückter als ihr.«[47] CNN bezeichnete den Verteidigungsminister als den »eigentlichen Rock Star«. Ein »Sex-Symbol« sei er, meinte auch eine Redakteurin des *Wall Street Journal* in einem Artikel in der Abteilung »Freizeit und Kunst« und hielt seine Pressekonferenzen für die »beste neue Show im Fernsehen«. In der *New York Times* schließlich glaubte eine Modereporterin, dass ein bestimmter Typ Frau sich nach dem 11. September noch einmal überlegen würde, was ihr an einem Mann wichtig erscheine: »Sie hat den mutigen Einsatz der Rettungskräfte gesehen, und ihr ist auch aufgefallen, dass Männer wie Donald Rumsfeld große und einflussreiche Entscheidungen in der Zeit treffen, die ihre Ex-Freunde brauchen würden, um das Abendessen zu bestellen.«[48] Bei so viel Selbstbewusstsein war es überhaupt kein Problem mehr, dass General Tommy Franks in Afghanistan jene Soldaten würdigte, »die ihr Leben bei unseren anhaltenden Operationen in Vietnam gelassen haben«.[49]

Die Globalisierung des Krieges

Der Krieg in Vietnam fungierte als Blaupause für den Krieg als Massenkultur. Aber auch der Krieg als Kultur der Massen, wie er sich derweil an der Peripherie entwickelt hat, geht auf Vietnam zurück. Es gelang den vietnamesischen Kommunisten mit ihrem »Volkskrieg« im Dienste einer »nationalen Identität«, das Territorium des Landes zu vereinheitlichen und zu befrieden. Dabei basierte die vietnamesische Kriegführung nicht unwesentlich auf psychologischer Kommunikation. Zum einen verwandelten die kommunistischen Truppen durch ihre Unsichtbarkeit, durch plötzliche Initiative und Flexibilität geschickt die quasikolonialen Phantasien der US-Amerikaner über den Dschungel in ein zermürbendes Gefühl von Unsicherheit und dauernder Angst. Zum anderen kommunizierte die Führung in Hanoi symbolisch mit der Protestbewegung gegen den Krieg auf dem anderen Schauplatz zu Hause. Einerseits nutzte sie das Interesse des US-Publikums an den Grausamkeiten in Übersee für die eigene Propaganda. Andererseits drehte sie, als ihr klar wurde, dass die US-Regierung sich keine Opfer mehr leisten konnte, den *body count* einfach um – jeder tote US-Soldat wurde so zu einer Art Depesche an die US-amerikanische Öffentlichkeit.

Nach dem endgültigen Ende des Krieges in Vietnam im Jahre 1975 hatte diese Art der Kriegführung freilich anderswo gerade das Gegenteil von Einheit und Frieden zur Folge. An den meisten Schauplätzen – vor allem an solchen, wo die USA im Rahmen der Nixon-Doktrin eine bestimmte Partei unterstützten – führte die groß angelegte Mobilisierung der Zivilbevölkerung für den Krieg zum Zerfall des Staates: So geschah es in Angola, in Somalia und in Afghanistan. Weitere Beispiele liegen auf der Hand, die ebenfalls auf die eine oder andere Weise durch die Einmischung westlicher Mächte gekennzeichnet waren: Jugoslawien, Kolumbien, Sierra Leone, Kongo. Die internationale Vietnamisierungsstrategie der USA hat dazu geführt, dass die Parteien in den zahlreichen Bürgerkriegen offen um den Beistand der Vereinigten Staaten und des Westens buhlen. Inzwischen sogar mit professionellen Mitteln: Es ist bekannt, dass etwa die kroatische Führung 1991 die US-Public-Relations-Agentur *Ruder Finn Global Public Affairs* beschäftigt hat, um Regierung und Öffentlichkeit im Westen für die Unterstützung der kroatischen Sache zu mobilisieren.[50]

Aus der Kriegführung der vietnamesischen Kommunisten lassen sich jene Elemente herleiten, welche Mary Kaldor als konstitutiv für die »neuen Kriege« bezeichnet.[51] In diesen Kriegen werden die Ziele nicht länger durch Geopolitik oder Ideologie motiviert, sondern durch eine »Politik der Identität« – im Gegensatz zu Vietnam allerdings durch widerstreitende Politiken der Identität auf einem Territorium. Darüber hinaus, so Kaldor weiter, handelt es sich um einen Modus der Kriegführung, der sich an Guerilla-Taktiken anlehnt, diese jedoch auf spezifische Weise verändert. Es geht nicht länger darum, die gesamte Bevölkerung etwa im Kampf um Entkolonisierung und nationale Vereinigung auf die Seite der kriegführenden Armee zu bringen, sondern um die Dokumentation des Hasses auf alle Personen, die als abweichend betrachtet werden. Im Bürgerkrieg in Bosnien-Herzegowina fanden fast überhaupt keine konventionellen militärischen Auseinandersetzungen mehr statt: Der Krieg richtete sich konsequent gegen die Zivilbevölkerung. »Zu Beginn des 20. Jahrhunderts lag das Verhältnis von militärischen zu zivilen Opfern bei 8:1«, betont Kaldor. »Heute, mit den Kriegen der neunziger Jahre, hat sich diese Relation beinahe umgekehrt.«[52] Bei diesem Modus der Kriegführung geht es in erster Linie um die psychologische Einschüchterung und Kontrolle der Bevölkerung: Die hat nämlich, wenn die Spirale der Gewalt fortschreitet, irgendwann keine andere Alternative mehr, als sich auf die eine oder andere Seite der »Politik der Identität« zu schlagen. Durch diese Perversion des »Volkskrieges« und angesichts der Zähigkeit und zeitlichen Ausdehnung der Konflikte wird in den betroffenen Gebieten der Krieg buchstäblich zur Kultur der Massen – Menschen werden durch den Krieg oder die Kriegsgefahr sozialisiert und richten ihre Lebensweise, ihre »Landkarten der Bedeutung«, wie es in den Cultural Studies in Bezug auf Kultur heißt, aber auch ihre ästhetische Produktion, auf den Krieg ein.

Schließlich hat sich auch die wirtschaftliche Seite des Krieges verändert, stellt Kaldor fest. Während die Kriegswirtschaften der Weltkriege zentralisiert, allumfassend und autark waren, finden die »neuen Kriege« in wirtschaftlich verwüsteten Gegenden statt, was die Parteien extrem abhängig von ausländischen Ressourcen macht. Das ist auch der Grund, lässt sich hier anfügen, warum die Beteiligten an diesen »neuen Kriegen« andauernd mit dem Westen kommunizieren müssen, wobei es im Sinne der zivilen oder auch militärischen humanitären Hilfe unbedingt erforderlich ist, sich insbesondere der westlichen Medienöffentlichkeit als Opfer einer Aggression zu präsentieren – als unschuldiges und traumatisiertes Identifikationsobjekt.

Die Einmischung des Westens hat freilich Effekte, die kaum noch zu kontrollieren sind. Zudem verursacht die mangelnde Kontrolle Rückwirkungen auf den Westen selbst. Während die Auswahl von potenziellen »Bodentruppen« während des Kalten Krieges noch von der ideologischen Abwehr des Kommunismus und der tatsächlichen Auseinandersetzung mit der Sowjetunion geprägt war, wurden in den neunziger Jahren die Ziele immer unklarer. Zwar waren auch vor 1989 die Verbündeten von erstaunlicher Vielfalt, doch danach verschwanden die Maßstäbe noch mehr und die Entscheidungen wurden ständig kurzfristiger gefällt. Mittlerweile fühlen sich die Vereinigten Staaten zunehmend von Feinden bedroht, die sie selbst durch das Befolgen der Nixon-Diktrin geschaffen haben. Manuel Noriega, Saddam Hussein, Slobodan Milošević und Osama Bin Laden waren allesamt Verbündete der USA oder wurden durch US-Engagement in ihrer Rolle massiv aufgewertet – wie Milošević in den Friedensverhandlungen von Dayton 1995. Schließlich brachten international agierende islamistische Kräfte – ganz zweifelsohne das Ergebnis der »Vietnamisierung« des Krieges gegen die Sowjetunion in Afghanistan[53] – in den neunziger Jahren den »neuen Krieg« als Terror gegen US-amerikanische Polizei- und Miltäreinrichtungen und vor allem die Zivilbevölkerung zurück zu den Vereinigten Staaten: in Langley, Virginia, in New York, in Saudi-Arabien, in Nairobi und Daressalam und jüngst wiederum in New York sowie in Washington. Nach dem Attentat vom 11. September 2001 titelten europäische Illustrierte wie *Paris-Match* oder *Max* zu den Fotos von Ground Zero: »Apocalypse Now«. Im November des gleichen Jahres schrieb *Der Spiegel* angesichts des zunächst wenig erfolgreich scheinenden Bombardements von Afghanistan unfreiwillig richtig: »Amerikas heilloser Bombenkrieg und das Gespenst von Vietnam«.[54]

Derweil hat Präsident George W. Bush eine neue Stufe der Mimikry an den damaligen Gegner in Vietnam eingeläutet. Aus Ho Chi Minhs »lang anhaltendem Widerstandskampf« wurde ein »War on Terrorism«, den Bush in seiner Rede vor dem Kongress am 20. September 2001 so erklärte: »Die Bürger Amerikas sollten nicht mit einer einzigen Schlacht rechnen, sondern müssen sich auf einen langwierigen Feldzug gefasst machen, wie wir ihn noch niemals erlebt haben.«[55] So befindet sich der Westen nun in einem Dauerkrieg gegen einen immer noch unsichtbaren, aber nun globalen Gegner – einem Krieg ohne Grenzen, ohne Konvention, ohne Ende. Dieser verallgemeinerte Krieg ist ein kulturalisierter, ein massenkultureller Krieg, weil dieser Krieg sowohl im Zentrum als auch an der Peripherie eine Auseinandersetzung im Medium symbolischer Kommunikation ist. Als Ziel gilt nicht mehr die Gewinnung von Territorium oder die Vorherrschaft einer Ideologie, sondern die Verteidigung eines zumeist bloß rhetorisch definierten Lebensstils – sei es die »nationale Identität«, unser »Way of Life« oder die »Zivilisation«.

Die Mittel der Kriegführung sind letztlich überall mehr oder weniger terroristisch.[56] In beiden Varianten des massenkulturellen Krieges geht es um die Verbreitung von Unsicherheit und Angst. Der Einsatz von Gewalt ist eine Kommunikationsstrategie, wobei eben kein Raum, sondern die »Seele« der Bevölkerung besetzt werden soll – nicht umsonst achten alle Parteien darauf, dass Kameras und Mikrofone stets in der vorteilhaftesten Weise auf sie gerichtet sind. Jede Aktion spricht gleichzeitig zur lokalen Anhängerschaft wie zur internationalen westlichen Medienöffentlichkeit. Der massenkulturelle Krieg verwischt die Grenze zwischen Kombattanten und Zivilisten. Die westliche Massenkultur ist zu einer Art Trainingslager für soldatische Verhaltensweisen geworden, wie das nächste Kapitel zeigen wird – wenn der Krieg hauptsächlich die Zivilbevölkerung trifft, werden aus Zivilisten prophylaktisch Soldaten. Apocalypse Now? Vielleicht wäre der Titel einer Ausstellung angemessener, die 1999 im Institut für Erdbeben und Seismologie im mazedonischen Skopje gezeigt wurde und die Situation auf dem Balkan zum Thema hatte: *Always Already Apocalypse.*

2
Warum läuft Herr DiCaprio Amok?
Einzelkämpfer im Neoliberalismus: Killerkids,
Individualtouristen, Computerspiel-Krieger,
Lifestyle-Rekruten und Wirtschaftssoldaten

Bad Reichenhall, 1. November 1999
Gegen 12 Uhr mittags eröffnet Martin Peyerl das Feuer. Aus
den Fenstern der elterlichen Wohnung in der Riedelstraße 12
im oberbayrischen Bad Reichenhall nimmt der 16-Jährige die
kleine Welt da draußen ins Visier. Es ist Montag, der 1. November
1999 – Allerheiligen. In dem Kurort sind die Geschäfte geschlossen.
Man besucht die Toten. Auch die Eltern Rudolf und
Theresia Peyerl sind auf den Friedhof gegangen. Ihr Sohn war
daheim geblieben. Gegen 10 Uhr 40 hatte Martin, allein in der
70-Quadratmeter-Wohnung des rau verputzten Alpenstilhauses, den Waffenschrank seines Vaters aufgebrochen und drei Gewehre
an den Fenstern und in der Badewanne bereitgestellt.[1]

Drüben, auf der anderen Straßenseite, erkennt Martin das
städtische Krankenhaus. Wie oft sind die Notarztwagen nachts
am verglasten Eingangsbereich mit Blaulicht vorgefahren? Wie
viele Patienten sind gekommen und gegangen, und manchmal
nicht mehr gegangen? Daniela (»Dani«), seine zwei Jahre ältere
Schwester, deren Leiche im Wohnungsflur liegt, hatte ja auch
mit Kranken zu tun. Sie war Kinderpflegerin im Behindertenheim
Hohenfried. Heute sollte eines der Kinder im Krankenhaus
operiert werden.

Kurz vor 12 Uhr erreichte Daniela die Wohnung in der Riedelstraße.
Martin empfängt sie mit fünf tödlichen Schüssen aus
einem Colt Python, Kaliber .357 Magnum. Zuvor hatte er bereits
die Katze erschossen.

Jetzt nimmt Martin durch das Zielfernrohr des Selbstladegewehrs
vom Typ Ruger M-14, Kaliber .223 das Krankenhaus

ins Visier. Er drückt ein paarmal ab, ohne jemanden zu treffen. Immerhin, der Lärm ist beträchtlich. Die wenigen Passanten reagieren verschreckt. Dann sinkt ein Krebspatient des Krankenhauses, der gerade im Freien eine Zigarette raucht, zu Boden. Zwei Kugeln haben Teile seines Kopfes weggerissen.

Vom Elternschlafzimmer aus gibt Martin Peyerl sechs Schüsse auf ein Ehepaar ab, das im Nachbarhaus lebt und gerade auf der Garagenauffahrt beschäftigt ist. Beide sterben auf der Stelle. Peyerl wechselt die Waffe und schießt nun mit einem Gewehr, Kaliber .44-40. Der Schauspieler Günter Lamprecht wird getroffen. Lamprecht befindet sich wegen eines Theaterengagements in Bad Reichenhall. Der Darsteller des Franz Biberkopf in Rainer Werner Fassbinders *Berlin Alexanderplatz* ist auf dem Weg zu einer Knieuntersuchung in der Klinik. Er wird begleitet von seiner Lebensgefährtin, der Schauspielerin Claudia Amm, und seinem Manager Dieter Duhme. Nur 15 Meter von ihnen entfernt eröffnet Peyerl ein wahres Sperrfeuer. Lamprecht und Amm werden schwer verletzt. Sie bluten und rufen um Hilfe. Aber sie müssen eine halbe Stunde in der Deckung der von Schüssen durchlöcherten Mercedes-Limousine verharren, bis endlich ein Rettungssanitäter das Schuss- und Sichtfeld des Amokschützen zu betreten wagt.

Es ist wie im Bürgerkrieg. Nur dass in Bad Reichenhall niemand etwas vom Bürgerkrieg weiß. Martin Peyerl, einziger Heckenschütze einer Ein-Teenager-gegen-die-Welt-Miliz, verwandelt die Riedelstraße mit Hilfe der väterlichen Waffensammlung in ein Schlachtfeld. Wo sich normalerweise das unspektakuläre Alltagsleben der Kleinstadt ereignet, produziert er eine Zone gesteigerter Gewalt und radikaler Kontingenz. Die Leute fallen um wie von Geisterhand berührt. Aber Martin Peyerl weiß, warum sie schreien und sich vor Schmerzen krümmen. Er spürt das Gewicht der Waffen in den Armen und Händen, riecht den Schmauch der verschossenen Patronen und Hochgeschwindigkeitsprojektile.

Er ist gar nicht mehr er selbst: Martin Peyerl, der Industrie-mechaniker-Lehrling in der örtlichen Saline – ein unauffälliger Junge: maulfaul, körperlich stigmatisiert (in der Schule nannte man ihn »Glöckner« wegen seines Buckels und »Spockie« wegen seiner Ohren), kaum Freunde, aber umso mehr Gewaltvideos, Computerspiele und Nazi-Accessoires. Dieser Martin Peyerl – bald ist er gar nicht mehr. Bleiben wird die Erinnerung an den Amokläufer »im Rausch der Gewalt« (*Stern*).

Der SEK-Spezialeinheit aus München, die erst Stunden nach den letzten Schüssen, gegen 18 Uhr, die Wohnung stürmt, bietet sich ein grauenhafter Anblick. Zunächst entdecken die Beamten die Leiche der exekutierten Schwester. Dann finden sie Martin Peyerl, der tot in der Badewanne liegt – er hat sich den Doppellauf einer Schrotflinte in den Mund gesteckt und abgedrückt. Fünf Menschen, er selbst eingeschlossen, mussten für seinen finalen Auftritt sterben, drei Passanten wurden durch Schüsse verwundet.

Für die Kripo gibt es danach wenig aufzuklären oder zu überführen. Das Mitgefühl für die Opfer versteht sich von selbst. Die Schuldfrage scheint eindeutig beantwortbar (obwohl Günter Lamprecht und Claudia Amm genau dies nach dem 1. November 1999 mit Anzeigen gegen die Polizei und die Eltern Peyerl zu bestreiten versuchen, weil sie von deren Versagen überzeugt sind). Schnell vermuten die Ermittlungsbehörden und ihre psychologischen Gutachter den Ursprung der Mordtat in der »Persönlichkeit« des Killers. Eine derartige Eruption von tödlicher Gewalt in einer gemütlichen kleinstädtischen Umgebung, abseits so genannter sozialer Brennpunkte – das lässt sich nur als Einzelfall angemessen begreifen. Ein vielfach konsultierter Amokläufer-Experte meint, man könne ein »so seltenes Phänomen« nicht als »Massenphänomen« erklären.[2] Was bleibt also? Eine durchgeknallte Sicherung im Kopf einer beschädigten »Persönlichkeit«. Und eine dreigliedrige Klassifikation des Amokläufers, dieser »besonders gefähr-

71

lichen Spezies« (*Focus*), die aus 1.»Wahnhaft-Depressiven«, 2. »Geisteskranken« und 3.»Psychopathen« besteht. So viel Ordnung muss sein.

Sozialpsychologen hingegen machen auf die »Gleichgültigkeit« aufmerksam, mit der ein unsportlicher, wenig populärer Junge, der aus prekären kleinbürgerlichen Verhältnissen stammt (der Vater, ein ehemaliger Zeitsoldat, wurde wiederholt arbeitslos, neigt zum Alkohol), in der gegenwärtigen Gesellschaft konfrontiert ist. In der Gewaltsoziologie sind solche Engführungen von sozialer Indifferenz und individueller Aggression gut etabliert. Die mangelhafte ökonomische oder soziale Bindung, heißt es, wirkt massiv desorientierend und desintegrierend. Die Herausforderungen einer Ordnung, die sich an ökonomisch begründeten Idealen wie Mobilität, Bastelbiografie, lebenslangem Lernen, Teamfähigkeit, Siegermentalität oder Kontingenzbewältigung ausrichtet, erscheint vielen als Überforderung. Und wer aufgrund dieser Umwälzungen nicht sozial oder familiär integriert ist, muss die Folgen seines eigenen Handelns für andere nicht mehr berücksichtigen.

Ein jugendlicher Mörder wie Martin Peyerl bildet die schwarze Avantgarde der Individualisierung sozialer Konflikte, den äußersten Referenzpunkt eines Zerfalls traditioneller Vorstellungen von männlicher Subjektivität, wie sie mit der fordistischen Gesellschaftsstruktur verbunden waren. Der Körper des jugendlichen Amokläufers, noch vor der Geburt entlassen aus den Arbeitsdisziplinen der Fabrik, ist auf unberechenbare Weise freigesetzt, seine Entwurzelung hoffnungslos weit gediehen. Ob als Last Exit eines funktionslos gewordenen Proletariats, das sich in faschistische Allmachtsphantasien flüchtet, oder als Faszinosum eines Neo-Bürgertums, das sich an den Exzessen der Individualisierung weidet – der Amoklauf des radikal Einzelnen, der seine Umwelt in ein Schlachtfeld verwandelt, ist ein Grenzwert der Stilisierung des Selbst unter Bedingungen, die das Selbst zur a-sozialen Autonomie verurteilen.

»Krieg der Kinder« auf der diskursiv-medialen Bühne

> »… all the children are insane«
> (The Doors, »The End« – zu hören
> in den Eingangsminuten von
> *Apocalypse Now*)

Martin Peyerls Vorstoß zur schwarzen Avantgarde der Individualisierung findet in einem ganzen Netzwerk von Orten statt. Der Amokschütze und seine Opfer prallen im kleinstädtischen Sozialgefüge von Bad Reichenhall aufeinander, zugleich werden sie von der »Eigendynamik« der Tat erfasst – mitsamt »Tunnelblick« des Täters, der selbst »zu einem Geschoss in dem Tunnel« mutiert.[3] Dazu kommt jener Ort, den wir *diskursiv-mediale Bühne* nennen wollen: eine kommunikative Struktur aus Gesten des Leidens und Bildern der Gewalt, aus vorgeprägten und nachträglich verfassten Medienerzählungen. Um die Wirkungsweise dieser Bühne zu beschreiben, kann man sich eines Begriffs von Gilles Deleuze und Félix Guattari bedienen: Die beiden Philosophen sprechen vom »Massenmedien-Akt«, den sie von den performativen »Sprechakten« der Sprachphilosophie ableiten.

Sprechakte sind verbale Äußerungen mit dem Charakter sozialer Handlungen: Befehle beispielsweise, oder Beleidigungen. Analog bezeichnet der Massenmedien-Akt eine Äußerung, die sich unmittelbar auf die raum-zeitliche Situation niederschlägt, in der sie getätigt wird.[4] Fängt ein Terrorist in einem Flugzeug an, mit der Waffe zu drohen, verwandelt sich das Flugzeug unmittelbar in ein Gefängnis, werden die Passagiere zu Geiseln. »Massenmedial« ist ein solcher Akt deswegen, weil die Beteiligten unwillkürlich in einem Raum agieren, der wie eine Bühne oder ein Aufnahmestudio strukturiert ist. Die Akteure handeln gemäß vorhandener Erwartungen und Erwartungserwartungen, die durch das massenmedial verbreitete

Wissen um Flugzeugentführungen abgerufen werden können. Eine »Medien-Terrorismus-Beziehung«[5] ist somit auch dann gegeben, wenn gar keine Kameras, Mikrofone oder Moderatoren anwesend sind.

In diesem Sinne leiteten auch die Schüsse Martin Peyerls nicht nur das körperliche Leiden der von ihm Getroffenen ein. Sie vollzogen zudem die »körperlose« Verwandlung der mittäglichen Feiertagssituation im Kurort Bad Reichenhall in das Geschehen auf der diskursiv-medialen Bühne. Viele wollten den Amoklauf als grausam-singulären Akt präsentieren. Doch die Entsicherung der Verhältnisse durch einen einzelnen Gewalttäter war weniger Ausnahme als Zeichen einer grundlegend veränderten Normalität.

Ende 1999 hatte sich der jugendliche Amokläufer längst zu einem eigenen Typus des Kriminellen, zum Negativhelden eines neuen Genres des Verbrechens entwickelt. Eine ganze Kette von ähnlichen Gewaltexzessen unter Beteiligung von Jugendlichen bildete bereits ein blutfleckiges Muster in dem Gewebe der Gesellschaft. Schon im Vorjahr, 1998, hatten sich Schlagzeilen über eskalierende Gewalt auf den Schulhöfen und »alarmierende« Jugendkriminalitätsstatistiken gehäuft. Titelzeilen wie »Die kleinen Monster. Warum immer mehr Kinder kriminell werden« (*Der Spiegel*, 6. April 1998) oder »Es sind unsere Kinder. Gewalt unter Jugendlichen – ein Abbild der Gesellschaft« (*Die Zeit*, 8. April 1998) wiesen die Richtung. Dazu warfen die Redaktionen Bilder von waffenstarrenden, Basecap-tragenden Terror-Teenagern, die mit verzerrtem Gesichtsausdruck Autos zertrümmern und Mitmenschen bedrohen, in einen Wettbewerb um Nachrichtenwerte.

Eine Jugend im permanenten, brutal geführten Überlebenskampf – der Infotainment-Symbolismus nahm wieder einmal bizarre Formen an. Der *Spiegel* wähnte sich in einem »Krieg der Kinder« und insinuierte damit den Vergleich mit den Krisenregionen im Nahen Osten oder südlich der Sahara, wo Kindersoldaten und jugendliche Selbstmordattentäter die gewalttätige Kehrseite des so genannten *youth bulge* bilden, eines Überschusses von Jugendlichen in der dortigen Bevölkerung.[6] So unzulässig eine solche Parallele in Hinblick auf die jeweiligen Ursachen von Kindergewalt ist, bedient sich die massenkulturelle Kriegsproduktion des Westens im Arsenal der Drohbilder waffenstarrender Kindersoldaten aus fernen Kriegsgebieten, wenn es hier knallt. »An deutschen Schulen ist die Hölle los«, titelte *Focus* (2. März 1998) und gab damit schlafwandlerisch sicher die Maximal-Metaphorik vor. Denn, ja, das muss die Hölle sein: der 14-Jährige, der in Hamburg seine Großmutter erstickt; vier Zwölfjährige in München, die ihre Lehrerin mit einer Soft-Air-Pistole beschießen. *The horror, the horror,* zumal diese Hölle in den privilegiertesten und gehegtesten Gegenden der Welt ausbrechen kann.

Im Jahr darauf eskalierte der westliche Krieg der Kinder endgültig. Jugendliche Amokläufer inszenierten den »totalen Bruch mit der Normalität«[7]. Am 20. April 1999 besetzten der 17-jährige Dylan Klebold und der 18-jährige Eric Harris die Columbine Highschool in Littleton, Colorado. Bewaffnet mit zwei abgesägten Schrotflinten, einer halbautomatischen Neun-Millimeter-Pistole, einem Karabiner und an die dreißig selbst gebauten Sprengsätzen. In schwarze Skimasken und Trenchcoats gemummt, richteten sie kaltblütig zwölf Mitschüler und einen Lehrer hin, 28 Schüler wurden von Klebold und Harris zum Teil schwer verletzt. Zweieinhalb Stunden später gingen CNN und NBC live auf Sendung; ungefähr zu dem Zeitpunkt, als sich die beiden Täter selbst die Kugel gaben. Der Massenmedien-Akt war längst vollzogen, da erst kamen die Vertreter der Massenmedien, um ihre Apparate und ihr Personal in den narrativen Strukturen aufzustellen.

Weitere von Jugendlichen veranstaltete Massaker ereigneten sich 1999 in Atlanta, Los Angeles, Fort Worth und Honolulu. Und schließlich führte der November 1999 den »amerikanischen Albtraum« (*Bild*) in die Bundesrepublik. Am 2. November trägt sich Martin Peyerl in die Amok-Annalen ein; am 9. November tötet ein maskierter 15-Jähriger im sächsischen Meißen eine Gymnasiallehrerin mit 22 Messerstichen; am 30. November vereitelt die Polizei nur knapp den Doppelmord an einer Schulleiterin und einem Lehrer einer Hauptschule im bayrischen Metten, der von drei 14-Jährigen geplant war.

Der mimetische Hyperindividualist

Der singuläre Akt wird zum seriellen Ereignis, zur regelmäßigen Einzigartigkeit. Der Amoklauf hat das massenkulturelle Zertifikat einer Ausfallserscheinung, weil er »gesendet« und »ausgestrahlt« wird, weil er sich in vergangene und zukünftige medial organisierte »Sendungen« einfügen lässt.[8] Im Fall Martin Peyerl kamen ergänzend hinzu: ein waffensammelnder, arbeitsloser Ex-Zeitsoldat unter Alkoholismus-Verdacht als Vater; reichlich NS-Devotionalien, Gewaltvideos und nicht jugendfreie Computerspiele, penibel ausgeführte Zeichnungen von Hitler und Hakenkreuzen, aber auch von Super Mario und Lara Croft.

Doch die Bericht erstattenden Medien ließen es nicht bei weltanschaulichen und milieuspezifischen Kausalitäten bewenden. Weitaus interessanter als eine politische Interpretation schien der Griff in die Kiste mit dem Grundsätzlich-Metaphysischen zu sein. Man riskierte einen Blick auf die harte, wahre Wirklichkeit; man hypostasierte »den Hass«, »die Aggression«, »das Böse«, »die Gewalt« zu unhintergehbaren Wirkmächten im pechschwarzen Inneren der Gesellschaft; auf alles gefasst, schaute man hinter die Fassaden der ästhetisierten Pseudo-Realität[9]: »Warum lief der brave Martin Amok?« (*Berliner Kurier*, 3. November 1999).

Die Frontlinie im Krieg der Kinder verläuft quer durch die Gesellschaft. Der mörderische Teenager füttert die Medien mit einer neuen Story über das absolut Andere in unserer Mitte, das sich der Kinder bemächtigt hat. Diese Jugend, mit ihren emblematischen Klappmessern und Knarren, treibt sich herum in einem Zwischenreich von Phantasie und Realität; und sie verletzt den gesellschaftlichen Waffenstillstand in den Schulen und Reihenhaussiedlungen, also in den Überresten eben jener fordistischen Disziplinargesellschaft, in der für sie kein Ort mehr vorgesehen ist. Einfühlsame Befunde der »Traumatisierung«, festgestellt bei den jugendlichen Opfer-Tätern, stehen gleich neben Null-Toleranz-Forderungen nach dem strengen Staat. In diesem Zusammenspiel von Psychologie und Repression zeichnet sich ein spektakulär zerrüttetes Selbstbild der Gesellschaft ab. Es zeigt diese gleichermaßen beunruhigt wie über alle Maßen zum Handeln entschlossen. Kurz: im Ausnahmezustand.

Prompt wurden Fragen nach Import und Input laut. Kam das Übel nicht direkt aus den Serienmörder-Filmen, den Gewalt-Computerspielen, der satanistischen Heavy-Metal-Musik US-amerikanischer Fertigung? Doch ausrastende »Killerkids« verweisen auf sehr viel weiter gehende Veränderungen im Verhältnis von Körper und Gesellschaft, Identität und Begehren, Gewalt und Intimität, als es Zensurforderungen und Szenarien der Beeinflussung vermuten lassen. Der Typus des einzelgängerischen jugendlichen Mörders ist nur als kollektive, massenkulturelle Produktion verständlich. Er ist ein Protagonist jener »pathologischen Öffentlichkeit«, von der die US-amerikanische Gesellschaft des ausgehenden 20. Jahrhunderts geprägt ist und die der Kulturwissenschaftler Mark Seltzer in seinem Buch *Serial Killers. Death and Life in America's Wound Culture* untersucht hat.[10] In der »Kultur der Wunde« befinden sich die individuellen und die kollektiven Akteure auf der ständigen Suche nach Verletzungen an Körper und Seele. Diese Wunden markieren die Grenzen ihres Daseins; aber zugleich produziert ihr Anblick glorreiche Augenblicke von Schrecken und Mitge-

fühl, von Macht und Ohnmacht. Unter den Bedingungen allge-
genwärtiger technischer Medien, die konstante Sichtbarkeit
garantieren, interagieren die verletzten (oder verletzenden)
Akteure zudem pausenlos mit einem imaginären oder realen
Publikum, das nach dem Spektakel der Einzigartigkeit verlangt, welches durch die Zurschaustellung der Verletzungen
zweifelsfrei zertifiziert wird. Dass die massenhafte Produktion
von Einzigartigkeit ein hoffnungslos paradoxes Unterfangen
ist, belegt hingegen exemplarisch die tyrannische Intimität der
Fernseh-Talkshows. Hier dürfen die Individuen gerade einmal
so »privat« und so »krank« sein, wie es die Sendeformate und
die Exzess-Erwartungen des Publikums zulassen.

Die »Scheinwerferprivatheit« (Jürgen Habermas)[11] dieser
Öffentlichkeit erlaubt Einzigartigkeit also nur in der Serie. In
den Spektakeln von Krankheit und Intimität, Gewalt und Trauma sind privates Begehren und öffentliche Phantasie so ver-
schränkt, dass die Individuen sich gerade dann als »massenkulturell« erleben, wenn sie mit ihren Verletzungen ganz bei sich
zu sein scheinen. Die Traumatisierung wird durch Berührungen
auf der Ebene der Seele herbeigeführt; und es sind Bilder und
medial organisierte Erfahrungen, die es – im Nachhinein – er-
möglichen, dass diese »Verletzungen« der Seele von den Individuen so wahrgenommen werden können, als würden sie eine
Fotografie oder ein Video ihrer Wunden betrachten.

In der vom Trauma besessenen Kultur sind physische und
seelische Wunden zu einem zentralen Bestandteil der öffentlichen und privaten Identität geworden. Die sinnlosen, aber einer eigenen Logik gehorchenden Morde, wie sie beispielsweise
der von Mark Seltzer untersuchte Typus des Serienkillers be-
geht, verändern die Begriffe menschlicher Individualität. Der
Serienmörder widerspricht den Vorstellungen einer in Kategorien des Humanen erfassbaren Persönlichkeit. Er erscheint als
eine Art Un-Mensch, eine Maschine. Zugleich ist der Serientä-
ter angewiesen auf eine gesteigerte Visualität. Voraussetzung

seiner Taten ist jenes Feld der Aufmerksamkeit und der Sicht-barkeit, das die Medien herstellen – durch ihre Apparate (Ka-meras, Mikrofone, Bildschirme, Architekturen usw.), aber noch viel mehr durch ihre Diskurse, die eine unwillkürliche Trans-formation von Bedeutungen und Interpretationen ermögli-chen – den Massenmedien-Akt.

Vor diesem Hintergrund kann man den jugendlichen Hyper-individualisten Martin Peyerl, der angeblich gegen Ende seines Lebens das Zimmer mit den Videospielen und Nazi-Acces-soires nur noch zum Essen verlassen haben soll, als ein »mime-tisches Subjekt« an der Grenze des Humanen erleben: ein Sub-jekt, das andere nachahmt, keine innere Wahrheit kennt, keiner Geschichte oder Gemeinschaft angehört, keiner Tradition oder Religion.

Peyerls Selbstaufgabe geht eine Mimikry an die Normalität eines kleinbürgerlichen, rechtsradikal orientierten Umfelds voraus, in dem er sich symbolisch einrichtet, bis er in ihm zu verschwinden scheint. Gleichzeitig bedroht ihn die Normalität von Schule und Alltag in der oberbayrischen Provinz, es will ihm keine erfolgreiche Anpassung gelingen. So wie der ameri-kanische Soldat in Vietnam die Mimikry an das Andere (den Vietcong, die Natur, das Grauen) betreibt und damit seine Identität vorübergehend transformiert, gibt sich der Amokläu-fer oder Terrorist durch den gewalttätigen Massenmedien-Akt auf, um ein Anderer, um *medial* zu werden.

In einem politisch und geografisch entfernten Zusammen-hang hat die Theoretikerin Ariella Azoulay untersucht, wie ein mimetisches Subjekt in der Menge untertaucht, nur um desto gewalttätiger aus ihrer Mitte heraus zu detonieren. Fast exakt vier Jahre vor dem Amoklauf in Bad Reichenhall, am 4. No-vember 1995, wurde der israelische Premierminister Yitzhak Rabin während einer Friedenskundgebung auf dem Rathaus-platz von Tel Aviv erschossen. Der Todesschütze, der radikale Zionist Yigal Amir, gab später zu Protokoll, er habe Rabin aus der politischen Arena entfernen wollen, weil dieser durch seine Verhandlungsstrategie gegenüber den Palästinensern die Sache Israels verraten habe. Die Hintergründe seiner Tat sind einerseits klar politisch motiviert, andererseits hat sich Amir als ein »unabhängiger Guerillakämpfer« aus allen sozialen Zusammenhängen entfernt. Er wollte keinen der etablierten Kanäle von Veränderung und Kritik verwenden, sondern unsichtbar und unhörbar werden, »um in der Lage zu sein, wie ein Blitz einzuschlagen und als Auslöser einer heilenden Veränderung zu erscheinen«.[12] Amirs »Blitz«-Handlung beruhte auf einer fundamentalen Verkennung der Bedingungen, unter denen in einem demokratischen System »Realität geschaffen« werden kann. Das Einzige, was der Attentäter mit dem Anschlag erreicht zu haben schien, war die Negation dieses Systems selbst.

Doch gerade weil es sich um den Massenmedien-Akt eines entkontextualisierten Einzelnen, eines gesellschaftlich bindungslosen Kämpfer-Individuums handelte, sollte dieses »blitzartige« Auftauchen aus der Anonymität die Ordnung der Wahrnehmung und diskursiven Verarbeitung des politischen Geschehens entscheidend verändern. Amirs »eventuation« (die Verwandlung einer Situation in ein Ereignis), die Ermordung Rabins, führte zu unmittelbaren Reaktionen in der israelischen und internationalen Öffentlichkeit. Der Anschlag war erklärlich und unerklärlich zugleich; er fand auf der diskursivmedialen Bühne einer öffentlichen Friedenskundgebung statt, kam aber aus einem rätselhaften Außen der Gesellschaft; er hatte ein politisches Ziel, aber es war nicht »anschlussfähig« an bestehende oppositionelle Diskurse.

Ob als jugendlicher Amokläufer oder als politischer Attentäter, zwingt der Einzelkämpfer in dem Moment, in dem er die diskursiv-mediale Bühne betritt, die Gesellschaft dazu, die Innovationen seines Massenmedien-Akts in ihre Kommunikationen zu integrieren. Sie kann ihn, den Hyperindividualisten, beispielsweise zum Element einer Serie machen und damit seine Einzigartigkeit untergraben: Wie der Serienmörder wurden der Amokläufer oder der Terrorist in eine wuchernde kulturelle Typologie aufgenommen. Mittlerweile sind das »Monster-Kid«, die »kleine Bestie« oder der »Fanatiker« Produkte eines regelrechten *branding* durch die Massenkultur, das ihre Taten und Profile nicht nur publiziert, sondern auch reproduziert. Der Amokläufer reiht sich ein neben andere Poster-Motive einer Kultur, die dem Bizarren und Monströsen huldigt. In dieser Galerie hängt das Killer-Kid gleich neben dem Freak, dem Cyborg, dem bösen Clown, dem Serienmörder, dem fanatisierten Terroristen. Der Amokläufer ist »ein kulturelles Totem« im »Zeitalter der Extreme«, zu dem Extremsportarten ebenso gehören wie extremes Wetter oder extremer Sex.[13]

Die Ereignisse vom 1. November 1999 fanden in einem bereits bestehenden medialen Koordinatensystem der Extreme statt: auf einem Feld von Bildern und Vor-Bildern, die spätestens seit dem Massaker von Littleton im April 1999 weltweit verbreitet waren. In einer Mimikry an die Littleton-Mörder, bei denen es sich ihrerseits um hochgradig »mimetische Subjekte« handelte, verwandelte Martin Peyerl den verdösten 14 000-Einwohner-Kurort in eine mustergültige Kampfzone. Sein schauriger Text aus Schock und Blut, symbolträchtig am Tag nach der »Halloween«-Nacht aufgeführt, war kulturell schon lesbar, bevor Peyerl den ersten Schuss abgab. Er agierte wie die Kopie eines durchgeknallten Einzelkämpfers, und die Szene des Verbrechens war zugleich eine Bühne, ein massenkulturell präpariertes Feld der Sichtbarkeit. Tief tauchte Martin Peyerl in die Rollen des Heckenschützen und Selbstmordattentäters, des Amokläufers und kalten Rächers ein. Er schonte weder Nachbarn noch zufällige Passanten, noch Familienmitglieder. Und es ist von bitterer Ironie, dass auf dieser Bühne mit Günter Lamprecht und Claudia Amm zwei leibhaftige Schauspieler in die Schusslinie gerieten.

Ausstieg aus dem Sozialen: das neoliberale Subjekt und die Norm der Autonomie

Amokläufer wie Martin Peyerl und Attentäter wie Yigal Amir sind Extreme des Individualismus. Aber im »Zeitalter der Extreme« kann man sie nicht als regressiv-barbarisch abtun, weil sie zugleich progressiv-innovativ sind. Diese einerseits massenkulturell produzierten und andererseits moralisch tabuisierten Un-Menschen agieren wie Agenten einer Machtlogik, die eine zunehmende Gleichsetzung von Gesellschaft und Individualismus anstrebt. Von Margaret Thatcher, der frühen Chefideologin des Neoliberalismus, stammt das geflügelte Wort dieser Machtlogik: »So etwas wie Gesellschaft« existiere nicht mehr: »Es gibt nur Männer und Frauen, und es gibt Familien. [...] Wir haben die Pflicht, uns um uns selbst und danach um unsern Nächsten zu sorgen.«[14] Mit der Verpflichtung auf das Eigeninteresse wird das Soziale weniger begründet, wie in der frühen Theorie des Liberalismus, als *aufgekündigt*. Der Neoliberalismus in der Thatcher-Version verlangt nach egozentrischen Subjekten, die sich selbst das Mandat erteilen, mit jener symbolischen Ordnung zu brechen, die auf Werte wie Solidarität, Respekt, Anerkennung oder Nächstenliebe gebaut ist.

In Hinsicht auf diesen ultimativen Bruch mit der Gesellschaft bilden die Extrem-Individualisten der Amokläufe und Attentate eine neoliberale Vorhut. Denn der Neoliberalismus belohnt Subjekte, die bereit sind, aus dem Sozialen förmlich herauszufallen, ohne durch diese Gratwanderung die ökonomische und staatliche Ordnung zu bedrohen. Die Konsequenzen dieses Aussteigertums können Aspekte von Opfertum aufweisen; vor allem aber lockt der Lohn in Form einer neuen Souveränität von immer radikaleren Egos.[15] Die hervorragenden A-Sozialen begegnen sich selbst wieder, und zwar im vollen Glanz ihrer vermeintlichen Einzigartigkeit – auf einer Bühne, auf der nur noch die Gesetze des Ökonomischen gelten, als Schauspieler.

Der theoretische Gründungsvater der Konkurrenzgesell-schaft, Thomas Hobbes, sprach vom Krieg als Naturzustand, in dem die konkurrierenden Einzelindividuen gegeneinander um Macht und Prestige kämpfen (*bellum uniuscuisque contra un-umquemque*). Dieser Krieg aller gegen alle kann nur beendet werden, wenn der Staat das entstandene Machtvakuum füllt und erfolgreich das Gewaltmonopol beansprucht. Diese Ver-staatlichung der Gewalt führt dazu, dass sich die Individuen in einen Staatskörper einfügen. Sie betrachten sich nicht länger als Urheber ihrer Handlungen, als »natürliche Personen«, son-dern lassen sich vom Staat als Bürger autorisieren und durch »künstliche Personen« repräsentieren.[16] Die Menschen sind eingeteilt in »Autoren« und »Vertreter«: Den »Vertretern« wird die »Autorität« verliehen, mit der sie, auf den Bühnen des Staates, die Interessen der Personen vertreten, indem sie diese »verkörpern«.

Diese Vertretungsverhältnisse, das heißt: die klare Trennung von natürlicher und künstlicher Person, sind im Neoliberalis-mus nachhaltig destabilisiert. Eine Gesellschaft, die zunehmend als unregierbar wahrgenommen wird, bedingt eine individua-listische Selbstermächtigung der Individuen. Die Beziehungen zwischen »Autoren« und »Vertretern« werden neu organisiert. Und manche finden sich in diesen neuen Theatern nicht mehr zurecht oder interpretieren die Situation auf unberechenbare Weise.

Martin Peyerl und andere Amokläufer sehen sich nicht zu-letzt durch das Versagen des Staates autorisiert, die Frage des Gewaltmonopols klar zu beantworten. Dazu kommen die Anforderungen, sich im Krieg aller gegen alle einer Konkur-renzgesellschaft zu behaupten. Man tut dies, indem man so-wohl als natürliche wie als künstliche Person handelt. Diese Einheit wird durch Massenmedien-Akte herbeigeführt, die man mit dem eigenen Tod signiert – Testamente des Individua-lismus.

Der Amokläufer zieht extreme Konsequenzen aus den Bedingungen der Entstaatlichung der Gewalt. Auch wenn die Massenkultur ihm eine diskursiv-mediale Bühne errichtet, sind seine Schlussfolgerungen aus der neoliberalen Individualisierung durch die politischen und moralischen Rest-Instanzen der Gesellschaft nicht gedeckt. Dennoch ist er nicht einfach der Ausdruck von Barbarei und Anarchie, zu dem ihn die konservative Kulturkritik erhebt. Sein Handeln kann vielmehr als blutiger Fingerzeig auf den »Krieg als Grundlage der sozialen Verhältnisse«, von dem der Philosoph Michel Foucault sprach[17], gelesen werden.

Die aktuellen sozialen Verhältnisse in den Industriestaaten sind an den Maximen der neoliberalen Ideologie orientiert. Im Neoliberalismus durchdringen sich Ökonomie und Politik auf zuvor ungekannte Weise. Als äußerst materielle, in staatliche Gesetzgebung, ökonomische Praxis und gesellschaftliche Verkehrformen eingegangene Ideologie unterwirft er die Individuen, indem er sie zu Selbstregierung und Autonomie anhält. Die entstehenden Subjektivitäten sind allerdings keine Wesenheiten, sondern operative Funktionen einer Gesellschaft, die ein Höchstmaß an Fragmentierung an ein Höchstmaß von ökonomischer Effizienz koppelt.

Diese neoliberale »Subjektivation« läuft auf eine merkwürdige Mischung von Souveränität und Selbstverlust hinaus. Formelle Weisen der Machtausübung werden abgelöst zugunsten einer informellen, ›innerlichen‹ Herrschaft der Individuen über sich selbst. An die Stelle traditioneller Muster von staatlicher Kontrolle und Überwachung treten Praktiken der Selbstkontrolle. Statt sich einer äußeren Disziplin durch Institutionen wic Familie, Schule, Militär, Fabrik usw. zu unterwerfen, regiert sich das neoliberale Individuum aus eigener Kraft. Die innere Führung übernehmen »Technologien des Selbst« (Michel Foucault).

Diese Modulierung der Macht ist ein Signum des Übergangs

von Disziplinargesellschaften zu Kontrollgesellschaften. Dabei handelt es sich nicht um eine Ablösung des einen Gesellschaftstyps durch den anderen, denn sie können parallel und in Mischungsverhältnissen existieren. Doch lässt sich sagen, dass die »Disziplinen« des Industriezeitalters und der fordistischen Gesellschaftsorganisation, die Michel Foucault und andere beschrieben haben, tendenziell durch »Kontrollen« verdrängt werden. Der Philosoph Gilles Deleuze betrachtete die Kontrollgesellschaften als neuartigen Machttyp, in dem nicht das Prinzip der »Fabrik«, sondern das Prinzip des »Unternehmens« vorherrscht. Autonomie, Selbstverantwortung, Freiheit sind Bausteine für die Subjektivität der Unternehmens-Individuen. Diese neuartigen Individuen sind angehalten zu handeln wie ein Unternehmen, wobei das Modell des Unternehmens nicht die geschlossene Fabrik oder die Armee der Disziplinargesellschaft, sondern ein offenes, enthierarchisiertes Milieu der Atmosphären und Datenströme ist. In der »unhintergehbaren Rivalität«, die das Unternehmen als Fluidum aus »heilsamem Wetteifer und ausgezeichneter Motivation« verbreitet, bestimmen Lizenzen und Informationen die gesellschaftliche Position der oder des Einzelnen.[18] Das Unternehmens-Individuum übt sich in Selbst-Management und flexibler Anpassung. Dabei richtet sich die »Selbstverantwortung in der Ausrichtung des eigenen Lebens« nach »betriebswirtschaftlichen Effizienzkriterien und unternehmerischen Kalkülen«.[19]

Wir gehen nun davon aus, dass die fragmentierende und dezentrierende Erfahrung des Krieges, wie sie als »massenkultureller Krieg« kommuniziert wird, für die neoliberale Subjektivität Modellfunktion hat. Die Subjekte der Lifestyle-Kulturen, die Fitnessbewussten, die Diät-Versessenen, die Sex-Begeisterten und Erfolgshungrigen, diese Flex-Worker am Selbst kämpfen sich entweder als mobile Einzelkämpfer oder sozialkompetente Teamplayer, mit Ellenbogen oder mit »sozialer Intelligenz« zum Ziel, der *triumphalen Autonomie*. Der Krieg wird damit zu einem mentalen Raum, in dem sich diese extrem privaten, am Rande des Sozialen lavierenden Subjekte um den Leitwert der ökonomischen Effizienz herum anordnen.

Mit den Bildern und Idiomen des Krieges überwindet das neoliberale Subjekt Unsicherheiten und entwickelt seine eigenen Formen des Kampfes im Zeichen von Selbstverwirklichung und Differenz. Bereits der Sozialwissenschaftler Ferdinand Tönnies, Autor der klassischen Schrift *Gemeinschaft und Gesellschaft* aus dem Jahr 1887, hat das »Verhältnis aller zu allen« in der warentauschenden Gesellschaft als »potentielle Feindseeligkeit« oder »latente[n] Krieg« verstanden.[20] Sieht man die moderne Demokratie als eine Gesellschaftsform, die in Begriffen der Konfrontation und der Gegnerschaft organisiert ist, verkörpert der Soldat den Typus eines Individuums, das fähig ist, im permanenten Konflikt dieser Gesellschaft zu (über-)leben.

Seit dem 18. Jahrhundert, so der Sozialpsychologe Alain Ehrenberg, war eine Subjektivierung am Maßstab des Soldatischen, eine »militärische Pädagogik«, weit über den Bereich des Militärischen hinaus wirksam. Sie sorgte für die Herausbildung eines »kämpferischen Individuums«, dessen Souveränität in einem ausgeglichenen Verhältnis zu seinem Gehorsam stehen sollte. Die Verfahren dieser militärischen Pädagogik zielten auf die Zerstörung all dessen, was ein Individuum an gesellschaftlich Schädlichem in sich trägt: Faulheit, Schwäche, Gewalttätigkeit, Unentschiedenheit usw. Der Soldat wurde zum Grenzgänger zwischen dem Sozialen und der Schlacht. Er meisterte diese Gratwanderung, wenn er sich im Gefecht bewährte, ohne aus der Gesellschaft herauszufallen, das heißt: indem er den Widerspruch von Krieg und Gesellschaft in sich aufhob.[21]

Das Grenzgänger-Individuum der militärischen Pädagogik kann bis zum neuen Individualismus der achtziger und neunziger Jahre des 20. Jahrhunderts verfolgt werden. Der Neoliberalismus erhob die »Konkurrenz« zur Pädagogik der Massen, die zur permanenten Selbsterfindung des Individuums zwingt.[22] Die »Norm der Autonomie« führt das Individuum in den extremen Selbst-Bezug. Die Kontrolle dieses Selbstbezugs, den Schutz vor dem Abgleiten in den unkontrollierten Exzess, muss jeder selbst übernehmen. In den nervösen Depressionen des »unsicheren Individuums«[23], das zu Psychopharmaka und anderen Drogen greift, um seine Unsicherheit zu bewältigen, spiegeln sich die Bilder und Anrufungen des ökonomischen Abenteurer-Individuums, das die Unsicherheit als existenziellen Kick erfährt.

Für Ehrenberg ist die Pädagogik der Konkurrenz nur als die massenkulturell kommunizierte Ausbildung des Einzelkämpfers zu begreifen. Ohne die elektronischen Medien und ihre Veröffentlichungen des Privaten (denen permanente Privatisierungen der Öffentlichkeit entsprechen) bleiben der »Kult der Performanz« und dessen spezielle Pathologie unverständlich. Das »unsichere Individuum« ist ein sicherer Kandidat für die Rolle des mimetischen Subjekts auf der diskursiv-medialen Bühne: Zermürbt-stimuliert durch die Schule des Wettbewerbs zieht es als »wettbewerbsfähiger Untergebener« in den Krieg – im steten Gefühl der Gefährdung seiner »Autonomie«.

Durchknallen, um abzuknallen: der Film im Kopf

Doch bevor wir zu den verschiedenen Spielarten der kriegerischen Subjektivierung im Neoliberalismus kommen, müssen wir für einen kurzen Moment zum »verwilderten« Soldaten der Mimikry aus dem ersten Kapitel zurück. Denn um die Genese der psycho-symbolischen Einheit von Unternehmens-Individuum und Krieger-Subjekt zu rekonstruieren, bedarf es einer Vorstellung der psychologischen und kulturellen Räume, in denen die Person des Einzelkämpfers agiert.

Das Ineinander von Realität und Phantasie ist eine der Grundvoraussetzungen des Tötens in kulturellen Verhältnissen, die das Töten ächten, auch dann, wenn eine pathologische Öffentlichkeit zugleich das Töten geradezu herbeisehnt. Die Historikerin Joanna Bourke hat für die Kriege des 20. Jahrhunderts untersucht, wie »Imagination und körperliche Existenz« im Akt des Tötens ineinander übergingen und wie es »in Hinsicht auf das moralische Überleben entscheidend war, dass dies so blieb«.[24] Je grausamer und unbegründeter die Gewalt, desto größer der Aufwand bei der Konstruktion eines phantasmatischen Rahmens, der das Geschehen in eine Erzählung von Sinn und womöglich Genießen einbettet. Die Fähigkeit, die physischen Handlungen imaginär zu überspielen, sich mit Filmsituationen und Filmschauspielern zu identifizieren, kann zur Basis professionellen Tötens werden.

Eine Folge ist die Steigerung der Ausbildung zum Töten ins Hyperrealistische, während man den Gegner zugleich konsequent entmenschlicht, um so die Tötungshemmschwelle weitmöglich abzusenken. Anstelle der Idee des respektierten Feindes in den Kriegen alter Ordnung wird die »Gestalt« des nicht mehr menschlichen Feindes umso konkreter und unverkennbarer in das Unterbewusstsein der Soldaten eingetragen. Um den Tötungszweck zu verabsolutieren, kamen nach dem Zweiten Weltkrieg Methoden der experimentellen Verhaltenspsychologie zum Einsatz. In Anlehnung an die Behaviouristen Pawlow und Skinner orientierte sich das Gefechtstraining am Prinzip der konditionierten Reflexe. Die künstlichen Ziele der Scharfschützen etwa sind keine Scheiben mehr. Stattdessen benutzt man realistische Puppen. Sobald sie getroffen werden, fallen sie um – eine höchst befriedigende »Rückkoppelung«, wie der amerikanische Militärpsychologe Dave Grossman die neuen Muster der Interaktivität charakterisiert.[25] Der Gegner wird zu einem Ensemble von Gestaltmerkmalen, auf die der Soldat nach Art automatisierter Mustererkennung reagiert.

Auch die psychologische Schulung der deutschen Eliteeinheit Kommando Spezialkräfte (KSK) zielt darauf ab, dass »das Feindmuster jederzeit wie eine Schublade« geöffnet werden kann.[26]

Mit der Dehumanisierung des Feindes korrespondiert die Dehumanisierung des Kämpfers selbst. Seine Wahrnehmung und sein Verhalten werden auf »Instinkte« reduziert. Nur die weitgehende Annäherung an den Status einer von Reflexen gesteuerten Kampfmaschine gewährleistet das reibungslose Funktionieren im Gefecht. Als gelungen gilt die Konditionierung beziehungsweise Programmierung von Soldaten oder Spezialagenten, wenn »das menschliche Element aus deinem Denken entfernt ist«, wie es ein amerikanischer Grenzpolizist formuliert.[27] Dave Grossman berichtet, dass Mitglieder des Militärs oder anderer Behörden, die man zum Töten anhält, bereitwillig akzeptieren, in der Ausbildung einer Art Gehirnwäsche unterzogen zu werden; nur derart manipuliert können sie im Kampf sowohl töten als auch ihrerseits überleben.[28]

Diese Praxis der verhaltenspsychologischen Steuerung geht in der jüngeren Militärgeschichte einher mit pharmazeutischen Versuchen, gefechtsgeeignete Bewusstseinszustände zu induzieren. Die Verabreichung von Amphetaminen an Bomberpiloten im Zweiten Weltkrieg ist dafür ebenso ein Beispiel wie die Einnahme von Marihuana, LSD, Heroin, Kokain usw. der G.I.s in Vietnam. Mit dem entscheidenden Unterschied allerdings, dass sich die amerikanischen Soldaten in ihrem »gegenkulturellen« Drogenkonsum in Eigenregie zur Gefechtsbereitschaft konditionierten. Die Programmierung durch den militärischen Drill wurde ergänzt um »coole« Methoden der Bewusstseinsveränderung. Auch diesen Versuchen, Stimmungen und Phantasien zu erzeugen, lag die Annahme zugrunde, dass es sich umso leichter tötet, wenn der Soldat auftritt wie ein Schauspieler in einem Film, der in seinem Kopf abläuft. Doch anders als beim disziplinären Drill der »Programmierung«

nahm man nun die Dreharbeiten für diese »Filme im Kopf« selbst in die Hand.

Idealerweise befindet sich der professionelle Fighter als Borderline-Typ auf einem surrealen Dauertrip, auf einer »Magical Mystery Tour«, wie es die Hauptfigur in Stephen Wrights Vietnam-Roman *Meditations in Green* nennt.[29] Die erforderliche Einheit von Phantasie und Realität führte in der älteren Kriegspsychiatrie zeitweilig sogar dazu, Heldentum und Geisteskrankheit kausal zu verknüpfen. Demzufolge gelingt es dem gestörten Bewusstsein unter bestimmten Umständen, die Angst zu unterdrücken, die den heroischen Tötungseinsatz ansonsten verhindern würde.[30] Zieht man die Reste der Geniepsychologie von diesen Vorstellungen eines Borderline-Heldentums ab, hat man den Idealtypus der fortgeschrittenen Psycho-Kampfmaschine. Je durchgeknallter, desto effizienter.

Spätestens seit Vietnam nahm dieser kontrollierte Irre auch einen festen Platz in der Massenkultur ein. Die essenzielle Verrücktheit und Irrationalität des Krieges fand im Psychopathen, der im Tarnanzug, mit durchgeladener M-16 durch saftig-grüne Tropenflora stapft, seinen ganz spezifischen Ausdruck. Das Genre des Vietnamkriegsfilms kennt zahllose Variationen dieses Typs, wie wir im ersten Kapitel gesehen haben. Die »verrückten« Erfahrungen der amerikanischen Soldaten prägen das Bild dieses Krieges, das häufig genug von »crazed vets«, traumatisierten Kriegsheimkehrern, überliefert, wenn nicht verkörpert wird.[31] Denn »going crazy was built into the tour«[32]: Immer knallt einer durch, mutiert zum unberechenbaren Schlächter, zum marodierenden Schizo-Killer, steigt aus.

Für den Zivilisten, der sich aus der formlosen Konformität des Alltags befreien will, kann die Begegnung mit dem entsicherten Einzelkämpfer zum echten Erweckungserlebnis werden. Der Irre verspricht rare Einblicke in Wirklichkeiten, die von ganz anderen, nur im Ausnahmezustand des Krieges erfahrbaren Intensitäten durchzogen sind. Diese Männer mit ihren Colliers aus Menschenohren verkörpern als Einzelne das kollektiv erlebte Durcheinander, jene totale Aufhebung der Normalität, die die Vietnam-Erfahrung mit Bildern des Chaos, der Finsternis, des Dschungels, der entfesselten Gewalt verknüpft. Der Intensitätsmythos »Vietnam« organisiert die – durch die Figur des irren Kriegers eingeleitete – Passage in die Welt der erschütternden Selbsterfahrungen. »Vietnam« wird pop-mythologisch zum faszinierenden Grenzgebiet des Selbst.

Das unberechenbare Verhalten des Schizos enthält jedoch auch eine Lektion. Von ihm lässt sich vieles lernen, was zum Überleben in einer Gesellschaft beiträgt, die als irreal und irrational wahrgenommen wird. Er kann zum Modell der Überwindung des »unsicheren Individuums« und der Realisierung des mimetischen Subjekts werden. Travis Bickle, der von Robert de Niro gespielte urbane Einzelkämpfer (und Vietnamveteran) in Martin Scorseses *Taxi Driver* (1976), ist so ein, wenn auch tragisches, Rollenmodell für den durchschnittlichen individualanarchistischen Survival-Soziopathen; ebenso Michael Douglas als Amok laufender Arbeitsloser in Joel Schumachers *Falling Down* (1992), der im weißen Hemd des überflüssig gewordenen Büroangestellten einen protofaschistischen Rachefeldzug startet, mit dem eine phantasmatische Ordnung des fordistischen Nachkriegsamerikas wiederhergestellt werden soll. Beide prügeln und schießen sich in einer Mischung aus sozialem Ekel, suizidaler Verzweiflung und autoritärer Selbstermächtigung durch das, was eine alarmistische Kulturanthropologie den »molekularen Bürgerkrieg«[33] nennt.

Aber vielleicht erfüllen andere, noch künstlichere Figuren die Vorbildfunktion für diese als alltäglich wahrgenommene Konfrontation mit dem »Chaos« viel eher. Ein geeigneter Kandidat ist beispielsweise der quecksilbrige »Joker« aus dem *Batman*-Comic. Veritabel durchgeknallt, aber äußerst kreativ in seinem Wahnsinn, spielte er (verkörpert von Jack Nicholson) auch in Tim Burtons *Batman*-Film von 1989 eine herausragende Rolle. Viele *Batman*-Fans identifizierten sich lieber mit dem bösen Clown als mit dem tugendhaften schwarzen Superhelden. Wie erklärt sich diese Anziehungskraft?

Im *Batman*-Comicbuch *Arkham Asylum* diagnostiziert ein Psychotherapeut den Fall des Joker als eine Form der gelungenen Anpassung an die Bedingungen der Gegenwart, weil er keine Kontrolle über die Sinnesinformationen habe.»Ihm gelingt es nur, mit diesem chaotischen Input fertig zu werden, indem er sich treiben lässt.« Heute ist er Clown, morgen psychopathischer Mörder.»Er hat keine echte Persönlichkeit.«[34] Befreit von den Gewichten traditioneller Subjektvorstellungen wird der Joker zum idealen Soldaten in den irregulären Kriegen des ausgehenden 20. Jahrhunderts – hin und her gerissen zwischen Phantasie und Realität, zwischen zivilem und militärischem Leben, zwischen folgenloser Unterhaltsamkeit und mörderischer Gewalt. Ohne den Zwang zur kohärenten Persönlichkeit agiert der Joker angemessen in einer Welt der radikalen Kontingenz.

Aber der Joker bewährt sich nicht nur als Modell für den Einzelnen im alltäglichen Überlebenskampf der flexibilisierten Kampfzone; er verkörpert auch Nixons »Madman-Theorie« und könnte ohne weiteres als Vorbild dienen für die amerikanische Außenpolitik. Den amerikanischen Truppen im Kosovo-Krieg wurde eine kleine Broschüre zu »individuellen Schutzmaßnahmen für die persönliche Sicherheit« ausgehändigt. Die Schrift informierte darüber, dass Armeeangehörige – als »Symbole der Macht und des Prestiges Amerikas«, stationiert auf allen Kontinenten – besonders durch terroristische Angriffe gefährdet seien. Die Empfehlungen zum Kampf gegen den Terrorismus waren in vier Kapitel eingeteilt: »Unauffällig bleiben«, »Unberechenbar bleiben«, »Äußerst wachsam sein« und »Misstrauisch sein«.[35] Die perfekte Gebrauchsanweisung für Psychopathen und Paranoiker, für den idealen Gesamt-G.I. Joker – und war »Joker« nicht auch der Name der Hauptfigur in Stanley Kubricks Vietnamfilm *Full Metal Jacket*?

Das Ornament der *borderline* zeigt den Verlauf einer »flexiblen Normalisierung«[36] an, die sich von den Vorstellungen einer Normalität der Disziplin und der personalen Identität immer weiter distanziert. Diese Entfernung von der Normalität (analog zur mythischen Entfernung von der Truppe in *Apocalypse Now*) gehört zum integralen Ausbildungsprogramm der Massenkultur der Extreme. Ein Subjekt, das leer ist und trotzdem pausenlos an der eigenen »Autonomie« arbeitet, das sich mimetisch in der Masse bewegt und dennoch auf Einzigartigkeit aus ist, das muss verrückt sein.

Aber nicht zu sehr. Denn »die Überdehnung des Risikos« führt auf Dauer nicht zu einem gesellschaftlich akzeptablen Leben in den Extremen, »sondern in Sucht, Kriminalität, Geisteskrankheit, Selbstmord und andere Anormalitäten«. Andererseits zieht die Massenkultur, um einen möglichst elastischen Rahmen der individuellen Grenzerfahrung und Optimierung zu schaffen, einen »imaginären magischen Kreis aus ambivalenten ›Rand-Charakteren‹ um die Subjekte«.[37] Es ist ein Feuerring der Subjektivierung, der heilsame, sozial integrative Verletzungen verursacht. Schmerzen, die zum Repertoire der Selbststeuerung der Individuen dazugehören.

Ego-Shooter: Hedonistische Gefechte im Club Apocalypse

Thailand, Anfang der neunziger Jahre: Eine der ersten Personen, denen Richard nach seiner Landung in Bangkok begegnet, ist ein Bilderbuch-Rand-Charakter: eine durchgebrannte, entsicherte Joker-Type, ein Post-Vietnam-Schizo, ein Dschungelkämpfer ohne Krieg, aber mit einem gehörigen Schaden. Er nennt sich Daffy und rumort heftig im Nachbarzimmer der Rucksacktouristen-Absteige, in der sich der Neuankömmling eingemietet hat. Daffy führt laute Selbstgespräche über einen phantastischen Strand auf einer unbekannten Insel, wirft einen brennenden Joint durch das aufgerissene Moskitogitter, zwängt sein ausgemergeltes Gesicht durch die Öffnung und stellt in Aussicht, seinen jugendlichen Zimmernachbarn »nicht mehr in Ruhe zu lassen«. Am nächsten Morgen ist Daffy tot. Er hat ein schlimmes Blutbad angerichtet, das Zimmer mit seiner Leiche sieht aus wie nach einer Orgie der Selbstzerstörung. Doch vor diesem spektakulären Abgang hat Daffy noch eine Karte der Insel mit dem mysteriösen Strand an Richards Tür geklemmt.

Die Begegnung mit dem schizophrenen Drogenwrack steht am Anfang des Bestsellers *The Beach* des englischen Jungautors Alex Garland, der 1996 erschien und vier Jahre später in der Verfilmung gleichen Titels in die Kinos kam. *The Beach* schildert, wie der Vietnam-Mythos in den neunziger Jahren fortwirkt, wie sich jede Generation ihren eigenen Krieg als Mischung aus Höllentrip und Reifeprüfung zurechtlegt. Der englische Hip-Regisseur Danny Boyle (*Trainspotting*) führte Regie, Superstar Leonardo DiCaprio übernahm die Rolle des jungen Amerikaners Richard (im Buch ist er ein Engländer).

Buch wie Film arbeiten mit der Prämisse, dass die Grenzen zwischen Krieg und Individualtourismus, Guerillakampf und Abenteuerurlaub durchlässig sind; dass die Massenkultur der Raum ist, in dem ständig versprochen wird, die Erinnerung des Krieges ließe sich in aktuelle Erfahrungen und dramatischen Differenzgenuss ummünzen. Dieser Kriegstourismus, instruiert durch Filme, Computerspiele und »crazed vets« des Abenteuerurlaubs wie Daffy, führt die Beteiligten in Ausnahmezustände, also über sich selbst und die Normalität, aus der sie kommen, hinaus – nur um sich hernach desto gereifter im Konkurrenzkampf der westlichen Gesellschaften zu präsentieren.

Richard, der Backpacker, sucht die besondere, die aufwühlend intensive Erfahrung als Einfallstor zu einem optimierten Selbst. Dabei spürt er diesem speziellen Existenzbeweis nicht auf den gleichen Wegen nach wie jene »Lonely Planet«-Individualreisenden aus aller Welt, die wie er nach Thailand gekommen sind. Er ist überzeugt, dem Anderen nur begegnen zu können, indem er sich von den touristischen Reservaten fern hält, sich nicht mit den kleinen Überschreitungen und bequemen Illusionen über Grenzerfahrungen zufrieden gibt. Der wahre Kick wartet im Ernstfall. Richard will in den Krieg ziehen.

Dabei mobilisiert ihn vor allem anderen die transgressive Phantasie »Vietnam«, die sich aus Exotik und Special Effects speist. In der Chiffre »Vietnam« steckt das popkulturelle Vietnam von *Apocalypse Now* oder *Platoon* – Antikriegsfilme eigentlich, wie der Roman-Richard weiß, aber »wenn ich einen Moment lang nachgedacht, *wirklich* nachgedacht hätte, dann hätte ich zugegeben, dass der Vietnamkrieg aussah wie ein Heidenspaß«. Für Richard »ging's in Vietnam nicht um Gewalt und Grauen. Es ging um anderes Zeug: durch den Gewehrlauf Haschisch rauchen, über dem Mekong-Delta LSD einwerfen, mit dem Hubschrauber fliegen, während der ›Walkürenritt‹ aus Lautsprechern dröhnt.«[38]

In der Filmfassung von *The Beach* lungern anfangs ein paar der anderen jugendlichen Touristen im Aufenthaltsraum der Absteige in Bangkok herum, während *Apocalypse Now* auf eine Wand projiziert wird. Richard betrachtet sich die Szenerie von einer Galerie aus, im Blick leise Missbilligung. Während die anderen sich den Film bloß anschauen, stellt er sich bereits darauf ein, selbst eine Rolle in ihm zu übernehmen. Wie Captain Willard/Martin Sheen begibt er sich auf eine Expedition ins Faszinierend-Ungewisse.

Das Herz der Finsternis, das Lager des geistig umnachteten Colonel Kurtz, wird durch die Lagune mit dem phantastischen Strand ersetzt, von dem Daffy berichtet hat. Auf der geheimnisvollen Insel eingetroffen, stößt Richard zunächst auf bewaffnete thailändische Marihuana-Farmer und schließlich auf eine internationale Schar von Aussteigern, die sich in dem verwünscht-verwunschenen Paradies eine Kolonie aufgebaut haben. Im Buch wird Richard begrüßt als »FNG«, als »fucking new guy« – so hatte man die Neulinge in Vietnam genannt.

Bald beginnt die organisierte Harmonie der Gemeinschaft Richard zu langweilen. Und diese Langeweile wird zum Katalysator des Zerfalls. Im Buch wie im Film entfernt Richard sich zunehmend von dem Aussteiger-Camp. Er unternimmt Streifzüge durch die Wälder der Insel, im Hochgefühl des nicht unbeträchtlichen Risikos, bei diesen Exkursionen auf die paramilitärischen Rauschgift-Pflanzer zu stoßen. »Das wäre ein richtiger Kampfeinsatz, eine faire Sache unter gerechten Bedingungen«, phantasiert der Möchtegern-Guerillero.

Im Film wird Leonardo DiCaprio zu einem tarnfarbenen Dschungelkämpfer, zum primitiven Waldgänger, der auf der Lauer liegt wie ein tellurischer Partisan, sich heimlich ins Lager des »Feindes« schleicht und bei alldem agiert wie eine Figur aus einem jener Gameboy-Computerspiele, mit denen er sich im Camp stundenlang die Zeit vertrieben hat. Nintendo organisiert den Drill des Wohlstands-Rekruten, und der leibhaftige Dschungel wird zum virtuellen Parcours. Eine Phantasie der Kontrolle an der Grenze zum kompletten Realitätsverlust bemächtigt sich des jungen Mannes. Er halluziniert; er sieht den Geist des irregewordenen Dschungelveteranen Daffy, der ihm von »dem Horror« erzählt. Am Ende eskaliert die Lage, die Harmonie des Lagerlebens mündet in die Katastrophe; die Filmversion hält sich etwas zurück, aber im Buch gibt es Tote, Leichenfledderei, Folter. Endlich kommt die Vietnam-Phantasie mit der Wirklichkeit zur Deckung.

Aber die Ausbildung für die neue Art der Normalität ist längst abgeschlossen. Das Eintauchen in das Chaos hat nicht etwa, wie vielleicht Buch und Film glauben, die Grenze zur Zivilität durchstoßen. Vielmehr ist der Survival-Urlaub mit den Borderline-Erfahrungen die Ausbildungsstätte für das neoliberale Subjekt schlechthin. Garlands Roman und Boyles Film erzählen auch, wie sich der Ausstieg aus der einen Normalität und der Einstieg in den höllischen Prozess einer neuartigen Normalisierung im Medium des massenkulturellen Kriegs vollzieht. Krieg wird definiert als Erfahrungshorizont einer Generation von abenteuerlustigen, konsumfreudigen, aber irgendwie nonkonformistischen jungen Leuten aus der westlichen Hemisphäre. Sie kennen die Kriege nur noch als manufakturierte Gefechtssituationen aus Hollywood oder japanischen Computerspielschmieden. Das Indirekte der Erfahrung ist ihnen vollkommen bewusst, wird aber nicht mit Erleichterung quittiert, sondern als Mangel empfunden. Richard ist bestens informiert über die eigene Obsession mit dem Mythos Vietnam; er weiß vom Realitätsverlust in den postmodernen Computerkriegen; und gerade deshalb scheint er die Kicks darin zu suchen, seinen Körper so tief in die Simulation hineinzuschrauben, bis diese in Realität umkippt und echte Wunden schlägt. So wird das Motiv der *Rites de Passage*, der Reifung des Charakters in der Schule des Krieges, aus Ermangelung eines echten Krieges von den westlichen Mittelstandskindern der neunziger Jahre einfach nachgespielt. Die »Generation Golf« geht in den Krieg: Der deutsche Literat und Thailand-Reisende Christian Kracht posiert mit einem Gewehr (auf dem Umschlag des Sammelbandes *Mesopotamia*), sein Altersgenosse Richard erlebt diesen Kriegstrip in *The Beach* als genussreichen Selbstverlust, als wohliges Irrewerden.

Richards eingebildete Metamorphose zur Kampfmaschine im Dschungeleinsatz entspricht dabei Erfahrungen von Soldaten des Ersten Weltkriegs, wie sie in der Kriegsliteratur dargestellt wurden. Danach streiften die jungen Kriegsfreiwilligen des August 1914 ihr bürgerliches Selbst zugunsten einer mitreißenden Handlungslogik ab, die in ihnen Gefühle der Befreiung von der einschnürenden Privatheit und den Institutionen der materiellen und gesellschaftlichen Existenz weckte; sie fanden sich in einem »Bild des Handelns« wieder, in dem sie automatisch und problemlos agieren konnten. Der Kriegsbeginn von 1914 lässt sich als ein Wechsel kultureller Codes verstehen, als kollektiver Einstieg der bürgerlichen Subjekte und ihrer Wertesysteme in das Disziplinarregime des Militärs.[39] Die »Befreiung« von den Normen des zivilen Alltags, die vom Krieg erwartet wurde, der »Übergang« in eine andere Daseinsform war 1914 der Stoff von Anleitungen und Drehbüchern für ein intensiveres Leben.[40] Man trat in eine Schule des Chaos und der Gewalt ein. Und aus dem Sozialen der zivilen Gesellschaft heraus.

Die Gegen-Gemeinschaft des Militärs konnte sich auch als der ideale Schauplatz des monadisch-charismatischen Subjekts erweisen. »Der Unwiderstehliche, der Charmeur auf der Jagd nach Sensationen, erscheint als aktiver Mittelpunkt des Krieges«, schreibt Klaus Theweleit über den solitären Einzelkämpfer in den Stahlgewittern des Ersten Weltkriegs. »Er, der ständig die ›Nation‹, das ›Ganze‹ zu verkörpern behauptet, tut das am vollkommensten als isoliertes selbstsüchtiges Einzelwesen auf der Suche nach den Strömen der Lust.«[41] So schillert die Kriegserfahrung zwischen Gemeinschaftserleben und Egoismus, zwischen dem Verschwinden im Massensterben und der lustvollen Selbstauslieferung des Privatiers an die Todesgefahr.

In beiden Fällen, den Erlebnissen extremer Kollektivität oder extremer Individualität, aber war der Tod auch die Metapher, die die Distanz zum zivilen Leben markierte.[42] Und diese Gegenwart des Todes im Feld verhieß reichen Lohn. Der »Urlaub vom Leben«[43] wurde als Steigerung des Lebens diskursiviert. Immer wieder feierten die Autoren der Frontromane der Zwischenkriegszeit die »Augenblicke äußerster Lebenssteigerung« in der Schlacht.[44] Und es kann nicht verwundern, dass solche Steigerungen nicht dem Krieg vorbehalten bleiben, sondern umfassenderen Charakter annehmen sollten. In Ernst Jünger fand sich der einschlägige Prophet dieser Überführung des Krieges in jenes »Leben«, das der Krieg lediglich »in seiner vollen Gewalt zum Ausdruck bringt«. In dieser Sicht ist das Leben selbst »im Grunde durchaus kriegerischer Natur«.[45] Für den Einzelnen ergibt sich daraus die Maxime, die »innere Erfahrung« des Krieges auf »das Leben« zu übertragen. Er muss »zum Beherrscher der Materie« und »Beherrscher seiner selbst« werden. Denn »was sich hier im Kriegerischen, in der Vernichtung äußert, das besitzt auch Bedeutung für alle anderen Gebiete unserer Kultur«.[46]

Es sind solche ideologischen Verschleifungen von militärischer Disziplin und Technologien des Selbst, die den Zivilisten zum Soldaten machen, der damit in einem Kontinuum agiert, das vom Frieden bis zum Krieg reicht, ohne dass das eine oder andere jemals isoliert gegeben wäre. So wütet unterschwellig der Krieg auch im Frieden, und wo dieser Krieg nicht in ausreichender Intensität gespürt wird, macht sich Frustration breit. Der Frieden wird dann wie ein Phantomschmerz empfunden, als Abwesenheit dessen, was das Leben so beeindruckend verdichten könnte. Mangelt es an den Augenblicken äußerster Lebenssteigerung, begeben sich die Vertreter »kriegsloser« Generationen deshalb in Ersatz-Kriege. Sie schaffen sich Kriegsschauplätze in der Kultur, sie suchen den Kick in thailändischen Ersatz-Vietnams.

Selbstverständlich sind die politischen und kulturellen Rahmenbedingungen der Weltkriegszeiten und des vermeintlichen Posthistoire der neunziger Jahre nur bedingt vergleichbar. Aber wenn Leonardo DiCaprio, der Star des Films *The Beach*, über den mentalen Zustand seiner Generation spricht, gewinnt man den Eindruck, als hätten sich die Kategorien seit den ersten Jahrzehnten des 20. Jahrhunderts kaum entwickelt – oder als wären sie erstaunlich aktuell. Der Schauspieler findet, dass sich Richard, den er in der Verfilmung des Romans spielt, auf diese »faszinierende Reise« begeben habe, um keine »Roboterexistenz« führen zu müssen. DiCaprio sieht sich als Teil einer digitalen Generation, die niemals »wirklich angeschlossen war an einen richtigen Krieg, für den sie hätte kämpfen können, an den sie hätte glauben können, sodass sie ständig und überall nach irgendeiner Realität Ausschau hält«.[47]

Die gleiche kulturkritische Larmoyanz, das gleiche Verlangen nach dem authentischen Erleben und dem sinnvollen Kampf lassen auf eine generationenübergreifende Kriegsbereitschaft schließen. Die kulturell codierte Flucht vor der Roboterexistenz in der postindustriellen Dienstleistungswelt einer Global City korrespondiert mit der ebenfalls kulturell codierten Flucht vor einer industrialisierten Moderne der Fabriken und einer beginnenden Angestelltengesellschaft in den Großstädten der Weltkriegsjahrzehnte. Das Vorstellungsbild des Krieges, in das sich das einzelne, zumeist männliche Selbst hineinentwirft, zirkuliert als Gegenbild der zivilen Gesellschaft, als Männerphantasie durch die Geschichte. Und in beiden Fällen endet die Flucht nicht etwa am fremden Ort des »Anderen«, sondern im Tod oder auf der nächsten Stufe einer umfassenden Subjektivierung als »traumatisiertes« und deshalb gepanzert-verunsichertes Individuum. Um den Krieg zu spüren, »muss man ihn mitmachen; *eine tägliche Arbeit, minuziös, langsam und enttäuschend*«, wie ein vom Krieg beseelter Einzelkämpfer in Jörg-Uwe Albigs Roman *Velo* doziert.[48]

DiCaprio, und nicht nur er, verkennt, dass hier ganz offensichtlich eine Roboterexistenz gegen die andere eingetauscht wird; dass gerade die Integration von Mensch und Maschine im Krieg oder unter kriegsähnlichen Bedingungen Erfahrungshorizonte erschließt, die als besonders »intensiv« und lebenssteigernd wahrgenommen werden können. So verschafft die Verwandlung in einen synthetischen, »robotischen«, massenmedialen Kriegsautomaten auch dem Aussteiger Richard in *The Beach* die schönsten Adrenalinstöße.

Als sich Richard mehr und mehr in seine Vietnam-Phantasie hineinbegibt, wird im Film eine subjektive Kamera eingesetzt; das Bild, das sie aufzeichnet, ist wiederum wie die Benutzeroberfläche eines Computerspiels gestaltet. Diese »Subjektive« zeigt, wie sich der Computerspielkrieger seinen Weg durch den Dschungel bahnt. Die Einstellung zitiert nicht nur Actionfilme, in denen die Zuschauer durch die Optik eines Maschinenauges oder anderer Sichtgeräte blicken; sie verwendet vor allem die Visualität der Benutzeroberflächen so genannter First-Person- oder Ego-Shooter-Spiele.

Diese Computerspiele, entwickelt auf der Blaupause des legendären *Doom*, das 1993 auf den Markt kam, folgen einem denkbar schlichten Prinzip. Per Tastendruck oder Joystick bewegt sich der Spieler (statistisch gesehen zumeist männlich) in einem Labyrinth der unterschiedlichsten physischen, technischen und logistischen Widerstände voran. Der Lauf einer Waffe mit Fadenkreuz wird dabei zum optischen Anhaltspunkt der subjektiven Perspektive. Die Vorwärtsbewegung ist gebunden an das Erschießen plötzlich auftauchender »Feinde«. Sie zu eliminieren obliegt dem Elitesoldaten eines Sonderkommandos, dem High-Tech-Söldner, der auf eigene Rechnung kämpft, oder dem versprengten Mitglied einer Friedenstruppe – Rollen, in die der Spieler schlüpft, um sich zum Highscore vorzukämpfen, über den nicht zuletzt der Bodycount entscheidet, die Anzahl der »getöteten« Gegner.

Computerspiele haben den Charakter einer interaktiven Grundausbildung beziehungsweise einer Grundausbildung in Interaktivität. Sie sind ein Paradefall der (audio-)visuellen Schulung neuartiger, auf Reflexen und Intuition basierender, vor- oder unbewusster *skills* und Intelligenzen. Sie bedeuten dabei nicht nur die Entleerung reflexiver Subjektivität, weil die Zeit eines kognitiven Sich-Einlassens schwindet oder ausgelöscht wird. Im Gegenteil: Sie bieten eine weit gefächerte Palette mitunter kognitiv anspruchsvoller, aber auch in ihren primitiveren Versionen die Subjektivität umfassend ansprechender »Herausforderungen«. Diese Herausforderungen »programmieren« die Spieler-Subjektivitäten in der interaktiven Umgebung der Spiele und Spielergemeinschaften. Die Spiele erziehen zu Rollenmustern und Identitäten, zu strategischen Überlegungen, Wettbewerbsdenken, soldatischem Durchsetzungsvermögen, einem posthumanen Menschenbild sowie zu einer Wahrnehmung der Wirklichkeit, die diese als weitgehend formbar und folgenlos erscheinen lässt.

Statt um große Gefühle geht es um emotionslose, smarte Entscheidungen unter Stress, um Problemlösungsstrategien und allgemein um Reaktionsschnelligkeit.[49] Andererseits werden die Spieler regelmäßig als Subjekte eines bestimmten moralischen und institutionellen Codes angesprochen. Und nicht selten verschmilzt in der Hitze der Interaktivität die pragmatisch-verantwortliche Haltung des Spielers mit sadistisch-voyeuristischen Einstellungen.

Die Werbeanzeigen und Gebrauchsanleitungen der Ego-Shooter und Strategiespiele addieren sich zu einer einzigen langen Liste von Anrufungen eines Subjekts, das sich den (nicht nur) militärischen Anforderungen schneller Entscheidungen unter moralischem wie zeitlichem Druck sowie den Wertesystemen von Respekt und Kameradschaft unterwirft. Es handelt sich um Zitate einer Sprache militärischer Disziplinierung, die längst in die Kontrolltechniken der neoliberalen Subjektivierung eingegangen sind. *Fallout Tactics,* ein Strategie-Actionspiel von 2001, wendet sich mit toughem Militärjargon an den potenziellen Computerspiel-Krieger. »Wie würdest du dich fühlen, wenn sechs Freunde im Kugelhagel verrecken? Du warst doch für sie verantwortlich? Du hast sie in diesen Krieg geschickt! Wo warst du? Wenn du wirklich ihr Anführer sein willst, dann musst du sie taktisch klug durch diesen postapokalyptischen Horrortrip führen. Nur so wirst du den Kampf gewinnen. Und ihren Respekt.« Die Werbung für das PlayStation-2-Spiel *Dropship. United Peace Force* verspricht: »Du wirst durch feindliche Minenfelder rasen. Dich in gnadenlos geführten Luftkämpfen aufreiben. Du wirst über 1600 km² große fotorealistische Landschaften erleben. Du wirst dich durch mehr als zwanzig Boden- und Luftmissionen kämpfen müssen. Die Welt hat genug von Terror und Gewalt. Du wirst gebraucht. Friede sei mit dir.« Nun ist das Subjekt des Military-Entertainment Complex an der Reihe. Der »postapokalyptische Horrortrip« ist in vollem Gange.

Der Erfolg der Computerspiele als Kriegsspielzeug handelt auch vom Triumph des Modells *Star Wars* über das Modell *Apocalypse Now*. George Lucas, Ziehsohn von Francis Ford Coppola, trug mit dem Film *Star Wars* (1977) entscheidend dazu bei, dass in den USA nach dem Vietnamschock wieder eine positiv besetzte Kriegskultur entstehen konnte. Charakteristisch für diese Kriegskultur war es, die Bezüge zu dem konkreten Krieg der unmittelbaren Vergangenheit gekappt zu haben, insbesondere, was die Erinnerungen an den desaströsen Bodenkrieg in Vietnam bis 1969 betrifft. Stattdessen handelt *Star Wars* in mancher Hinsicht von der Idee eines »sauberen« Luftkriegs, von jenem »electronic battlefield«, das Kennedys und Johnsons Verteidigungsminister Robert McNamara schon in den sechziger Jahren heraufdämmern sah. Der Kulturhistoriker Tom Engelhardt macht die *Star Wars*-Bilder eines Hightech-Special-Effects-Spektakels deshalb dafür mitverantwortlich, dass das Schlachtengemetzel seine Rückkehr auf die Leinwand feiern durfte – »als triumphaler und reinigender Genuss«.[50]

Damit bewegt sich Richard/DiCaprio in *The Beach* in mehreren Filmen zugleich. Seine Mimikry erstreckt sich sowohl auf den Vietnamkriegsfilm als auch auf die War Games-Produkte aus der Kinderabteilung, die seit der großen *Star Wars*-Hysterie den Krieg als Spiel wieder nach Hause brachten. Spielerisch kann er hin und her wechseln zwischen dem Trauma-Existenzialismus der *Apocalypse Now*-Aussteiger und der vermeintlichen Unschuldspose eines Raumgleiter-Piloten mit jeder

Menge »smarter« Raketen an Bord. Doch, wie schon die hyper-ironische Werbung für die Sony PlayStation seit den späten neunziger Jahren frohlockt: »It's *not* a game.«

Glamour des Krieges und Kriege des Glamour

Auf die Frage, warum Herr DiCaprio Amok läuft, gibt es allerdings noch andere Antworten. Um sie zu finden, ist es notwendig, sich erneut ins Kino oder vor den Fernseher zu begeben, aber auch in die Modeboutiquen, die Designermöbelgeschäfte, die Clubs, die Bars, die Fitnessstudios, die Sportarenen, die Büros des globalen Neobürgertums. Denn *The Beach* ist Teil eines Universums, für das Film und Buch Stichworte (und Stichbilder) liefern, das sich aber über ihre technisch-medialen Grenzen hinaus erstreckt. Es ist das Universum der Lebensstile, der Neudefinition von Körperlichkeit und Männlichkeit, von Authentizität und Genuss unter den Bedingungen einer Kultur der Extreme und der Wunde.

Richard führte die »Bilderwelt des Hollywood-Vietnam« nach Südostasien, denn es schien, »als strahlten die Palmen und Reisfelder einen düsteren Glamour aus«.[51] Die Assoziation von Krieg und Glamour war auch für den Vietnam-Kriegsfotografen Tim Page nicht zu bezweifeln. Gegenüber Michael Herr, der an den Drehbüchern für *Full Metal Jacket* und *Apocalypse Now* mitwirkte, bestand Page auf dieser Verbindung: »Den Glamour aus dem Krieg herausnehmen! Wie zum Teufel willst du *das* anstellen? … Das ist so, als versuchte man, Sex vom Glamour zu befreien, den Rolling Stones den Glamour zu nehmen.«[52]

Die Kriegserfahrung »glamourös« zu nennen mag zynisch erscheinen, blind für das Leiden, die Grausamkeit, die Zerstörung und den Tod. Aber wie sehr die Bilder Hollywoods als phantasmatische Stütze von Soldaten in Vietnam und anderen Kriegen eine nicht nur propagandistische, sondern vor allem psychologisch aktive Rolle spielen, haben wir ja schon gesehen. Und aus der Perspektive des bellikosen Hedonisten in den Wohlstandsgesellschaften wird der Krieg überhaupt erst durch seine glamouröse Grammatik zugänglich. Diese Grammatik schafft den Anschluss an das Leben in den Konsumwelten und möglicherweise den symbolischen Bruch mit ihnen. So dient der Krieg dem Neo-Bourgeois auf der Suche nach Existenzbeweisen, die jenseits von Einrichtungskatalogen und Club-Mediterranée-Urlaub vermutet werden, als Ressource der »Lebenssteigerung«, oder besser: des »gesteigerten Lifestyles«.

An seinen Rändern berührt dieser postmoderne Existenzialismus des Krieges die Sphäre des Amokläufers – versteht man unter der Chiffre »Amokläufer« die Mischung aus maximaler Entschlossenheit und weit reichendem Kontrollverlust des Einzelnen auf dem Feld der medialen Sichtbarkeitsproduktion. Der amerikanische Schriftsteller Bret Easton Ellis hat mit seinen Büchern *American Psycho* (1991) und *Glamorama* (1998) Standards dafür gesetzt, wie diese Übergänge zwischen Lifestyle-Welten, Kapitalismus und äußerster Gewalt literarisch gestaltet werden können.[53] Auch bei Ellis ist die Langeweile der Ausgangspunkt der Gewaltexplosionen. In einer von Markenartikeln und Statussymbolen voll gestellten Welt, in der die Chance auf »authentische« Erfahrungen gegen null geht, wandeln gerade diejenigen, die das System perfekt beherrschen, über den Abgründen des Wahnsinns.

Die männlichen Hauptfiguren von *American Psycho* und *Glamorama*, Patrick Bateman und Victor Ward, verkörpern alles, was in dieser Welt mit Erfolg und Macht assoziiert ist: Sie arbeiten in prestigeträchtigen Berufen (Börsenmakler, Supermodel), sie sehen hervorragend aus, sie verfügen über ein unendlich differenziertes Wissen in Sachen Popkultur, Mode, Kosmetik, Haute Cuisine oder Inneneinrichtung. Sie sind hochgezüchtete und zugleich äußerst angepasste Kreaturen der Lifestyle-Industrie, und ihre Existenz als Roboter des Erfolgs und Geschmacks ist hart erarbeitet: im Fitnessstudio, vor dem Spiegel, beim Lesen von Magazinen.

Ellis schwelgt in seitenlangen, minuziösen Beschreibungen von Körperpflege und Kleiderwahl. Täglich setzen sich seine Protagonisten neu zusammen, mit Cremes und Push-ups, mit Peelings und Society-Klatsch, in Boutiquen und Restaurants. In ihrer Welt ist jeder prominent, also wichtig, also eine Konkurrenz. Pausenlos muss jemand verführt, überwältigt, besiegt werden. Tönnies' »potentielle Feindseeligkeit« und »latenter Krieg« sind allgegenwärtig. Der Einsatz in dieser fortwährenden Schlacht um Anerkennung kann eine Filmrolle oder ein Waschbrettbauch sein. In ständig aktualisierten Verrechnungen von Daten über gesellschaftlichen Status und körperliche Schönheit wird die Position des Einzigen und seines Eigentums definiert. Ellis' hyperindividualistische Krieger kämpfen nicht im Dschungel von Vietnam, sondern im Dschungel der Codes. Um ihre Gegner aus dem Weg zu räumen, bedient sich diese Guerilla der Artillerie des Lifestyles – einer auf handgeschöpftem Büttenpapier gedruckten Visitenkarte oder einer vollendet geformten Frisur.

Und Ellis zeigt, wie die Lifestyle-Kampfzone endlos ausgeweitet wird. Bateman, der jedes Detail seines Aussehens und seines Verhaltens zu kontrollieren versucht, entpuppt sich als ebenso sorgfältiger Serienmörder, der seine Opfer mit viel Akribie und Kennerschaft hinschlachtet. Dabei vermeidet es der Autor, diese Exzesse seiner Figur kulturkritisch als Unter- oder Schattenseite eines oberflächlichen Daseins anzulegen; vielmehr scheint dieses Leben selbst der Exzess zu sein, den das Glamour-Monster Bateman lediglich konsequent zuspitzt.

Ähnlich fernab herkömmlicher Vorstellungen über eine »normale« Persönlichkeitsstruktur bewegt sich das Fotomodell Victor Ward in *Glamorama*. Ward lebt nach dem trügerischen Motto »Je besser man ausschaut, desto mehr sieht man«. Sein Kapital: eine berühmte Bauchmuskulatur und ein enzyklopädisches Herrschaftswissen zu allen Aspekten der Populärkultur. Auf geradezu bewundernswerte Weise hohl und zweidimensional, ist Ward die ideale Verkörperung einer klaustrophoben Zeichenwelt – von seinem Äußeren soll man auf alles Weitere schließen.

Sein Fall, den Ellis in *Glamorama* ausbreitet, beschreibt den stufenlosen Übergang von aufgedrehtem Lifestyle zu hoch organisiertem Terrorismus. Ward gerät in eine globale Intrige, die das Milieu der Supermodels in die Netzwerke terroristischer Zellen einbettet. Vom Fundamentalismus des Glamour zur paramilitärischen Guerilla-Aktion ist es nur mehr ein kleiner Schritt. Reihenweise sterben Menschen, während die Auftragslage obskur bleibt. Am Ende hat Ward jede Gewissheit darüber verloren, wer er ist, wo er herkommt, wo es hingeht. Sein Leben wird durch einen Doppelgänger geführt, von dem sich kaum sagen lässt, ob dieser nicht Wards eigene Erfindung ist. Zurück bleibt eine schizoide Psycho-Ruine in einem (nicht mehr ganz) perfekten Körper.

Wie nahe sich in den neunziger Jahren die umfassende Bio-Macht der schönen Körper und ein erneuertes Alltagswissen über den Krieg aller gegen alle mitsamt passender Selbstaufrüstungsmethoden kamen, zeigt bereits ein kurzer Blick auf die Titelseiten der neuen Fitness-Magazine. Körperkultur-Illustrierte wie *Fit for Fun* oder *Men's Health* erreichten um die Mitte des Jahrzehnts auch den deutschen Markt, nachdem ihre amerikanischen Pendants schon einige Jahre zuvor erfolgreich lanciert worden waren. Mit Artikeln über Trendsportarten, Fitness-Programme, Flirtpraktiken und Jobstrategien wandten sie sich an ein Angestellten- und Single-Publikum in der konsumintensiven Altersgruppe zwischen zwanzig und vierzig.

Men's Health, »Das Magazin für Männer«, ist der Paradefall dieses neuen Segments. Mit »Rhetorik-Tricks, die kein Chef kennt«, »44 Wegen, eine Frau zu beeindrucken«, »43 Tricks, um stets cool zu bleiben« oder Hinweisen zum »Klartext reden in der Liebe« wird der männliche Single hier auf Linie gebracht. Auf den Titelbildern der Zeitschrift sind lachende, feixende, grinsende Typen zu sehen, die gerade ihren nass gespritzten Modellkörper aus einem Swimmingpool hieven oder die Hosenträger über die trainierten nackten Schultern spannen. »Jetzt Fitness steigern« lautet der Appell, der »Workout für den knackigen Hintern« wartet schon, »länger Spaß beim Sex« wird versprochen, aber vorher muss man sich noch schnell fragen lassen: »Wie intakt ist Ihr Immunsystem?«

Der dermaßen mit ideologischen Anrufungen bombardierte Single-Mann ahnt, dass der Einstieg in die *Men's Health*-Welt der Sportcenter, Diäten und Waschbrettbauch-Flirts auch ein Trip sein kann: das Grenzgängertum dieser fiktiven Gestalten, die pausenlos an der Steigerung des Lifestyles arbeiten, um zu echten »Beherrschern der Materie« und »Beherrschern ihrer selbst« (Jünger) zu werden, ist buchstäblich an ihren Gesichtern abzulesen. Die gesammelten Titelmänner der Zeitschrift fügen sich zu einer Galerie der entrückten oder schlicht verrückten Mienen. Debil fletschen sie die weiß retuschierten Zähne, schreien auf in sinnlosem Entzücken und rollen hysterisch mit den Augen. Kurz: Diese Leute wissen nicht wohin mit ihrer Mimik, so sehr sind sie damit beschäftigt, ihre Gesichtszüge zu überwachen.

Fight Club oder Der Krieg der Depressiven

Wenn die Individuen ihre Subjektivierungen in Eigenregie betreiben müssen, weil Staat und »Gesellschaft« sich dieser Aufgabe zunehmend entziehen, kann das zu einer Militarisierung des Selbst führen und für einen punktuellen Ausbruch des Krieges sorgen – im Extremfall als Amoklauf von Jugendlichen. Ebenfalls in Richtung des Notausgangs »Krieg« weist die Konsequenz, die vor wenigen Jahren der Schriftsteller Chuck Palahniuk und der Regisseur David Fincher (*Alien³*,

Se7en, The Game, Panic Room) präsentierten. Bei ihnen ziehen die Single-Krieger aus der Krise der Männlichkeit in den protofaschistischen Krieg gegen die Gesellschaft. Finchers Film *Fight Club* von 1999 (mit Brad Pitt und Edward Norton in den Hauptrollen) liegt Palahniuks gleichnamiger Roman von 1996 zugrunde.

Im *annus horribilis* von Littleton sah Fincher sich einem Sturm der Entrüstung ausgesetzt. *Fight Club* sei der falsche Film zum falschen Zeitpunkt, er verherrliche die Gewaltkultur, er verkenne die Symptomatik des Massakers an der Columbine Highschool. Doch diese Kritik verkennt ihrerseits, dass Buch und Film weniger Gewalt verherrlichen, als mit folgender Idee experimentieren: Was geschähe, wenn all die Sinnangebote der Fitnessstudio- und Lifestyle-Industrie versagten; wenn der Sinnverlust im Leben amerikanischer Männer so überwältigend wäre, dass selbst diese strengen Schulen der Körperpanzerung und Psychohygiene beim Einzelnen nicht mehr den Eindruck erwecken könnten, er hätte alles im Griff?

In dieser Situation, von Palahniuk und Fincher drastisch ausbuchstabiert, werden zwangsläufig neue Erwartungen geweckt: Aussichten auf einen gerechten Bürgerkrieg, auf Vergeltungsschläge gegen die Gesellschaft, der die eigene Ohnmacht angelastet wird. »Alle beim Projekt Chaos wollen wissen, was als Nächstes kommt. Wohin steuern wir? Worauf können wir uns freuen?«[54], fragt in *Fight Club* ein Mitglied einer schwarz gekleideten Privatarmee, die Anschläge durchführt und in einer Männerkommune zusammenlebt. Die Soldaten dieser Terror-Miliz wurden in so genannten »Fight Clubs« rekrutiert, die binnen kürzester Zeit überall im Land in leer stehenden Gebäuden, Garagen, Werkstätten entstanden sind. Hier kämpfen Männer aus allen Schichten gegeneinander. Mit nacktem Oberkörper, ohne Schuhe, ohne Waffen und so lange, bis einer von beiden nicht mehr kann. Die Besten und Motiviertesten haben sich »Projekt Chaos« (im englischen Original: »Project Mayhem«) angeschlossen. Sie begehen Raubüberfälle, legen Brände, sprengen Gebäude und trennen sich ansonsten von allem, was ihre bisherige Existenz wichtig gemacht hat. Das erklärte Ziel: »Wir wollten die Welt frei von Geschichte bomben.«[55] Charismatischer Mittelpunkt dieser Schmerzensmänner-Bewegung ist Tyler; ein wahrer Joker, bindungslos, von jeder symbolischen Ordnung emanzipiert, autonom und leer zugleich; am Ende sogar ein Wahngebilde.

So wie Richard in *The Beach* die anderen Individualtouristen nur mit Verachtung straft, weil er sich schon auf seiner Höllenfahrt wähnt, verweigert sich Tyler jedem Konsens und jeder Konvention. Die durchtrainierten, narbenübersäten Mitglieder des »Fight Club« haben sich längst von den zähnefletschenden Kunstfiguren im Fitnesscenter verabschiedet. Es geht nicht mehr darum, »gut auszusehen«, sondern um wortlosen Schmerz in der Intensität des Kampfes: »Du bist nirgendwo so lebendig wie beim ›Fight Club‹. Wenn es nur dich und einen anderen Kerl gibt, unter diesem einzigen Licht inmitten aller Zuschauer.«[56]

Die Männer, die sich im »Fight Club« treffen, gehören einer Generation an, deren Väter mit jeder Versetzung eine neue Familie gründeten. Eine Generation, die von Frauen aufgezogen wurde, und eine Generation, die »keinen Krieg oder eine große Depression« kennt. »Was wir haben, ist ein großer Krieg des Geistes. Wir haben eine große Revolution gegen die Kultur. Die große Depression, das ist unser Leben. Wir haben eine geistige Depression.«

Zwar achten *Fight Club*, Buch und Film, streng darauf, den fiktionalen Charakter dieser Depression ohne Krieg zu wahren: Wie in *Glamorama* ist die Hauptfigur in einer schizophrenen Doppelgänger-Konstruktion gefangen; am Ende bleibt offen, ob die Schmerzen, die Kämpfe und die Milizen nur ein Spiel der Einbildung gewesen waren. Aber wir haben sehen können, dass das Spielerische nicht vor dem Kriegerischen schütz. Im Gegenteil: Das Spiel, die Simulation, die Fiktionalisierung, die Ambivalenz usw. sind zunehmend zur Bedingung des massenkulturellen Krieges selbst geworden. Dieser Krieg ist ein Krieg der »spielerisch« wechselnden Subjekt-Positionen, im Unterschied zu den Stellungskriegen der Identität alter Ordnung.

Teamplayer und Provokateure im Wirtschaftskrieg

Aber die Pädagogik der Konkurrenz, die das Leben zu einem Schlachtfeld macht, auf dem Randcharaktere um Anerkennung ihrer Individualität und Zugänge zu den Ressourcen der Differenz kämpfen, feiert ihre größten Erfolge immer noch im Bereich der Ökonomie selbst. 1988 hatte François Mitterand in einer Regierungserklärung vom »Schlachtfeld« der Weltwirtschaft gesprochen, »auf dem sich die Unternehmen einen gnadenlosen Krieg liefern«. Der sozialistische Präsident der Franzosen war von diesem Umstand durchaus angetan und schwärmte von »alterprobten kriegsstrategischen und sehr einfachen Regeln«: »der besten Vorbereitung, den schnellsten Bewegungen, dem Willen zum Sieg«.

Seit langem geistern die Metaphern des Krieges durch die Wirtschaftstheorien. Dazu schaufeln die Business-Verlage Titel wie *From Battlefield to Boardroom, Business Is Combat, War Powers, The Art of War for Executives* oder *The War for Talent* auf den Markt für Ratgeberliteratur.[57] Besonders die Sprache der neuen Ökonomie ist von »Metaphern des Risikos, der Aktivität, der Bewegung« geprägt. Es geht um die Eroberung von Märkten, das Pionier-Image, ein »first mover« zu sein.[58] In den deutschsprachigen Kampforganen der Managerklasse der neunziger Jahren werden Firmenangriffe, Produktoffensiven, Guerillamarketing, hartes Aussortieren und andere martialische Methoden gepredigt. Der machiavellistische »Kampfcharakter des Daseins« (Kurt Kluxen) und das sozialdarwinistische »survival of the fittest« führen auf den Seiten von *Capital* oder *bizz* zur konstanten Erweiterung des Schlachtfelds.

Seit den Anfangstagen der Industrialisierung lässt sich die Verschränkung des Militärischen und des Ökonomischen beobachten, insbesondere in der technischen und personellen Organisation der Produktion. Aber die Überblendung von Soldat und Manager, wie sie etwa der belgische Autor François Emmanuel in seinem Roman *Der Wert des Menschen* beschreibt, geht einen entscheidenden Schritt weiter. Dem Protagonisten, einem Betriebspsychologen, fällt die Aufgabe zu, bei den Teilnehmern seiner Seminare eine »natürliche Aggressivität zu wecken«. Das Ziel: »aus diesen Angestellten Soldaten, Kämpfer für die Firma, wettbewerbsfähige Untergebene zu machen«.[59] Die Synchronisierung der militärischen und der wirtschaftlichen Subjektanteile zum Typus des wettbewerbsfähigen Untergebenen erschöpft sich längst nicht mehr in der Übertragung militärischer Disziplin auf das Wirtschaftsunternehmen. Alte Formen des Militärischen landen auf dem Müllhaufen der Geschichte oder werden recycelt. Bei von Clausewitz lernt das Unternehmens-Individuum nicht mehr die Regeln traditioneller Kriegführung, sondern was es beachten muss, um in unsicheren Zeiten zu agieren, sein Denken zu ordnen und Strategien zu entwickeln.[60] Statt der Lehren des Generalstabs ist Partisanenkompetenz gefragt – das »Prinzip der Flexibilität« als »konkrete Erscheinungsform der Initiative«, wie Mao Tsetung 1938 in seinen Schriften zum Partisanenkrieg formulierte.[61] An die Stelle des Unternehmer-Generals alten Schlags tritt der »Provokateur«: Er vermittelt Kunden, Geschäftspartnern, Mitarbeitern und manchmal sogar Wettbewerbern das Gefühl, sie seien Teil von etwas »Wichtigem, Sinnvollem und Aufregendem«.[62]

Verunsicherte Büroangestellte und Firmenchefs in Zeiten von Hype und Crash, von New-Economy-Euphorie und -Pleite

– sie alle können von Außenseitern wie Gordon Gekko lernen. Michael Douglas spielte 1987 die Figur des gewissenlosen Finanzspekulanten in Oliver Stones *Wall Street*. In seinem protzigen Büro hoch über Manhattan schwadroniert Gekko wie ein Vier-Sterne-General über das Geschäft als Nahkampf und den »Krieg da draußen« – in der *war zone* des Finanzmarkts und der Firmenübernahmen. Douglas' Darstellung des Gekko beeindruckte eine ganze Generation von Jungbörsianern. Der Film *Boiler Room* aus dem Jahr 2000 ist für diese Rezeption ein interessantes Indiz. Regisseur Ben Younger, einschlägig börsenerfahren, inszeniert die Rekrutierung und Ausbildung von jungen Wertpapierhändlern in einem Investmentunternehmen als militärischen Drill. Younger zeigt, wie sich die Nachwuchsbroker immer wieder *Wall Street* auf Video ansehen, um sich aufzuputschen und die nötige Motivation für den nächsten Tag in einem anonymen Großraumbüro in New Jersey zu generieren. Es ist *der* Kriegsfilm ihrer Generation und ihres Berufsstands.

Die neunziger Jahre erlebten eine Renaissance der ideologischen Konvergenz von Wirtschaft und Krieg, ergänzt durch Elemente der Gegenkultur. Ein Sprachrohr dieser Entwicklung war das amerikanische Wirtschaftsmagazin *Fast Company*. Die 1993 gegründete Zeitschrift betrachtete sich als Kreuzung von *Rolling Stone* und *Fortune*, also dem Hausblatt der Hippie-Generation und dem Veteran unter den US-Wirtschaftsblättern. Wie *Rolling Stone* der Gegenkultur der sechziger und siebziger Jahre eine Mainstream-Fassung von Hipness bereitstellte, so zielte *Fast Company* auf das Begehren der Büroangestellten der neunziger Jahre nach einem coolen Selbstbild. Sie sollten sich nicht länger als langweilige Buchhaltertypen in Großraumbüros sehen, sondern als »vernetzte, technisch versierte, Symbol-manipulierende Meister der New Economy, die am Wochenende steile Felswände erklettern und teure Biersorten trinken«.[63] Der kulturelle Feind dieser Rock-'n'-

Roll-Ökonomie waren die Anzugträger in den Führungseta-
gen, die Nachkommen des *organization man* der fünfziger
Jahre. Vor dieser Front aus Konservatismus und Überalterung
konstruierte *Fast Company* eine neuartige Figur: Die junge
Business-Persönlichkeit bewegt sich im Spektrum von Rebell,
Skate Punk und exzentrischem Bohemien und ist dabei indivi-
dualistisch bis zur Idiosynkrasie.

Eine weitere, entscheidende Facette dieses Persönlichkeits-
profils war die des Kämpfers und Kriegers: Von den ersten
Ausgaben an bringt das Magazin ausführliche Artikel über den
»neuen Krieg«, der von den Managern der New Economy zu
führen sei. Maßgeblich soll er sich von den »alten Kriegen« und
den dazugehörigen strategischen Konzepten, Führungsstruktu-
ren, Informationssystemen und Ausbildungsprogrammen unterscheiden.

Um den »neuen Krieg« zu gewinnen, konsultierte das Magazin im Dienste der Leserschaft Militär-Handbücher wie *War-
fighting*, eine Schrift der U.S. Marines, oder empfahl groß angelegte Simulationen von Wettbewerbssituationen nach dem
Vorbild militärischer Strategie-Szenarien. In diesen Wirt-
schaftskriegsspielen, berichtet *Fast Company*, trainieren die
Manager, »das Unvorhergesehene zu antizipieren«, und sie lernen, schlagkräftige Teams zusammenzustellen, die den strategischen Entscheidungen der Führung gewachsen sind. Artikel
über Managertraining in einer Schule für Terrorismusbekämp-
fung in Israel, über die vorbildliche Personalarbeit von Elite-
einheiten der US-Streitkräfte oder über Seminare in einer Ma-
rine-Akademie, bei denen Militärs den »›war stories‹ about
change« von Kreativen aus dem Silicon Valley lauschen, ver-
tieften die Verbindung zwischen New Economy und Neuen
Kriegen.

Diese Verbindung blieb nicht auf die Lifestyle-versessenen
Fast Company-Leser beschränkt. Auch die ihr biederes Image
fliehende deutsche *Wirtschaftswoche* warb 1999 mit einer An-

zeige, die zum Slogan »Was Kämpfer tragen« zwei Stoffproben in Tarnmuster neben einer in Nadelstreifen zeigte. Zwar wurde Ende der neunziger Jahre von einigen Experten für Unternehmenskultur der Typus des Firmenkriegers und Brutalo-Managers schon wieder als Auslaufmodell gehandelt[64]; doch konnte die Besinnung auf »Teamfähigkeit« und »Sozialkompetenz« die Rezepturen, wie man sich als Einzelner am Arbeitsplatz oder als Unternehmen am Markt durchsetzt, nicht verdrängen.

Im Februar 2002 entdeckte die *Wirtschaftswoche* erneut das engmaschige Netz von Militär und Management. Ein Start-up-Unternehmen zu führen habe viel Ähnlichkeit mit einer Schlacht, wird ein junger West-Point-Abgänger zitiert. Militärakademien würden bei Studierenden der Wirtschaftswissenschaften in den Vereinigten Staaten immer beliebter.[65] Diese Verschränkung von Militär und Wirtschaft hat spektakuläre Karrieren ermöglicht – wie die jenes Generals mit Golfkriegserfahrungen, der mit seiner Logistikkompetenz den Warenhauskonzern Sears vor der Pleite rettete; oder neue Ernstfallszenarien hervorgebracht – etwa wenn sich Army-Offiziere an die Wall Street begeben, um Entscheiden unter akutem Stress zu proben.

Führungsaufgaben zu übernehmen bedeutet letztlich, dass man mental und ideologisch zum Business-Anzug eine Krawatte im Tarnfleckenlook kombiniert. Denn »was Kämpfer tragen«, bestimmt heute allein der Kontext – auch für das Militär. Im März 2002 empfiehlt sich die Bundeswehr nach amerikanischem Vorbild in doppelseitigen Farbanzeigen mit dem Motiv des Camouflage-Schlipses zu Nadelstreifen als Akademie künftiger Managementgenerationen (Slogan: »In Führung gehen«). Eine »umfassende Qualifizierungs- und Ausbildungsoffensive« wird angekündigt. Man gibt sich selbstbewusst: »Mit Einsatzerfahrung, Teamfähigkeit und Führungskompetenz fördern wir genau die Befähigungen, die Angehörige der Bundeswehr zu gefragten Fach- und Führungskräften für die Unternehmen der Zukunft machen.«

Die osmotische Beziehung zwischen Militär und Wirtschaft, die im März 2002 vor dem Hintergrund einer heftigen Diskussion um Finanzierung, Modernisierung und künftige Aufgabenhorizonte der Bundeswehr zelebriert wird, setzt auch auf die Überzeugungskraft einer strahlenden Synergie von Teamplayer und Einzelkämpfer im Rahmen der neoliberalen Subjektivierung. Doppelt getarnt durch Nadelstreifen und Camouflage lernt das mimetische Subjekt, seine »Autonomie« taktisch einzuteilen. Die verallgemeinerte Ökonomie des Krieges verlangt höchste Anpassungsleistungen, aber zugleich deutliche Anzeichen von Nonkonformität. Gefordert ist ein durchaus paradoxes Selbstmanagement im Spannungsfeld von explosiver Kreativität und duldsamer Unterordnung. Wer dieses Selbstmanagement erfolgreich meistert, hat gute Chancen, auf den Schlachtfeldern des massenkulturellen Krieges zum Star zu werden.

3
Was macht General Reinhardt in »Film-City«?
Die Bundeswehr und ihre unmögliche Mission: Star-Soldaten, Action und die Zukunft der Zivilgesellschaft

Ziltendorfer Niederung, Oderbruch, im Sommer 1997
Anfang Juli 1997 beginnt die Flut zu steigen. Das Unwettertief mit dem exotisch klingenden Namen »Xolska«, dessen Zentrum über der Ukraine lag, hatte mit anhaltenden Regenfällen dafür gesorgt, dass die Oder über ihre Ufer getreten war. Über Polen, die Tschechische Republik, Teile der Slowakei bis nach Niederösterreich wälzt sich eine verheerende Flut von Wasser in Richtung der deutschen Grenze, die bekanntlich seit dem Ende des Zweiten Weltkrieges entlang von Oder und Neiße verläuft. Tote säumen den Weg der Überschwemmung – sechs Menschen ertranken in Polen, drei in Tschechien, elf weitere werden dort noch vermisst. Die Regierungen haben das Militär ins Katastrophengebiet beordert. Auch in Österreich schickt das Verteidigungsministerium in Wien mehr als tausend Soldaten – zumeist Panzergrenadiere – mit Bergungspanzern, Räumgerät, Transportern und Hubschraubern. An den Ufern der Oder befinden sich die Menschen, wie die *Frankfurter Allgemeine Zeitung* schreibt, »im Würgegriff der Natur«.

Langsam, unheimlich und nahezu unsichtbar rollt die große Welle auch auf Deutschland zu. Am Freitag, den 18. Juli, wird der erste Katastrophenalarm ausgelöst, als sich das Wasser bedrohlich zu stauen beginnt – vor allem in der Umgebung der Ortschaft Aurith in der Ziltendorfer Niederung zwischen Eisenhüttenstadt und Frankfurt/Oder sowie in Ratzdorf, gleich beim Zusammenfluss von Oder und Neiße. Neben dem Technischen Hilfswerk rücken auch erste Beamte des Bundesgrenzschutzes an, um die örtlichen Kräfte zu unterstützen. Wenige

Tage später, am Mittwoch der folgenden Woche, brechen die Deiche zum ersten Mal. In Ratzdorf, wie erwartet. Das Dorf wird evakuiert, doch die Lage dort entspannt sich, als der zweite Deich bei Brieskow-Finkenheerd in der Ziltendorfer Niederung überflutet wird. Am Abend des Donnerstag rutscht auch der Deich drei Kilometer südlich von Aurith weg. Die Kluft vergrößert sich am Freitag schnell auf mehrere hundert Meter. In der Nacht bricht noch ein weiterer Deich.

In einer dramatischen Rede ruft der brandenburgische Innenminister die Menschen zum Verlassen ihrer Häuser auf. Die Polizei soll die Evakuierung vorantreiben. Zunächst heulen Sirenen, und die Glocken der Kirchen beginnen zu läuten. Dann kommen warnende Stimmen aus Lautsprechern, und fleißige Hände verteilen Zettel. 17 Ortschaften werden evakuiert. Viele Bewohner wollen jedoch ihre Häuser nicht verlassen – sie zweifeln an den Maßnahmen. Doch als am Sonntag in der Nacht ein Hinterlanddeich wiederum bei Brieskow-Finkenheerd zusammensackt, sind drei Ortschaften nicht mehr zu retten: Aurith, die Kunitzer Loose und die Ernst-Thälmann-Siedlung. Nur noch mit Booten können die Bewohner der Siedlung ihre Häuser erreichen, die bis zum Giebel im Wasser versunken sind. Hier gibt es Gerüchte: Der Krisenstab habe den Deich sprengen lassen, um Frankfurt und das Oderbruch zu retten. Derweil beginnt der Bundesgrenzschutz mit der Überwachung der Ortschaften – Plünderungen werden befürchtet. Hubschrauber patrouillieren regelmäßig, auch nachts. Und die Wärmebildgeräte, die normalerweise an der Oder-Neiße-Grenze nach »Illegalen« spähen, suchen nun nach möglichen Dieben.

In Vogelsang, zwei, drei Kilometer von der Ernst-Thälmann-Siedlung in Richtung Eisenhüttenstadt, hat eine heldenhafte Abwehrschlacht begonnen. Seit dem 22. ist die Bundeswehr angerückt – hier verteidigt eine Kompanie Panzergrenadiere den Deich. Immer wieder kommen die dankbaren Bewohner und bieten den Soldaten Kaffee, Obst und Schmalzstullen an. Die eigentliche Abwehrschlacht jedoch findet nicht in der Ziltendorfer Niederung statt, wo nur wenige hundert Menschen leben, sondern im nördlich von Frankfurt gelegenen Oderbruch. Hier sind bereits über 10 000 Soldaten in Zwölf-Stunden-Schichten damit beschäftigt, die Flut im Dienste der 19 000 Bewohner zurückzuschlagen. Eine Reihe von Dörfern war hier evakuiert worden, nachdem der Deich bei Hohenwutzen nachgegeben hatte. Einen Ringdeich legen die Truppen hier zur Ausbesserung an. Dahinter, gleich bei Alten Oder, werden ehemalige, »schlafende Deiche« wieder aufgeschüttet, um eine »zweite Verteidigungslinie« zu schaffen.

Derweil rufen die Protagonisten der professionellen Öffentlichkeit allerorten die Geschichte an. Vom »Jahrtausendhochwasser« ist die Rede – und Ministerpräsident Manfred Stolpe erklärt, warum das Jahrhundert als Referenz nicht mehr reicht: Er spricht in einer Rede vom »schlimmsten Hochwasser in der fast tausendjährigen Geschichte Brandenburgs«. Die Presse wird nicht müde, in der historischen Schatzkiste des Oderbruchs zu graben. Ein Jahr des Feierns hätte 1997 nämlich werden sollen, ein 250-jähriges Jubiläum: 1747 war es gewesen, als die Arbeit an der Trockenlegung der breiten und damals noch feucht-sumpfigen Senke zwischen Seelow und Küstrin begann. Einige Jahre später konnte Friedrich der Große innig bewegt ausrufen: »Ich habe eine Provinz gewonnen.« 108 000 Morgen Land wurden ab 1756 von der »Colonisten-Commision« des Oderbruchs an willige Siedler verteilt: Hessen, Pfälzer, Schwaben, Franken, Westfalen, Vogtländer, Mecklenburger, Württemberger, Hugenotten, Österreicher, Schweizer und Polen. Im Oderbruch erledigt die Bundeswehr also eine im besten Sinne nationale Aufgabe: Ein neues Deutschland gilt es hier zu verteidigen – ein Deutschland, das Vergangenheit und Zukunft überspannt: Es knüpft an die Tradition eines zivilen Preußen an, war schon immer multikulturell und steht zudem solidarisch an der Seite eines neuen Bundeslandes. Es handelt sich um ein Deutschland, das längst nicht mehr expansiv ist, sondern ganz im Gegenteil gegen die Fluten aus dem Osten von seiner »starken Truppe« verteidigt werden muss.

Der größte Einsatz der Bundeswehr seit der Sturmflut an der Nordseeküste von 1962 sei dies, meint Verteidigungsminister Volker Rühe. Und bald überschütten die Medien die Republik mit Bildern vom Einsatz der Bundeswehr. Helmut Kohl beim Besuch an der Oder inmitten von jungen, blendend und überhaupt nicht nach traditionellen deutschen Kämpfertypen aussehenden Soldaten; dann Roman Herzog inmitten von ebensolchen. Man sieht die jungen Männer bis zur Erschöpfung arbeiten – Deiche flicken. Eine ungewohnte Aufgabe – Truppenteile wie die Gebirgsjäger agieren hier gewissermaßen »Out of Area«. Aber die Männer schwärmen von der »Stimmung auf dem Deich«, und während die Sandsäcke von Hand zu Hand fliegen, ertönt der Sprechgesang: »Mama, Papa, könntet ihr sehen, was mir beim Bund geschehen?«[1] Der Krankenstand der Truppe geht dramatisch zurück – nur noch halb so viele der Jungs müssen im Vergleich zum Kasernendienst das Bett hüten. Besonnen und souverän erscheint immer wieder Generalmajor Hans-Peter von Kirchbach – der Befehlshaber und Einsatzleiter. In einem Interview mit der *Welt* bescheinigt Kirchbach seiner Truppe Starqualitäten: »Da kommt es vor, dass ein Bus mit Soldaten in einem Dorf hält und die Leute auf dem Marktplatz klatschen.«[2]

Das Militär prägt schließlich nicht nur das Bild der Städte an der neuen Ostfront, sondern auch die Sprache der stets mit hohen Gummistiefeln ausgestatteten Korrespondenten, die sich zwischen all den Uniformierten, Lastwagen, Jeeps in Tarnfarbe und Hubschraubern an der Front wähnen. Die Koordinierungsstelle heißt nun »Operationszentrale«, Klassenzimmer werden zu »Gefechtsständen«, Deiche zu »Verteidigungslinien« und brüchige Deiche zu »Einsatzgebieten«. Aber die »Soldaten kämpfen um jeden Meter« (*Bild*), und schließlich gelingt es: Die Bundeswehr trägt durch ihre »fürsorgliche Belagerung« *(FAZ)* einen glorreichen Sieg in der »Schlacht an der Oder« (*Stern*) davon. Anfang August entspannt sich die Lage – die Deiche im Oderbruch haben gehalten. Hohenwutzen, so der *Stern*, »klingt schon jetzt nach Ruhm und Bundeswehr-Legende«.[3] Neben den schuftenden Soldaten sind die Hubschrauber zu den Ikonen des Sieges geworden – anstatt Raketen trugen sie diesmal Sandsäcke unter ihrem Bauch. Auch für die Aufräumarbeiten verspricht Volker Rühe bestes Gerät: Für Hygienemaßnahmen soll ein ABC-Abwehrbataillon sorgen – eines, wie es Ende 2001 im Rahmen der Operation »Enduring Freedom« in Kuwait zum Einsatz kommen sollte. Bei einer »Opfer-Gala« von ARD und *Bild*-Zeitung am 4. August ist die »starke Truppe« der eigentliche Star. Eine Fotogalerie in der *Bild* vom Folgetag zeigt das überaus deutlich: In der Mitte »die Männer von der Bundeswehr« und drum herum die anderen, weitaus weniger wichtigen Berühmtheiten der Unterhaltungsbranche: Blümchen, Nena, Max Schautzer, Dieter Hoeneß und Jan Ullrich, der gerade die Tour de France gewonnen hatte.[4]

Zweifelsohne war der Einsatz der Bundeswehr im Oderbruch der Massenmedien-Akt eines kollektiven Akteurs. Symbolisch hatten die Fernsehstationen am Ufer der Oder ihre Plätze reserviert. Dutzende von Fernsehkameras auf Stativen, die meiste Zeit mit Wachstuch vor der Nässe geschützt, rahmten den Ort des Geschehens ein. Die diskursiv-mediale Bühne der Abwehrschlacht an der Oder war bereits in den achtziger Jahren und insbesondere nach 1989 errichtet worden: Ununterbrochen war es in Politik und Medien um jene »Fluten« von Flüchtlingen gegangen, welche zumeist von Osten die Grenze zur Bundesrepublik überschritten. Nun hatte die Natur die Metapher eingeholt, und die Verteidigung gegen das Wasser an der »Oderfront« erlaubte die moralisch zutiefst legitime, abschließende Militarisierung der Oder-Neiße-Grenze gegen die

Gefahren von außen. Bereits 1992 hatte die Vorlage »Neuge-staltung der Bundeswehr« aus dem Verteidigungsministerium Einsätze der Bundeswehr auf deutschem Territorium sowie gegen den »Zuwanderungsdruck« befürwortet. In die *Verteidigungspolitischen Richtlinien* wurden diese Ideen schließlich nicht aufgenommen, aber die Union blieb dem Thema treu. 1993 inszenierte Wolfgang Schäuble eine Debatte über den Einsatz der Bundeswehr im Innern. Es war ausgerechnet der damalige Anschlag auf das World Trade Center, der für seine Forderung als Folie diente. In einer Zeit weltweiter Wanderungsbewegungen und des internationalen Terrorismus, schrieb er in der *FAZ*, in den Tagen der Auflösung von Staaten und des globalen Zirkulierens von technischem Know-how seien innere und äußere Sicherheit eben nicht mehr zu unterscheiden.[5]

Aber bis die »starke Truppe« im Oderbruch ihre Qualität unter Beweis stellte, blieb die Bevölkerung äußerst skeptisch. Der Out-of-Area-Einsatz von Bundeswehrsanitätern in Kambodscha 1991 und die Entsendung von 1700 Mann nach Somalia unter der von Volker Rühe ausgegebenen Devise »Schützen, Retten, Helfen« 1992 waren von endlosem Gezerre zwischen Parteien, Parlament und Verfassungsgericht gekennzeichnet – und die Ergebnisse konnten niemanden so richtig überzeugen. Rühe stolperte ganz buchstäblich über Somalia, als er beim Besuch der Truppe von der Gangway des Flugzeuges den Fuß auf somalischen Boden setzen wollte und hinfiel. Auch der Bürgerkrieg in Bosnien und die Chiffre Srebrenica konnten große Teile der bundesdeutschen Bevölkerung nicht dazu bringen, das Ausrücken von Bundeswehrtruppen zur Unterstützung von UNPROFOR und IFOR nachhaltig zu bejahen. Zudem war es 1996, als der Bosnieneinsatz bereits auf vollen Touren lief, zu einem äußerst unangenehmen Skandal gekommen.

Mitglieder des Gebirgsjägerbataillons 571 aus dem thüringischen Schneeberg/Westerzgebirge hatten ihre Mittagspause auf dem Truppenübungsplatz in Hammelburg im April dazu benutzt, um ein Video zu drehen, auf dem die Erschießung von Gefangenen und eine Vergewaltigung zu sehen waren. Zur Gaudi der Kameraden wurde dieses Video oftmals gezeigt, bis es dann in die Hände der Medien geriet und einer entsetzten Öffentlichkeit im privaten Fernsehen vorgeführt wurde. Hammelburg war ausgerechnet der Ort, an den die Bundeswehr die Ausbildung für die UN-Einsätze vergeben hatte. Dort, wo schon lange Infanterietaktiken gelehrt und Einzelkämpfer ausgebildet wurden, fand nun die Vorbereitung auf Extremsituationen im Kampfeinsatz statt. Aber offenbar klang den Gebirgsjägern, die einen bedeutenden Teil der Truppe in Bosnien stellten, die Friedensrhetorik des Verteidigungsministeriums zu wenig nach Abenteuer – sie drehten kurzerhand ihren eigenen Actionfilm. Das ließ nichts Gutes ahnen, zumal ähnliche Filme auch unter kanadischen Soldaten aufgetaucht waren, bevor sie ihre Phantasien in Somalia in die Tat umsetzten. »Som« hieß Somalia bei manchen Soldaten aus dem in eigener Wahrnehmung so friedlichen Land – in Anlehnung an die US-Bezeichnung »Nam« für Vietnam. Und während sie Somalis quälten, schossen sie Erinnerungsfotos, die schließlich um die Welt gingen.

Doch nach dem Massenmedien-Akt im Oderbruch waren solche Ausrutscher kaum noch von Interesse. Es war die perfekte Inszenierung, weil sie so authentisch war. Vierzig Jahre zuvor hatte die US-Regierung darüber nachgedacht, die Bekämpfung von Hochwasser als Vorwand für einen zukünftigen Krieg zu verwenden. Als Walt W. Rostow und General Maxwell D. Taylor von Präsident Kennedy 1961 zur Sondierung der Lage nach Vietnam geschickt wurden, plädierten sie danach für die Entsendung von 5000 Mann Kampftruppen – getarnt als Katastrophenhelfer gegen das Hochwasser. In den neunziger Jahren leistete die US-Army zur Legitimation ihrer Einsätze dann wirklich Katastrophenhilfe – ebenso wie die Bundeswehr, die im Oderbruch fern von jeder Rhetorik zu einer Hilfsorganisation zu mutieren schien.

Die Bundeswehr als Geburtsstätte der Kontrollgesellschaft

Nicht nur in der Zeit der Kolonisierung des Landes durch den Preußenkönig war das Oderbruch bereits ein Schlachtfeld gewesen, sondern weitaus buchstäblicher während des Zweiten Weltkrieges. Am 16. April 1945 rückten die Erste Weißrussische und Erste Ukrainische Front auf Berlin vor. An den Seelower Höhen im Oderbruch stießen sie auf den erbitterten Widerstand von Überresten der Wehrmacht – Soldaten, die aus Angst vor sowjetischer Kriegsgefangenschaft mit allem schossen, was sie noch hatten. Zwei Tage dauerte die Schlacht, bei der etwa 33 000 Rotarmisten und 12 000 Wehrmachtsangehörige ihr Leben lassen mussten. Noch heute erinnern die Soldatenfriedhöfe für die Deutschen in Lietzen und für die Sowjetsoldaten in Lebus an diese Schlacht. Kurz darauf fiel Berlin. So scheint es im höchsten Maße symbolisch, dass die Bundeswehr an einem Ort wieder auferstand, an dem die Wehrmacht eine ihrer letzten Schlachten geschlagen hatte. Über Kontinuitäten zwischen der Wehrmacht und der Bundeswehr ist oft gesprochen worden – bekanntlich haben die so genannten Traditionalisten die Bundeswehr noch bis in die siebziger Jahre dominiert. Allerdings führte die Niederlage dennoch einen Einschnitt herbei, der es möglich machte, innerhalb der Bundeswehr früher als an einem anderen Ort in der Gesellschaft den neuen Typus von kriegerischer Individualität zu denken, den wir als subjektive Seite des Neoliberalismus betrachten. Doch erst im Oderbruch 1997 haben diese Überlegungen konkrete Gestalt angenommen.

»Inneres Gefüge« hieß eine Abteilung der so genannten Dienststelle Blank, aus der sich 1955 das Bundesverteidigungsministerium entwickelte. Geführt wurde diese Abteilung von Wolf Graf von Baudissin, der 1955 in einem Manifest das *Leitbild eines zukünftigen Soldaten* entwarf.[6] Seine Ideen stießen unter den Traditionskräften innerhalb der Bundeswehr – achtzig Prozent der Offiziere der Bundeswehr am Ende der fünfziger Jahre hatten bereits in der Wehrmacht gedient – kaum auf Gegenliebe. Diese Traditionalisten wurden von der Regierung letztlich unterstützt – Baudissin fungierte eher als eine Art Feigenblatt der Demokratisierung, um die Skeptiker im In- und Ausland zu beschwichtigen. Nach 1954 hatte die Bundesrepublik mit den Verträgen von Paris und Bonn ihre Souveränität wiedererlangt und ging nun mit großer Geschwindigkeit an den Aufbau der Bundeswehr. Die sozialdemokratische Opposition hatte Baudissins Anliegen jedoch zu ihrer Sache gemacht, und so erschien das erwähnte Dokument im Theorieblatt der Friedrich-Ebert-Stiftung, in *Die Neue Gesellschaft*. An jenem Text lässt sich zeigen, dass in der Bundesrepublik Deutschland der fünfziger Jahre das Militär als Stichwortgeber der Kontrollgesellschaft auftrat. In der Bundeswehr entwickelten sich zuerst jene Vorstellungen einer neuen Subjektivität, die in den Vereinigten Staaten eher von neuen Managern auf der einen Seite und dem Rock 'n' Roll und der jugendlichen Gegenkultur auf der anderen Seite vorangetrieben wurden. Diese merkwürdige Fortschrittlichkeit hatte durchaus Tradition im deutschsprachigen Raum – schließlich hatten auch schon im frühen 19. Jahrhundert die preußischen Reformer wie Hardenberg, Scharnhorst, Gneisenau oder vom Stein ihre Vorstellungen von Demokratie hauptsächlich anhand der Armee entwickelt. Kaum verwunderlich, dass Baudissin diese Denker zum Vorbild nahm. Um vom Ruch des Kadavergehorsams loszukommen, der die Wehrmacht umwehte, schien der Rückgriff auf eine Figur wie Scharnhorst geradezu ideal: Der hatte bereits 1807 an Clausewitz geschrieben, dass er bei der Reorganisation des Militärs nicht nur auf formations- und übungstechnische Reformen hingearbeitet habe, sondern »insbesondere auf den Geist« der Soldaten.[7]

Auch für Baudissin war die Herstellung von »äußerer Disziplin« durch Befehl, Drill, Strafe und Einschüchterung ein überholtes Prinzip. Er wollte die militärischen Tugenden nicht abschaffen, doch müsse der Drill einen Platz im erzieherischen Gesamtkonzept erhalten, das auf die »Förderung der Selbstdisziplin« hinauslaufen sollte.[8] Baudissins Ziel war die Verpflichtung der Soldaten – und hier klingt er geradezu atemberaubend aktuell – zur »systematischen Arbeit an sich selbst«.[9] In diesem Sinne sollte der Vorgesetzte als Partner auftreten – Stichwort: Kooperation. Hinter jedem Befehl des Offiziers müsse die sittliche Ordnung zu spüren sein, betonte Baudissin. Der intelligente und selbstbewusste Soldat wiederum solle sein Leben nicht bloß aus Gehorsam riskieren, sondern gerade »im Gewissenskonflikt« – das Verständnis für die freiheitliche Ordnung sei mit Worten allein nicht zu wecken, es könne eben nur persönlich erlebt werden. »Zur Freiheit«, schloss Baudissin, »gehören auch Risiko und Verantwortung – jene Notwendigkeiten der Entsicherung, die alles freiheitliche Leben hart und weithin unbeliebt machen.«[10]

Wie hatte man sich diesen Soldaten nun konkret vorzustellen? Wie erwähnt, war dieser Typus Soldat im Militär jener Zeit nicht zu entdecken – hier pflegte man in den höheren Rängen die Kontinuität mit der Wehrmacht. In einer seltsamen Koinzidenz lieferte die Massenkultur der mittleren fünfziger Jahre Bilder eines völlig neuen Soldatentums, die wesentlich besser mit Baudissins Konzept der »Inneren Führung« korrespondierten. Illustrierte wie *Quick*, *Revue* und *Kristall* erfanden in jenen Jahren eine völlig neue, romantisierende Landserikonografie, die den Krieg vor allem von der Chiffre Stalingrad ausgehend neu schrieb. Das stählerne Antlitz des Soldaten mit jenen starr in die Weite zukünftiger Eroberungen blickenden Augen, das die Propaganda des »Dritten Reiches« massengefertigt hatte, verschwand zugunsten eines neuen Individualismus. »Landser waren«, so stellt Habbo Knoch bei einer Durchsicht der Illustrierten fest, »unrasiert, trugen keinen Helm oder hatten ihn in den Nacken geschoben, ihre Hemdkragen waren halb offen und ihre Uniformen unförmig und mit Marschgepäck behängt, sie blickten selbstbewusst in die Kamera oder wurden im Profil gezeigt, das die kantigen Gesichtszüge betonte.«[11] Nicht nur selbstbewusst erschien der Blick der interessanten jungen Männer, sondern mehr noch: »ironisch, entspannt, schelmisch, matt«.[12] Ein ähnliches Bild verbreitete die Verfilmung von Hans-Helmut Kirsts Romantrilogie *08/15*, die zwischen 1954 und 1956 von mehr als 15 Millionen Kinobesuchern gesehen wurde.[13] Diese gut aussehenden Landser-Jugendlichen, deren »äußere Disziplin« sich zweifellos in Auflösung befand, nahmen auch den ersten deutschen Gegenkulturtypus vorweg – den »Halbstarken«.

Die Bilder der Landser – der Verlierer – ähneln den Bildern der US-Soldaten in Vietnam. Offenbar hat sich die Entwicklung in Deutschland umgekehrt abgespielt – während in den Vereinigten Staaten die Gegenkultur nach Vietnam einrückte, bildete in Deutschland jener Landser der Illustrierten unausgesprochen eine Folie für so etwas wie gegenkulturellen Charme. Der zugrunde liegende Diskurs, der vor allem mit der Chiffre Stalingrad in Verbindung stand, nimmt viel von jenem der späteren verlorenen G.I.-Generation in Vietnam vorweg: Schuld war nicht der anständige Einzelne, sondern eine totalitäre Regierung und eine weitgehend inkompetente militärische Führung. Im Falle der Landser brachte der Bezug auf Stalingrad zudem eine politische Kontinuität mit sich, denn der Gegner von damals und der Gegner Mitte der fünfziger Jahre waren identisch: das totalitäre System in der Sowjetunion. Dabei hatte Baudissin den neuen Kampf gegen den Totalitarismus mit Worten beschrieben, welche sowohl das völlig entgrenzte Schlachtfeld des Vietnam-Veteranen vorwegzunehmen schienen als auch die heutige Rhetorik der US-Administration im Kampf gegen den Terrorismus. Die Auseinandersetzung zwischen dem Freiheitlichen und dem Totalitären bezeichnete Baudissin als »permanenten Bürgerkrieg ohne Grenzen in Raum und Zeit«, in dem »jeder von uns Träger, Mittel und Ziel zugleich« sei. »Neutralität ist nicht möglich«, betonte er schon damals kategorisch: »Der Versuch, sich ›herauszuhalten‹, bedeutet die Option für das Totalitäre.«[14]

In der Bundeswehr hatte das Prinzip der »Inneren Führung« wie erwähnt zunächst keine Freunde. Dass Baudissin die Bundeswehr in die Tradition der Hitler-Attentäter des 20. Juli 1944 stellen wollte, sorgte innerhalb des Offizierskorps für so heftige Diskussionen, dass sich das Verteidigungsministerium 1965 zu einem »Traditionserlass« genötigt sah, welcher das Korps auf »Freiheit im Gehorsam« und den ideologischen Widerstand gegen Hitler verpflichtete.[15] Erst Helmut Schmidt als Verteidigungsminister der Regierungskoalition zwischen SPD und FDP brachte eine gründliche Reform der Bundeswehr auf den Weg und verankerte das Militär in der »Demokratie als Lebensform«, von der in jener sozialdemokratischen Aufbruchzeit so viel die Rede war. Zwar versuchten die alten Kräfte Ende der siebziger Jahre mit einer »Traditionsdebatte«[16] noch eine Gegenoffensive, die sich bis weit in die achtziger Jahre hinzog. Doch nach der Legitimationskrise in den Tagen der Friedensbewegung signalisierte die Bundeswehr in ihrer Außendarstellung Nähe zur Zivilgesellschaft: In der Postille *Bundeswehr aktuell* wurde 1981 das Engagement in Sachen Umweltschutz herausgestrichen, 1984 die Aufgaben im Rahmen der Mittelstandsförderung, 1987 die Beteiligung an Abrüstungsverhandlungen und 1988 die Bemühungen des Verteidigungsministeriums um soziale Sicherheit. 1990 und 1991 ging es schließlich bereits um Völkerverständigung und humanitäre Hilfe.[17] Auch in der Werbung wurden nun Mitglieder gesucht, »die mitdenken, mitentscheiden und bereit sind, Verantwortung zu übernehmen« (1987), während das Militär mit der Gesellschaft verschmolz: »Mein Sohn. Mein Mann. Unser Freund. Dein Spezi. Unser Lehrling. Der Karl. Ihr Bruder. Die Bundeswehr« (1990).[18]

Während Baudissins Ideen in der Bundeswehr noch umstritten waren, lieferte die deutsche Massenkultur jedenfalls längst die besten Illustrationen für sein neues Soldatenbild. So erlangte der Rock 'n' Roll Ende der fünfziger Jahre buchstäblich in Uniform in die Bundesrepublik. Zwar war es Bill Haley, der mit seinem Titelsong »Rock Around the Clock« zu dem »Halbstarken«-Film *Die Saat der Gewalt* jene neue Musik nach Deutschland brachte. Doch als Haley 1958 zu einer Tour nach Deutschland kam und die Jugendlichen in den Konzerthallen das Mobiliar auseinander nahmen, verstand der bereits ein wenig abgehalfterte Musiker die Welt nicht mehr. Im gleichen Jahr hatte freilich der »King« persönlich in Bremerhaven eingecheckt – Elvis Presley leistete seinen Militärdienst in Deutschland ab. Doch der »King« jener neuen Musikrichtung, dessen hüftenschwingend-renitente Glanzzeit bereits vorbei war, trug nun Uniform – offenbar war in Deutschland am Ende der fünfziger Jahre der Rock 'n' Roll die Fortsetzung des Krieges mit anderen Mitteln. Und es war auch in Deutschland, wo »the Pelvis« die Revolte endgültig zu Grabe trug und zum Schmierendarsteller und Schnulzensänger mutierte. Zum Abschied schenkte er den Deutschen einen Song, der äußerst traditionsreich auf die Zukunft einer in den späten neunziger Jahren endlich zivil gewordenen Bundeswehr verwies: »Muss i denn, muss i denn zum Städele hinaus?«

Action – die Bundeswehr im Einsatz

Am 20. Juli des Jahres 1999, fast genau zwei Jahre nach den Heldentaten der Bundeswehr im Oderbruch, hielt der sozialdemokratische Bundeskanzler Gerhard Schröder eine Rede im Bendlerblock in Berlin – einem hochgradig geschichtsträchtigen Ort. Es handelt sich um einen der letzten klassischen Bauten des Kaiserreichs, errichtet für das Reichsmarineamt und den Generalstab. Nach dem Ersten Weltkrieg zog das Reichswehrministerium der Weimarer Republik unter dem sozialdemokratischen Minister Gustav Noske ein. Während des »Dritten Reiches« residierten hier die Chefs des Truppenamtes und des Generalstabes sowie der Oberbefehlshaber des Heeres, die Seekriegsleitung und Teile des Abwehramtes unter Admiral Canaris. Seit dem Umzug der Bundesregierung nach Berlin hat nun das Verteidigungsministerium im Bendlerblock einen zweiten Sitz. Eine Gedenktafel erinnert im Innern an die Hitler-Attentäter des 20. Juli, die 55 Jahre vor Schröders Rede an jener Stelle hingerichtet wurden. Dieser Jahrestag war auch der Grund für Schröders Ansprache, doch der Kanzler nutzte das Datum, um ein symbolträchtiges Ritual in einen neuen Kontext zu stellen – das Gelöbnis von Bundeswehrrekruten. Vor allem zu Zeiten der Friedensbewegung war dieses Gelöbnis umstritten und von teilweise massiven Protesten begleitet gewesen. Auch diesmal hatten sich Demonstranten versammelt, aber sie blieben vor der Tür – die Veranstaltung war nur insofern öffentlich, als die Medien sowohl der Rede des Kanzler als auch dem Gelöbnis-Spektakel beiwohnen durften.

Ein nahezu perfekter Massenmedien-Akt, in welchem durch die symbolische Dimension (Ort, Ritual) noch weitaus mehr als durch die Rede selbst neue Verknüpfungen entstanden. Es wäre zu einfach, Schröder vorzuwerfen, er hätte hier lediglich die Kontinuität des deutschen Militarismus fortsetzen wollen. Er nahm dieses Erbe offensiv in den Dienst der Vollendung eines Bruchs mit der Wehrmachtstradition – Schröder sah sich am Ende einer Entwicklung, mit der aus der Bundeswehr der »uniformierte Teil einer zivilen Gesellschaft« geworden war. Stolz vermeldete er die Erfüllung dieses Traumes – im Juli 1999 war die Bundeswehr für Schröder eine »demokratische Institu-

tion« mit »anti-militaristischen Fundamenten«, eine »Friedens-
streitmacht« mit »Soldaten für den Frieden«, welche »persönlich Verantwortung für Frieden, Freiheit und Gerechtigkeit«
übernehmen. Und all das war, wie er herausstrich, »zu Recht
vor allem mit einem Namen verknüpft: Wolf Graf von Baudissin«.[19]

Die Ansprache wurde mit dem Selbstbewusstsein eines Sie-
gers vorgetragen – am 9. Juni 1999 hatte die Regierung der Bundesrepublik Jugoslawien nach dem zweieinhalb Monate wäh-
renden Bombardement durch die Luftstreitkräfte der NATO
endlich ein Abkommen unterzeichnet, das den Rückzug serbischer Truppen aus dem Kosovo regelte. Bereits drei Tage später
trafen die ersten KFOR-Soldaten im Kosovo ein – unter ihnen
auch Soldaten der Bundeswehr. Freilich erinnerte der erste
leibhaftige Kontakt mit dem serbischen Gegner an die eher
unangenehme Wehrmachtstradition. »Wie viel Zeit brauchen
Sie, um den Grenzübergang zu räumen?«, fragte der Komman-
dierende des deutschen Kontingents, General Helmut Harff,
der per Hubschrauber von Prizren gekommen war, den Chef
des jugoslawischen Postens. »Sechs Stunden«, antwortete
Oberst Fehir. »Sie haben dreißig Minuten«, meinte Harff. Auf
die Proteste, es seien immerhin siebzig Grenzer und sie hätten
nur Lastwagen zum Transport, erwiderte Harff ungerührt: »Das
ist alles. Dreißig Minuten. Inzwischen 28. Ende der Diskussion.« Am folgenden Tag gab Leutnant David Ferk in Prizren –
dem Zentrum des zukünftigen deutschen Sektors im Kosovo –
den Befehl: »Auf erkannten Feind Feuer frei.« Er selbst begann
zu schießen. Als der Schütze am Maschinengewehr zögerte, ver-
setzte Ferk ihm kurzerhand einen Schlag in den Nacken. 220
Schuss fielen aus sieben Läufen – danach waren zwei Serben in
einem gelben Polski Fiat tot, die offenbar betrunken und bewaffnet mit einer Handgranate und einer Kalaschnikow auf die
deutschen Soldaten zugefahren waren. Als sie mit dem Wagen
zurücksetzen wollten, gerieten sie in den tödlichen Kugelhagel.

Im Jargon der Soldaten heißt dieser Tag seitdem »Bloody Sunday« – in Anlehnung an ein Stück der Band U2. Darin spielt die Band auf den 30. Januar 1972 an – der Tag, an dem die britische Armee im nordirischen Bogside das Feuer auf unbewaffnete Demonstranten eröffnete und 13 Menschen tötete.

Die Reaktionen der deutschen Öffentlichkeit auf das autokratische Gehabe und die ersten Gefechtstoten seit dem Zweiten Weltkrieg waren erstaunlich. Der Name des Haudegens Harff, der als Fallschirmjäger eine Einzelkämpferausbildung durchlief und sich erste mediale Lorbeeren als befehlshabender Oberst des deutschen Kontingents im somalischen Belet Huen erworben hatte, wurde in der ironischen Mediengesellschaft zu einem Bonmot: »Heute schon geharfft?«, hieß es, beziehungsweise »Heute schon geharfft worden?«. Während der General ähnlich wie »Rambo« für einige Zeit die Alltagssprache beherrschte, meinte er selbst knapp einen Monat nach den tödlichen Schüssen der Gebirgsjäger, am 11. August, in einem Interview im Deutschlandradio: »Wer schneller schießt und besser trifft, überlebt« – zumal auf dem Balkan, wo nach Harffs Meinung ohnehin alle mit einem Katz und Maus spielen, wenn man Schwäche zeigt. Leutnant Ferk erhielt nach seinen Todesschüssen die höchste Auszeichnung, welche die Bundeswehr zu vergeben hat: das Ehrenkreuz in Gold. In der Presse wurde die professionelle Sachlichkeit des Schützen bewundert. Ein gutes halbes Jahr später bekam Ferk sogar einen eigenen Zweiseiter im *Spiegel*, der einer Hagiografie ziemliche nahe kam. »Seine Profession«, so wird Ferk zitiert, »sei ein Handwerk, moralischer Auftrag und Abenteuer inklusive.«

Der MG-Schütze wiederum, der damals nur auf Ferks Nackenschlag hin aktiv wurde und sich nachher wie ein Versager fühlte, erzählte der Reporterin: »Die Spitze ist der Schusswechsel, der Kampf, das ist das Äußerste, was man erleben kann.«[20] Dabei wurde zwar des Öfteren erwähnt, dass Leutnant Ferk zum Gebirgsjägerbataillon 571 aus Schneeberg gehörte, doch niemand erinnerte an dessen skandalöse Videokriegsspiele auf dem Truppenübungsplatz. Warum auch? Offenbar hatte die Selbstausbildung Früchte getragen, und die abenteuerliche Extremsituation kitzelte das Beste aus den Männern heraus. Was sie umbrachte, war nämlich Monotonie und Routine, wie schon der Truppenpsychologe Klaus Barre in Somalia feststellen musste: »Viele Leute haben nicht die erwartete Action vorgefunden.«[21] Gerhard Schröder ging kaum weit genug in seiner Behauptung, die Soldaten seien der »uniformierte Teil einer zivilen Gesellschaft«. Von einem vormals destruktiven Typus ist der Soldat mittlerweile zu einem konstitutiven Typen für das zivile Leben in der neoliberalen Gesellschaft avanciert, denn seine Eigenschaften sind: Professionalität und Kaltblütigkeit in Extremsituationen – verbunden mit dem autonomen Wunsch nach Action und Abenteuer.

Dabei hatte die gesamte Intervention im Kosovo von Anfang an die richtige Action-Dynamik. Es handelte sich um eine Art antibürokratische Revolution gegen die Vereinten Nationen, die den USA schon lange ein Dorn im Auge waren. Zum einen ließ sich auf diese Weise das Versagen in Somalia und Ruanda auf den schwerfälligen Organisationsmoloch UN abwälzen. Zum anderen war es mit dem Kosovo-Einsatz möglich, die UN als zahnlosen Interpreten des Völkerrechtes erscheinen zu lassen, welcher den Verbrechen bloß tatenlos zusieht. Die NATO bediente sich einer hochmoralischen Argumentation, die gewöhnlich nur Minderheiten beziehungsweise machtlosen Akteuren vorbehalten ist: Da es um eine gute und gerechte Sache ging, war es eben auch notwendig, das Legalitätsprinzip vorübergehend außer Kraft zu setzen. Für das tatkräftige »Zupacken« der NATO gab es seit geraumer Zeit eine diskursiv-mediale Bühne, die von internationalen Nichtregierungsorganisationen (NGOs) wie Greenpeace bereitet worden war. Mit ihrer Action hatten sich die NGOs im Gegensatz zu den traditionellen politischen Akteuren besonders bei jungen Menschen eine unerhörte Glaubwürdigkeit erworben. So wie die NATO sich rechtfertigte, schienen die Mitglieder des mächtigsten Militärbündnisses des Welt plötzlich selbst in einem kleinen Schlauchboot zu sitzen, das von den Wellen hin und her geworfen wurde, während seine Insassen beharrlich versuchten, einen riesigen Tanker an der Einfahrt zum Hafen zu hindern.

Freilich wäre es naiv zu denken, dass den NGOs und humanitären Hilfsorganisationen die Logik des Soldatischen fremd wäre. Das von Jean-Henri Dunant gegründete Internationale Komitee vom Roten Kreuz etwa hat niemals versucht, den Krieg selbst zu bekämpfen. Dunant und seine Mitstreiter wollten eine Art disziplinären Ehrenkodex für die Kombattanten schaffen, für den die Mitarbeiter der Organisation selbst als bestes Vorbild fungierten. Nicht umsonst hießen die 1946 erschienenen Erinnerungen eines der bekanntesten Delegierten, Marcel Junot, *Le troisième combattant* – der dritte Kämpfer. Mittlerweile rekrutiert das Internationale Rote Kreuz für seine Einsätze ein Personal, welches mit seiner Risikobereitschaft, Mobilität und Motivation in die Bundeswehr ebenso wie in die Betriebe der New Economy passen würde: »Akzeptiert werden junge Hochschulabsolventen in internationaler Politik, die ein, zwei Jahre lang Abenteuer erleben möchten, ehe sie für Banken arbeiten; Ex-Hippies mit der Sehnsucht zu reisen; ehemalige Taxifahrer; Ärzte und Krankenschwestern, die des abgesicherten Lebens in Schweizer Kliniken überdrüssig sind. Sie alle kommen auf der Suche nach einem der am schwersten greifbaren Dinge überhaupt – der Befriedigung, die es einem verschafft, wenn man etwas tut, was der Mühe wert ist.«[22]

Also: Waren die Angehörigen der Bundeswehr nicht ebenso wie jene von Greenpeace oder vom Roten Kreuz so etwas wie »Soldaten für den Frieden«? Dass die jungen Männer der Bundeswehr aus »unserer« Mitte kamen und gleichzeitig die Mutigsten, Aktivsten und Besten von »uns« waren, konnte man seit dem 21. Februar 1999 jeden Sonntag im Privatsender *Pro 7* sehen. Dort lief die Serie *Jets. Leben am Limit* – in der Hauptrolle des blutjungen Tornado-Piloten Robin Amberg der Star der Daily Soap *Gute Zeiten, schlechte Zeiten*, Andreas Elsholz. *Jets* funktionierte wie *Top Gun* als Seifenoper: Mit ihren alltäglichen Problemen rund um Job und Liebesbeziehungen sollten die netten Jungs dem deutschen Fernsehpublikum ans Herz wachsen. Etwa einen Monat später, am 24. März, durfte dieses Publikum im privaten Fernsehen live dabei sein, als vier Tornados der Bundesluftwaffe vom italienischen Piacenza zum ersten richtigen Kampfeinsatz nach dem Zweiten Weltkrieg abhoben. Nach *Jets* konnten wohl nur noch verbissene Bedenkenträger für die neuen Stars der Kanzel etwas anderes empfinden als eine prickelnde Mischung aus Identifikation und Sympathie. Spätestens seit diesem Zeitpunkt sind Piloten ein echtes Lifestyle-Thema geworden. Doch die Männer bleiben bescheiden. »Wir sind keine Stars«, zitiert das Männermagazin *GQ* Anfang 2002 einen US-Piloten in einem Exklusivbericht vom Flugzeugträger *George Washington*, »wir alle arbeiten für Freiheit und Frieden, keiner käme da ohne den anderen zurecht.« Nicht nur das perfekte Maß an Autonomie und Aufmerksamkeit besitzen die Piloten, auch ihre Kameradschaft – in der Wirtschaft Teamfähigkeit genannt – ist optimal. Titel des Artikels: »Top Gun«.[23]

Soldaten als Stars

Mit Krieg hatten die 244 Raketen, die von den deutschen Tornados aus auf Ziele in der Bundesrepublik Jugoslawien abgefeuert wurden, eigentlich nichts mehr tun – es handelte sich um eine »humanitäre Intervention«, eine »Maßnahme«, einen »Einsatz«, um Völkermord zu verhindern, Frieden zu »erzwingen« und schließlich zu »erhalten«. Die diskursive Chiffre für dieses Manöver war Auschwitz – ein neues Auschwitz galt es auf dem Balkan zu verhindern. Als es im April 1999 schwieriger wurde, die starke Behauptung eines Völkermordes aufrechtzuerhalten, entschloss sich Verteidigungsminister Rudolf Scharping dazu, auf die Evidenz von Fotos zu bauen. Am 15. April zeigte er dem Bundestag Fotos, auf denen insbesondere aus der Distanz – jener der Abgeordneten und der Fernsehzuschauer – kaum etwas zu erkennen war. Dennoch handelte es sich um einen gut berechneten Coup. Denn dass Fotos von Leichen Beweischarakter haben, war dem deutschen Publikum ausgerechnet durch eine Ausstellung nahe gebracht worden, welche seit 1995 kreuz und quer durch die Lande gezogen war, um die Verbrechen der Wehrmacht während des Zweiten Weltkrieges zu belegen. Letztlich war für die meisten der 800 000 Besucher auf diesen Fotos ebenso wenig zu sehen wie auf jenen, die Scharping vorzeigte – schließlich war es in beiden Fällen völlig unmöglich, den Kontext dieser Bilder zu überprüfen.

Besonders ein Bild entwickelte in der Öffentlichkeit ikonischen Charakter: das Foto einer Partisanen-Hinrichtung im serbischen Pančevo im April 1941. Darauf legt ein Offizier des Regiments »Großdeutschland« mit seiner Pistole auf ein noch lebendes Opfer einer Massenerschießung an, um ihm den finalen Schuss zu versetzen. Während die deutsche Zivilgesellschaft dieses Bild Anfang 1999 weiter erschüttert betrachtete, schossen Piloten der Bundeswehr, jenes »uniformierten Teils einer zivilen Gesellschaft«, im Dienste der Verhinderung solcher Verbrechen ihre Raketen auf Pančevo ab, wo sich ein Militärflughafen der Jugoslawischen Volksarmee und andere Ziele befanden. Zwischen dem stählern-ausdruckslosen Offizier der Wehrmacht mit seiner irgendwie hölzernen, verkrampften Haltung auf einer Straße in Pančevo und den Jet-Piloten, die am Himmel über Pančevo ihr *Leben am Limit* lebten, konnte der Unterschied kaum größer sein. Während das Angriffsziel dasselbe geblieben war, hatten sich die militärischen Protagonisten zu Helden der Massenkultur entwickelt. Ende 1999 druckte die wöchentliche Lifestyle-Beilage der *Süddeutschen Zeitung* die Feldpostkarten der Soldaten ab – freundlichste Grüße von den Orten, an welche »Y-Tours« die jungen Idealisten verschickt hatte: Somalia, Kroatien, Bosnien, Mazedonien, Albanien, Georgien und Kosovo. Neben Bildern von der Bundeswehr im philantropischen Hilfseinsatz fand sich auch eine Karte mit einem Tornado drauf. Text: »Einmal sein wie Tom Cruise in Top Gun: mit doppelter Schallgeschwindigkeit durch die Luft jagen!«.[24] Unsere Piloten waren eben Stars – und ihre Raketen schlugen ein wie im Film.

Beim Einzug in den Kosovo hatte sich die Bundeswehr schließlich endgültig in eine Rock-'n'-Roll-Armee verwandelt, aber in eine, die ihre Geburtswehen nicht in einem schmutzigen Krieg wie in Vietnam hatte. Im Gegenteil, der Haudegen Harff war während seiner Einsätze niemals müde geworden, die US-Amerikaner wegen ihrer »Rambo-Mentalität« zu kritisieren. Als die »starke Truppe« aus dem Oderbruch im Kosovo einmarschierte, war die Stimmung wie bei einem Rockkonzert. Kosovo-Albaner hielten Schildchen hoch: »Willkommen im Kosovo« oder »Danke, Deutschland«. »Deutschland, Deutschland«-Rufe ertönten, jeder wollte den Soldaten die Hand schütteln. Frauen schenkten ihnen Blumen. »Diesmal waren wir auf der richtigen Seite. Wir waren die Guten – und alle haben es gesehen«, erzählte Hauptgefreiter Tino Kempf, 23, der Reporterin vom *Spiegel*.[25] Zu Hause sahen es alle im Fernsehen. Folgerichtig porträtierte der *Stern* kurz darauf einen deutschen Oberfeldwebel namens Frank Mester, der von seiner Einheit »McGuyver« genannt wurde – »nach dem amerikanischen TV-Serienhelden, der in jeder Folge Unmögliches möglich macht, keinen Feierabend kennt und keinen Sonntag und der einfach alles kann«.[26] Auf einer Doppelseite ein Foto von der Tarnhose des Helden, an welcher Pistole, Messer und Zollstock einträchtig nebeneinander hängen.

Selbst wenn etwas nicht funktionierte, fühlten sich die Protagonisten des Einsatzes wie im Film. In Prizren sicherten zu Beginn des Jahres 2000 zirka 120 Bundeswehrsoldaten serbische Wohnhäuser, Kirchen und Flüchtlingsunterkünfte gegen die ununterbrochenen Anschläge von albanischen Kosovaren. Dennoch zog sich durch die ehemals von Serben bewohnte Altstadt eine frische Schneise der Zerstörung. Als wir der Zentrale der Bundeswehr im serbisch-orthodoxen Bischhofssitz damals einen Besuch abstatteten, hing dort ein Plakat, das die Schutz-»Mission« der KFOR in allen Einzelheiten erläutert – der große Sicherheitsplan. Ein Witzbold hatte unter das Wort »Mission« *impossible* gekritzelt.

Im Oktober 1999 zog ein Deutscher als Kommandeur der KFOR in »Film-City« ein – dem Hauptquartier der NATO auf einem Hügel über Priština. »Film-City« wurde der halb fertige Gebäudekomplex deswegen genannt, weil er ursprünglich für eine jugoslawische Filmproduktionsfirma gedacht war. Vier-Sterne-General Klaus Reinhardt leitete nun die Konferenzen in der »Bat Cave«, wie der große Besprechungsraum in »Film City« heißt. Zum ersten Mal war ein Deutscher Befehlshaber bei einem NATO-Einsatz. Reinhardt erschien als »Generalisten-General« (*Die Woche*): ehemaliger Schlagzeuger einer Jazzband, Opernliebhaber, Skifahrer, Mehrsprachler. Ursprünglich Gebirgsjäger, dann Promotion in Geschichte mit der Arbeit *Die Wende vor Moskau. Das Scheitern der Strategie Hitlers im Winter 1941/42.* Absolvent eines US-Generalstabslehrganges im legendären Fort Leavenworth, dann Reformator des deutschen Generalstabs in Koblenz. Schnell avancierte er zum Liebling der Medien. Fast jede Seite seiner extrem detaillierten Tagebuchaufzeichnungen *KFOR. Streitkräfte für den Frieden* beginnt mit der Nennung der Zeitungen oder Sendeanstalten, die ihn interviewen wollten. Die ständige Medienpräsenz war gewollt – in seinen Schlussfolgerungen lobt Reinhardt ausdrücklich seinen Pressekoordinator. Es sei gelungen, meint er, »unsere Arbeit im Sinne eines in sich geschlossenen Gesamtkonzeptes zu ›verkaufen‹. […] Wir hatten immer den Eindruck, dass wir – und nicht die andere Seite – die Initiative fest in der Hand hielten.«[27] Das Militär, das zur humanitären Hilfstruppe wird, brauchte eben wie andere Hilfsorganisationen auch dringend die Presse, um für das eigene Werk Sichtbarkeit herzustellen – und damit Legitimität. Die in Tarnfarben gescheckte Uniform des Generals, das dezente Deutschland-Fähnchen und das KFOR-Abzeichen an seinem Oberarm, das schicke Barett mit dem NATO-Symbol darauf – all das wurde daher vor der Kamera zum schieren Branding für das Militär.

Nicht nur wegen der Erwähnung der ununterbrochenen Interviews lesen sich Reinhardts Kosovo-Erinnerungen phasenweise wie das Tagebuch eines Rockstars. In der Silvesternacht 1999 mischt er sich unter die Zehntausenden von Menschen auf den Straßen von Priština, die erstmalig seit Jahren, wie er meint, »das Neujahrsfest in Freiheit begehen können«. Dann wird er erkannt: »Die Menschen bilden eine Schlange, um sich mit mir fotografieren zu lassen. Ich komme nicht mehr voran, werde durch die Menschenmenge geschoben, man greift nach mir, immer wieder werde ich umarmt. Ich habe so etwas noch nie erlebt, die Leute sind wie elektrisiert, ganz aus dem Häuschen.« Zurück in »Film-City« gerät er dann in eine wilde Discoparty der Soldaten – »um mich herum die Soldaten im Fleckentarnanzug, wie Indianer beim Tanz um den Totempfahl, heulend, stampfend, ich in der Mitte des Kreises«.[28] Seine Fetischisierung als Star nimmt noch größere Dimensionen an bei einer außer Kontrolle geratenen Demonstration von etwa 5000 Kosovo-Albanern im krisengeschüttelten Kosovska-Mitrovica am 21. Februar 2000. Reinhardt eilt mit dem Hubschrauber an den Ort des Geschehens und ist fassungslos über das Chaos auf den Straßen unter ihm. »Ich weiß nur«, schreibt er, »dies ist kein Kino, kein Fernsehen, dies ist die unfassbare Realität, für die ich Verantwortung trage.« Als er sich schließlich auf der

Straße zeigt, schreit die Menge »Reinhardt, Reinhardt«. Die Albaner reagieren offenbar wie Teenager bei einem Konzert von Robbie Williams. »Unzählige Hände greifen nach mir«, berichtet der General, »ich werde gedrängt, geschoben, geschubst, an meinen Armen wird gezerrt, bärtige Gesichter küssen mich, ich bekomme Angst. Die Leute um mich herum gebärden sich wie besessen. Alle schreien, der Ruf ›Reinhardt, Reinhardt‹ wird von der Menge aufgenommen und hallt von den Häusern zurück. Ich werde hochgehoben und über die Schultern der Masse nach vorn geschoben, bin der Extase völlig ausgeliefert.«[29] Dem General wird bei dieser Party die Pistole gestohlen – seine albanischen Fans sind im buchstäblichen Sinne entwaffnend.

Die Bundeswehr als Hilfsorganisation, die KFOR als Markenzeichen, der Kommandeur als Star – das Militär ist Bestandteil der Massenkultur und Akteur der Zivilgesellschaft geworden. Derweil klingen Vorträge des Generalinspekteurs der Bundeswehr, Harald Kujat, wie eine Mischung aus Friedensbewegungsrhetorik, Antirassismus (»Wir müssen lernen, unsere eurozentristische Perspektive zu überwinden«), New-Economy-Philosophie (Stichworte: Flexibilität, Mobilität, modulare Auftragsbezogenheit) und Systemtheorie (»Unsere Bemühungen sind darauf gerichtet, Fähigkeiten herzustellen«). Vom Krieg ist überhaupt nicht mehr die Rede. In seinen Aufzeichnungen übernimmt General Klaus Reinhardt sogar noch die Rolle des Kritikers: Immer wieder beschwert er sich über die ausweichende Haltung der westlichen Politiker, was den definitiven Status des Kosovo betrifft. »Der Wunsch, den Problemen auf den Grund zu gehen«, meint der General nach einem Gespräch mit Repräsentanten aus Spanien, »ist nur begrenzt erkennbar. Dies ist für mich, der ich mich der Wirklichkeit vor Ort täglich zu stellen habe, häufig frustrierend und nicht nachvollziehbar.«[30] Und so wird nicht nur für die Kosovo-Albaner, sondern auch für die Öffentlichkeit zu Hause das

Militär zu einem Hort der Glaubwürdigkeit. Umfragen haben während der neunziger Jahre gezeigt, dass die Hardthöhe in der Bundesrepublik ständig an Vertrauen gewonnen hat. Allerdings sind damit nicht ihre zivilen Vertreter gemeint, sondern gerade die Uniformierten, die Offiziere und Soldaten, die vor Ort »zupacken«. Die Minister dagegen straucheln wie Volker Rühe oder werden gar vom Vorsitzenden des Bundeswehrverbandes als »Witzblattfigur« tituliert wie Rudolf Scharping.[31]

Selbst im Ausland war das deutsche Militär im Jahre 2001 so vertrauenswürdig geworden, dass es auf dem Cover des britischen Modemagazins *i-D* zum modischen Accessoire mutierte: Supermodel Kate Moss trug ein Bundeswehrhemd mit dem dezenten Deutschland-Fähnchen auf dem Oberarm.[32] Englische und amerikanische Popstars, meinte *Cool*-Autor Ulf Poschardt kurz darauf in der *Welt am Sonntag*, würden seit Jahrzehnten deutsche Bundeswehr-Tracht schätzen. Mit Krieg hätten die Uniformen gar nichts zu tun, da sie von Pazifisten getragen und inszeniert würden, so Poschardt weiter – es handele sich vielmehr um einen »neuen, betont postmodernen Stil«: »aus Uniform wird Polyform«. In diesem Sinne sei das Bundeswehrhemd auf dem Leib des Supermodels auf dem Cover einer britischen Illustrierten der »Ausweis einer neuen Normalität«.[33] So waren die ersten Berichte vom Einsatz der modischen Truppe in Afghanistan folgerichtig business as usual – die Soldaten erschienen als Stars und genossen ihre Polyformität beim Bad in der Menge. »Die Patrouillenfahrt durch die Innenstadt«, so konnte man in der *Süddeutschen Zeitung* lesen, »ist von der Art eines Karnevals. Hoch auf dem grünen Wagen stehen die Prinzen von der Bundeswehr als Attraktion für alle, die die Straßenränder säumen.«[34]

Doch nach den Ereignissen vom 11. September trat die Truppe nicht mehr nur im Einsatz für den Frieden auf, sondern auch als Bestandteil von »Enduring Freedom«, also als bewaffnete Verteidigungsinstanz der westlichen Werte. Die Protagonisten der deutschen Beteiligung am »War on Terrorism« gehörten zum so genannten Kommando Spezialkräfte (KSK) – »unserer« Krisenreaktionseinheit. »Haben die KSK-Soldaten die ›Lizenz zum Töten‹?«, fragt die *Bild*-Zeitung Klaus Reinhardt im Februar 2002 und suggerierte, dass es sich bei den Soldaten um lauter James-Bond-Klone handelt. Reinhardt, besonnen wie immer, betonte: »Die KSK-Soldaten sind keine draufgängerischen Rambos.«[35] Das ist nicht verwunderlich, denn sie hatten ja kein Vietnam; bei ihnen stimmt die »Balance zwischen Aggressivität und kontrolliertem Handeln«, wie KSK-Psychologe Günther Kreim seiner Truppe attestiert.[36] Alle Bilder der KSK-Truppen freilich, auf denen zumeist das von Tarnzeug und Nachtsicht- oder anderen Spezialgeräten vermummte Soldatengesicht zu sehen ist, erinnern an einen anderen ehemaligen Vietnam-Veteranen, der sich wieder in einen Kämpfer verwandelt hat: Jean-Claude van Damme in dem Film *Universal Soldier*. Es handelt sich um den Technosoldaten, die kalte Kampfmaschine. Der letzte Überrest seiner Individualität sind traumatische Erinnerungsbilder von Kampfeinsätzen in Vietnam. Wovon aber träumt der KSK-Soldat? Vom Holocaust? Von Stalingrad? Die KSK-Soldaten sind erst sein wenigen Jahren im Einsatz – ihre Träume werden vermutlich gerade erst fabriziert.

Als Anfang März 2002 zwei Soldaten bei der Entschärfung einer Bombe in Kabul umkamen, entbrannte in der Presse nochmals eine Diskussion um die Bundeswehreinsätze. Die Regierung, so hieß es fast unisono in *Zeit*, *Spiegel* und der *Frankfurter Allgemeinen Sonntagszeitung*, lasse ihre Soldaten im Stich. Das Engagement der KSK im Kampf erfahre nur indirekte Unterstützung, wo »klare Bekenntnisse« gefordert seien.[37] Verbrämungen durch »historische Sachzwänge« oder »Bündnisverpflichtungen« hielten die Kommentatoren nun für überflüssig. Da Rotgrün der deutschen Außenpolitik das Militär »als Instrument der Machtprojektion« zurückgegeben habe, heiße die Devise: klare »strategische Führung«.[38] Zudem wurde in den Berichten der marode Zustand des Materials und die chronische Unterfinanzierung der Streitkräfte bitterlich beklagt. Auf der Strecke bleibe vor allem die Motivation der Soldaten. »Modernen Söldnern gleich« seien diese mittlerweile, meinte die Reporterin des *Spiegel*, denn bloß der schnöde Mammon treibe sie zur Teilnahme am Auslandseinsatz. »Nur noch wenige haben dieses Leuchten in den Augen, mit dem die ersten Soldaten damals aus Bosnien und dem Kosovo zurückgekehrt sind.«[39] Die Soldaten erscheinen hier nicht mehr wie Verteidiger der Heimaterde, sondern wie die Mitarbeiter eines privaten Unternehmens im außerstaatlichen, also zivilen Teil der Gesellschaft – der Deutschland AG. Deren Management muss wie in der New Economy die Ressourcen des Teams mobilisieren, indem es durch strategische Führung ein Gefühl für Sinn, Spaß, Abenteuer und Zusammenhalt vermittelt.

Mit der gleichen Konsequenz, mit der sich die Zivilgesellschaft durch das Einsickern des Krieges als Massenkultur in einen Kriegsschauplatz verwandelt, ist das Militär, die Bundeswehr, mit der Zivilgesellschaft identisch geworden. »Es gibt keine harmlosen Zivilisten«, meinte John Rambo. So sind in der westlichen Zivilgesellschaft – also jenem Ort, an dem der aktive Bürger und das neoliberale Unternehmens-Individuum zusammenfallen – Krieg und Frieden ununterscheidbar geworden. Wie für die G.I.s beim Einsatz in Vietnam zerfällt für die Mitglieder dieser Gesellschaft die Zeit in zwei Bereiche. Neunzig Prozent sind Routine – Warten, angespannte Beobachtung einer Normalität, die nur an der Fassade friedlich wirkt. Auf die Extremsituation, auf »Action« muss man ununterbrochen vorbereitet sein. Dabei erweist sich die Massenkultur als eine Art Boot-Camp. Zum einen wird durch die allgegenwärtige Kriegsrhetorik gezeigt, dass die Normalität ständig in Gefahr umschlagen kann. Zum anderen werden kriegerische Typen als Identifikationsfiguren aufgebaut. Statt Konsumgütern werden

den Unternehmens-Individuen Erlebnisse angeboten – im Angebot sind Abenteuer, Grenzerfahrungen, Extremsport, die umwerfende große Liebe, der Amoklauf oder auch der Schusswechsel im Einsatz.

Die Action ist im Gegensatz zur Routine ein orgiastischer Rausch – ausgestattet mit der »unwiderstehlichen Attraktivität des Kampfes«, wie Philip Caputo über Vietnam schrieb.[40] Anders als in Vietnam ist freilich das Todesrisiko minimal geworden – selbst für die Soldaten. Tatsächlich ist die ganze Action zutiefst ambivalent. Im Boot-Camp der Massenkultur werden Sehnsüchte nach der Durchbrechung von Routine erzeugt – doch das massengefertigte Extremerlebnis strapaziert die Netze der Sicherheit bloß einen Moment lang. Die Sicherheit selbst steht keineswegs zur Disposition. Die Action, die der Job der Bundeswehr mit sich bringt, soll dagegen die Sicherheit gerade wiederherstellen, die Out-of-Area auf der Strecke geblieben ist. Solche Zusammenbrüche der Sicherheit könnten Auswirkungen auf »uns« haben. Davor zittern die westlichen Gesellschaften ununterbrochen – während die Action begehrt wird, ist die Bedrohung der eigenen Sicherheit zum Phantasma geworden. Sicherheit ist Ziel Nummer eins aller Interventionen. Doch weil die kurzfristige Interventions-Action eine weitere Zerstörung jeglicher Routine und Normalität mit sich bringt, lässt sich auch keine wirkliche Sicherheit herstellen. Während die Soldaten in jenen Teilen der Welt intervenieren, wo der Krieg aufgrund der immer schon geringeren wirtschaftlichen Ressourcen zur Aufrechterhaltung eines einigermaßen geregelten Alltagslebens zur Kultur der Massen geworden ist, befindet sich die gesamte westliche Zivilgesellschaft längst auf jener »Mission Impossible« der Bundeswehr in Prizren. Oder in Kabul, wo die Soldaten, wie der *Spiegel* schreibt, eine »fast unmögliche Aufgabe erfüllen sollen: Sicherheit garantieren, wo es keine geben kann«.[41]

4
Warum stehen auf der Mutter-Teresa-Straße die Land Cruiser im Stau?
Kultur der Angst, Phantasma der Sicherheit und die Logik der Intervention

Priština, 27. Februar 2000

Es ist 9 Uhr morgens. Nur wenige Tische im großen Frühstücksraum des Hotels *Illyria* sind besetzt. Dafür tragen alle anwesenden Gäste Uniform. Hier eine Abordnung, deren Aufnäher auf das Herkunftsland Ägypten schließen lassen, dort eine andere Runde mit den dänischen Farben am Jackenärmel. Nachdem die Männer das bescheidene Frühstück mit dem schwer genießbaren Kaffee heruntergewürgt haben, schnallen Nordafrikaner und Nordeuropäer ihre Dienstpistolen um, stecken die Verwarnblöcke ein, setzen die blauen Barette auf. Draußen, auf den Straßen der Stadt, werden sie jetzt ein paar Stunden Streife gehen. Wenigstens ist das Wetter gut.

Die Zivilpolizisten (CIVPOL) der United Nations Mission in Kosovo (UNMIK) bilden in der jugoslawischen Provinz Kosovo ein knapp 3000 Personen starkes Korps (am 31. Dezember 2000 wird die UN bereits 4432 CIVPOL-Beamte zählen). Auf die Region der Hauptstadt Priština entfallen Ende Februar 2000 etwa 500 Polizisten. Alle haben sich freiwillig gemeldet. Für ein wenig Abwechslung und 95 US-Dollar Missionshonorar täglich – ausgezahlt in Deutscher Mark, der gängigen Währung im Kosovo – verpflichten sich die Berufspolizisten dazu, sechs, neun oder zwölf Monate zur Wiederherstellung der zivilen Ordnung in dem Kriegsgebiet beizutragen.

Manch einer holt hier entgangene Militärerfahrungen nach, wie der amerikanische CIVPOL-Polizist, der von 2000 bis 2001 in Mitrovica stationiert sein wird. Während seiner 22 Jahre heimatlichem Streifendienst habe er immer den wahren Krieg vermisst.[1] Die Kollegen bei diesem ersehnten Einsatz kommen aus Frankreich, den Vereinigten Staaten, Sambia, Simbabwe, Italien, Deutschland, Indien, Jordanien, Pakistan, Ghana, Malaysia, Kanada und 36 anderen Mitgliedsstaaten der Vereinten Nationen. Eine »bunte Truppe«, wie die internationalen Medien jubeln.

Acht Monate nach dem Ende des NATO-Bombardements und des Abzugs der serbischen Streitkräfte im Juni 1999 sind das Kosovo und die UNMIK-Polizei noch ein Thema. Die Multikulti-Truppe im Nachkrieg, freundliche Polizeibeamte aus der Heimat auf schwieriger Mission auf dem Balkan, das interessiert die Leute. Auch *Zeit* und *Stern* bringen Ende März 2000 große Reportagen über deutsche Cops in Prizren, der Hauptstadt des deutschen KFOR-Sektors, oder über Jasper Mpondela Ngandu aus Sambia, der in Priština Streife geht.[2] Die militärische Intervention der internationalen Gemeinschaft zeigt ihr multikulturelles Polizistengesicht.

Es ist freilich auch ein Gesicht, das des Öfteren eine Miene ratloser Entschlossenheit zur Schau trägt. »Let's build Kosovo's future together«, verkünden Aufkleber, die Ende 1999 von der Zivilverwaltung der Vereinten Nationen verteilt wurden. Der Optimismus der Parole löste bald nur noch Erheiterung aus. Einfach zu wenig geht hier »together«. Für viele ist das Umfeld noch unmotivierender als in der Heimat. Nicht nur, dass sich die Einheimischen über den Polizisten aus Simbabwe lustig machen, der mit schwungvollen Gesten seiner weiß behandschuhten Hand auf unwegsamer Schlaglochpiste den Verkehr dirigiert.

Nein, immer wieder werden die Polizisten auch zum Ziel gewalttätiger Übergriffe. Noch brisanter sind die Spannungen innerhalb der Bevölkerung. Sechs der in den letzten 48 Stunden in der Region Priština festgenommenen Verdächtigen taten sich durch »bedrohliches Verhalten« hervor. Drei weitere fielen den UNMIK-Polizisten wegen »rücksichtsloser Gefährdung« auf, drei wurden wegen illegalen Waffenbesitzes verhaftet, je eine Festnahme gab es wegen Mordversuchs, versuchten Raubüberfalls, Einbruchs, bewaffneten Raubs, Autodiebstahls und Angriffs auf einen Beamten. Gegen 19 Uhr 15 detonierte am 27. Februar in einem serbischen Haus in Kosovo Polje, einem Vorort von Priština, eine Handgranate, Täter unbekannt.

Und als wäre die tägliche Routine nicht schon aufreibend genug, sind da noch die Vereinten Nationen selbst.»Unorganized nonsense«, wie die Multikulti-Polizisten über den Schirmherrn spotten, wenn die UN-Verwaltung wieder einmal kistenweise babyblaue Mützen, aber keine Computer oder Faxgeräte geschickt hat. Auch dass ihnen nur Handfeuerwaffen erlaubt sind, weil die Vereinten Nationen Bürgernähe demonstrieren wollen – in einer Region, in der das Tragen einer Waffe zum Alltag gehört –, stößt bei den CIVPOL-Beamten auf Unverständnis. Ihnen will nicht einleuchten, dass die im Schnellverfahren eingesetzten Leute von der TMK, der Nachfolgeorganisation der nationalistischen albanischen Guerrilla-Organisation UÇK, seelenruhig in der Öffentlichkeit ihre schweren automatischen Gewehre zur Schau stellen, obwohl sie nach der »Entwaffnung« eigentlich »Wiederaufbau« und »Katastrophenhilfe« betreiben sollen.

Kein Wunder, dass alle lachen über die Truppe in ihren »Cola-Dosen«, wie die Toyota Land Cruiser der UNMIK von den Einheimischen genannt werden. Nach einer Idee von Hauptkommissar Frank Mischke aus Hannover wurden die nagelneuen, vierradangetriebenen Vehikel einheitlich rot-weiß lackiert. Und die auffällige Kolorierung färbte schnell auf die Polizisten ab: Die Bevölkerung ruft sie einfach »Coca-Cola«. Die UNMIK, immer volksnah, schätzt den kosovarischen Humor und räumt auf der CIVPOL-Homepage ein, dass sich »Coca-Cola« auch intern als Sprachregelung durchgesetzt habe. Have a drink.

Off-Road I: Expeditionen im »Theater der Mission«

So rollt die »Coca-Cola«-Polizei in ihren Allrad-Dosen zum Einsatz. Doch oft tun die Geländewagen nicht mal das: rollen. Dann stehen sie im Stau auf der Mutter-Teresa-Straße, der Verkehrsachse im Innenstadtbereich von Priština, inmitten von Autos zweifelhafter Herkunft. »Welcome to Kosovo – your Mercedes is waiting for you«, das ist ein gern erzählter Witz in der Gegend.

Prägnant stechen die »Cola-Dosen« der UNMIK in diesem Straßenbild heraus. Die Toyota Land Cruiser gehören zu einer Gruppe von Fahrzeugen, die sich inmitten der kosovarischen Auto-Trashkultur wie Fremdkörper ausnehmen: Es sind die großen Allrad-Geländewagen der UN, der Organisation für Sicherheit und Zusammenarbeit in Europa (OSZE), des Internationalen Komitees vom Roten Kreuz und einer unüberschaubaren Zahl weiterer Hilfsorganisationen.

Die ausladenden, hochbereiften, komfortabel ausgestatteten Sport Utility Vehicles (SUVs) wurden von den Automobilkonzernen für die zivile Kundschaft so entworfen und konstruiert, dass der freizeitaktiven Fortbewegung auf jedem Gelände nichts im Weg steht. Umso absurder, ausgerechnet diese Fahrzeuge mit ihren offiziell zur Hilfsbereitschaft verpflichteten Insassen bewegungslos im Verkehr stecken zu sehen, besonders, da sie selbst den Stau immer wieder mitverursachen: Sie sind groß, sie sind viele, und die Fahrer kennen sich nicht aus. Die perfekten Symbole einer verfahrenen Situation.

An jeder zweiten Straßenecke stößt man auf stacheldrahtbewehrte Plätze, auf denen beeindruckende Fuhrparks versammelt sind, vor allem fabrikneue Toyota Land Cruiser (UN, UNMIK, UNHCR usw.) und Mitsubishi Pajero (OSZE, EU usw.), größtenteils gezahlt von der japanischen Regierung als Beitrag zur Mission im Kosovo. Kein Zweifel: In einer Krisenregion, in der wegen jahrelanger Unterentwicklung und des NATO-Bombardements von »Straßenqualität«, wie man sie in

Westeuropa selbstverständlich erwartet, keine Rede sein kann, spricht vieles dafür, dass die großen Hilfsorganisationen Autos fahren, die auch in schwierigem Gelände vorankommen. Besonders außerhalb der Städte, in den Gebirgsdörfern, können sich Vierradantrieb und grobstollige Reifen nützlich machen. Aber wie vernünftig die Ausrüstung mit Legionen neuester Geländewagenmodelle im Kosovo vorderhand sein mag – ihre massive Präsenz verkörpert nicht zuletzt eine machtvolle Politik der Kolonisierung durch Friedenssicherung und »nation-building«.

In Priština, dem organisatorischen Zentrum des NATO/UN-Protektorats, wo sich nicht nur das Hauptquartier der KFOR, der UNMIK- und OSZE-Verwaltungen, sondern auch die Büros der größeren Organisationen der internationalen Zivilgesellschaft befinden, sind die Geländefahrzeuge Bestandteil eines umfassenden Dispositivs von Macht, Sorge und Wahrnehmung. Binnen weniger Monate hat sich die internationale Gemeinschaft eingerichtet. An den Wänden des Kessels, in dem die Stadt liegt, unterhalb des KFOR-Hauptquartiers, mit weitem Blick über Priština, richten einheimische Handwerker nicht nur den Führungskräften der amerikanischen und britischen Truppenkontingente, sondern auch einigen Hilfsorganisationen schmucke Villen der alten serbischen Nomenklatura her. Die Atmosphäre hier oben erinnert an einen Alpenkurort. Auch in der Innenstadt sind dem militärischen und zivilen Führungspersonal im Schnellverfahren komfortable Wohnungen in unmittelbarer Nachbarschaft heruntergekommener Wohnquartiere hochgezogen worden. Kleine »Inseln der Zivilität« (Mary Kaldor) in einer Umgebung, die als chaotisch und bedrohlich, in jedem Fall als irgendwie einschränkend für die aufs globale Ganze gerichteten Helferambitionen empfunden wird.

So begegnen die Vertreterinnen und Vertreter der globalen Elendsbürokratie dem Chaos im Kosovo oft genug mit illusionslosen Blicken durch edel getönte Scheiben. Neben der moralischen Gratifikation, an einer Friedensmission beteiligt zu sein, werden gerade den Hochqualifizierten unter den Krisenarbeitern die kleinen Luxus-Freuden geboten, die eine Karriere im internationalen Helfer-Business mit sich bringt. Und zur angestrebten professionellen Ausstattung gehören auch die standesgemäßen Expeditionen im dynamischen 4-Wheel-Dienstwagen.

Die Inseln der Zivilität sind zugleich Inseln der Sicherheit. Die internationale Gemeinschaft hat im Kosovo ein ganzes Archipel solcher Sicherheitsinseln installiert. »Sicherheit« ist die Schlüsselvokabel der Mission. Die internationale Gemeinschaft bringt sie, aber braucht sie zugleich für sich selbst. Erkundigt man sich bei den UNMIK-Polizisten in Priština nach dem Zweck ihrer Tätigkeit, fällt der Begriff sehr schnell. Auch der Presseoffizier des deutschen KFOR-Kontingents in Prizren definiert die Aufgabe der Bundeswehr im Kosovo mit den Worten: »Wir sind hier, um Sicherheit zu produzieren.« Dabei dienen die »Cola-Dosen« der UNMIK ebenso wie der olivgrüne Bundeswehr-Schützenpanzer an der mittelalterlichen Brücke im Zentrum von Prizren als Bausteine im Sicherheitsdispositiv der internationalen Gemeinschaft. Im Sinne der »Friedenssicherung« sollen die verwendeten Fahrzeuge das zivile und militärische Personal vor den Gefahren der Region schützen, namentlich vor bedrohlichen Mitgliedern jener Bevölkerung, für deren Schutz zu sorgen die Soldaten, Polizisten und Helfer zuallererst in den Kosovo entsandt worden sind.

Allerdings lassen sich die Fragen, wie der Zerstörung von Staat, Wirtschaft und Kultur in der Region, den offenen ethnischen Spannungen, den Machtkämpfen zwischen den verschiedenen Fraktionen der kosovo-albanischen Führung, dem System aus Korruption und mafioser Erpressung begegnet werden kann, mit den Instrumenten der »Sicherheits«-Kommunikation bestenfalls provisorisch beantworten. Die oft beklagte Ohnmacht der professionellen Helfer in einer über alle Maßen komplizierten Nachkriegssituation findet ihre verzerrte Entsprechung in der Benutzung jener Autos, die im zivilen Leben der Wohlhabenden in den Metropolen für das »individuelle Off-Road-Vergnügen« bürgen. Oder, wie die Werbung für den Toyota Land Cruiser sagt: »Wer viel leistet, hat ein Recht auf seine persönlichen Freiräume.«

Das Bewusstsein, dass man in der Krisenregion »viel leistet« und sich »persönliche Freiräume« verdient hat, versteht sich bei den Mitarbeitern der UN und der anderen transnationalen Organisationen von selbst. Sie sind Botschafter eines imperialen Konsens. Ihr Einschreiten ist durch internationale Vereinbarungen legitimiert. Sie handeln im Sinne eines »Rechts auf Intervention«[3], das humanitär begründet ist. Dabei verbleiben die interventionistischen Subjekte stets in ihren »persönlichen Freiräumen«, in Enklaven relativer Sicherheit und Gewissheit.

Die Camps der KFOR und die Unterbringungen der humanitären Helfer sind techno-imaginär vernetzt mit den Transiträumen und Ferienarealen der verkehrsmäßig erschlossenen Welt, obwohl sie nicht selten genauso gut an die Zustände in Flüchtlingslagern erinnern. Wie notdürftig auch immer, kombinieren diese Inseln der Zivilität die unterschiedlichsten Raumtypen der neuen Weltordnung: das Hightech-Gefängnis und die Gated Community, den Bunker und die ultrasichere Fahrgastzelle, die Festung und das Urlaubsdorf. Die Enklaven, die auch die Gestalt eines Mobiltelefons oder eines Allrad-Mobils annehmen können, sind fester Bestandteil der Geisteshaltung, des »mind-set« der interventionistischen Subjekte. Nie verlassen sie die »Inseln der Zivilität«, so weit es sie auch in der Welt verschlägt und so extreme Dinge sie auch erleben mögen.

Zwischen den »persönlichen Freiräumen« der internationalen Gemeinschaft und der Bevölkerung des Territoriums der Intervention befinden sich Schnittstellen der Kommunikation. Diese Schnittstellen – Ausweispapiere, Uniformen, schusssichere Westen, Büroschreibtische, Handbücher, Übersetzer,

Resolutionen, Autoscheiben – sind Schutzvorrichtungen, aber auch Wahrnehmungsschleusen: Sie regulieren den Blick auf die andere Seite, die ansonsten unsichtbar wie in einer Black Box verborgen bliebe. Zugleich markieren diese Schnittstellen Differenzen von Wohlstand, Bildung und Gesundheit. An ihnen zeigt sich das Machtverhältnis, das hier im Namen der »Freiheit« etabliert wird. Und zu dem wenigen, was die beiden Seiten verbindet, gehört das Gefühl, belagert zu sein.

Denn wer hier eigentlich vor wem geschützt werden soll, ist nach einer kurzen Phase der »Flitterwochen« kaum noch zu sagen. Wird die militärische Intervention von Teilen der Öffentlichkeit und der betroffenen Bevölkerung zunächst als Befreiung wahrgenommen (und kommuniziert), wachsen bald die Spannungen. Philanthropie und Paranoia begeben sich in ein inniges Verhältnis. Die »Theater der Mission« (*mission theatre*), wie die Einsatzgebiete der interventionistischen Subjekte im geostrategischen Jargon genannt werden, machen eine besondere »Theater-Wachsamkeit« (*theatre awareness*) erforderlich.[4] Wer steht auf der Bühne, wer sitzt im Zuschauerraum dieses Kriegsspektakels? Und wer schiebt die Kulissen?

Werden die Differenzen unerträglich, lassen sich einseitig die Parameter verändern, um die Repräsentation der Welt auf der anderen Seite der Schnittstelle angenehmer oder abenteuerlicher zu gestalten. Die Theatermetapher erinnert nicht nur an die Inszenierung der Verhältnisse durch die internationale Gemeinschaft, sondern gestattet es den Akteuren zudem, von einer weit reichenden Virtualität und Beeinflussbarkeit des Geschehens auszugehen. Stets ist die Ortsveränderung, die neue Mission, der nächste Einsatz eine Option. Zieht sich eine Intervention zu lange hin, dann schwindet auch die Spannung bei den interventionistischen Subjekten. Routine setzt ein, weshalb Action her muss. Ist es so weit, reizt das Chaos von Kabul bald mehr als der sattsam vertraute Stau im Zentrum von Priština.

Off-Road II: Lebensgefühle der internationalen Gemeinschaft

Es verwundert deshalb wenig, dass die UN Ende 2001 einige Hundert ihrer Toyota-Land-Cruiser-»Cola-Dosen« aus dem Kosovo nach Afghanistan verlegten. Die Hierarchie der Krisen ließ den Verantwortlichen einfach keine andere Wahl. Nicht zuletzt für die medial produzierte Weltöffentlichkeit musste die Off-Road-Mobilität der UN-Mitarbeiter am Hindukusch gewährleistet werden.

Deren immer neuen Einsätze vermitteln den Eindruck einer endlosen Kette von Chancen/Risiko-Abwägungen. So zählen Beweglichkeit, Flexibilität, Neugier zu den wichtigsten Eigenschaften im Anforderungsprofil der Hilfsorganisationen. Die älteren und jüngeren Veteranen des humanitären Interventionismus waren vor der Kosovo-Mission bereits in Bosnien, Ost-Timor oder Ruanda tätig. Hohe Frustrationstoleranz gehört ebenfalls in die *job description*. Zum Ausgleich gibt es ein bisschen Lebensgefühl. Beobachtet man in den Hotels und Büros in Priština die Vertreter der UN-Organisationen oder der größeren NGOs, mit ihren Cargo-Hosen, CAT-Boots und praktischen Vielzweck-Westen, scheint sich – wohl auch als Kompensation für erlebtes Elend und nagendes Heimweh – die konsumistische Mythologie des Off-Road-Abenteuers mit der Praxis des Helfens und Wiederaufbaus zu verweben.

Der moralische Universalismus der humanitären Intervention trifft auf das individualistische Camel-Trophy-Feeling grenzenloser Mobilität: »Seit 1951«, heißt es im Jahr 2000 auf der amerikanischen Toyota-Website, »fahren Land Cruiser an Orte, die so entlegen sind, dass Zuverlässigkeit nicht nur eine Frage der Bequemlichkeit, sondern eine des Überlebens ist.« Die internationale Friedensgemeinschaft gleicht einer großen Off-Road-Familie. Die »Freiheit«, für die sie arbeiten, ist auch die zentrale Marketing-Kategorie der Hersteller von SUVs.

In den Vereinigten Staaten und zunehmend auch in Europa erwirtschaftet die Automobilindustrie mit SUVs seit Jahren wachsende Umsätze. Seit 1996 (64150) ist die Zahl der Neuzulassungen in der Bundesrepublik Deutschland kontinuierlich gestiegen, im Jahr 2001 erlebte das Segment 101680 Anmeldungen fabrikneuer Geländewagen. Kein Wunder, dass die Hersteller einen beträchtlichen Teil der Produktion auf die kolossalen Vehikel eingestellt haben, die irgendwo zwischen Truck und Limousine einzuordnen sind. Die teuren und Treibstoff fressenden Mobile mit ihren großen Reifen und hohen Sitzen gelten als familiengeeignet, aber vor allem als männlich-hip. Sie verströmen Möglichkeitssinn, kann man mit ihnen doch bei Gelegenheit auch von der Straße ins Gelände ausweichen, von »on-road« auf »off-road« umschalten. »Es gibt nur einen Dschungel«, heißt es 2001 in der Jeep-Cherokee-Werbung. Damit fällt symbolisch die Unterscheidung zwischen natürlicher und urbaner Wildnis. Und der Jeep-Fahrer darf sich als Überlebenskünstler fühlen, der den Widerständen einer feindlichen Umwelt trotzt.

Die Vermarktung von Geländewagen über den kleinen Kreis von automobilen Naturfreunden hinaus hat eine ausdifferenzierte Off-Road-Subkultur entstehen lassen. Ihr Spektrum reicht von einer Luxusklientel, die den Komfort einer Limousine mit kerniger Abenteuer-Perspektive verbinden will, bis zu Liebhabern von kriegstauglichen Vehikeln. Letztere schwelgen für den »Humvee« (HMMWV = »High-Mobility Multi-purpose Wheeled Vehicle«), einen monströsen, gepanzerten Geländewagen mit ohrenbetäubendem Dieselmotor, den AM General seit 1983 für das US-Militär baut. Für 100000 Dollar pro Exemplar waren Off-Road-Fans wie Arnold Schwarzenegger werbewirksam daran beteiligt, einen skurrilen Kult um eine »zivile« Version des HMMWV, den »Hummer«, ins Leben zu rufen. Mit neuen, komfortableren Modellen versucht der Hersteller seit 2000, nun noch mehr Kunden zu erreichen. Die Werbung setzt weiterhin auf den Klassiker und zeigt einen einsamen »legendary H1« in der kahlen Landschaft eines Salzsees. Dazu ergeht sich der Text in Selbstverwirklichungsprosa für den ganzen Mann: »Sometimes you find yourself in the middle of nowhere. And sometimes in the middle of nowhere you find yourself.«

Nicht nur Hummer kann sich auf die – durch Hollywood-Filme wie *Three Kings* unterfütterte – Aura eines automobilen Golfkriegsveteranen verlassen; auch die Firma Land Rover wirbt mit den Kriegseinsätzen der eigenen Produkte, die seit 1948 »in Schlachten in der ganzen Welt« zum Einsatz gekommen seien: »Erst vor kurzem wurden zivile Range Rover von den Streitkräften der Koalition in den Golfkrieg abkommandiert. … Alles, um den Frieden zu erhalten.« Wer will, wer kann da noch widerstehen?

Motorleistung, Größe und Geländegängigkeit allein können Gefühle von Macht und Eroberung erzeugen. Zusätzlich angeheizt wird dieses emotionale Spektrum durch die massenkulturell verbreitete Pionier-Mythologie von Abenteuer und »going places«. Ganz zu schweigen von der phallischen Komponente der muskulösen Off-Road-Autos, die eine Reihe biometaphorischer Insignien »männlicher« Autorität auf sich vereinen. So entsteht eine explosive psycho-mythologische Mischung, die zu Fahr- und sonstigem Verhalten verführt, das nicht nur von Umweltschützern angeprangert[5], sondern auch von den Einheimischen als blanker Affront erlebt wird.

Dass die gleichen Geländewagen, die als Vehikel maskuliner Zivilisationsflucht vermarktet werden, auch im Dienst der Beförderungen und Interventionen des internationalen Hilfspersonals stehen, sollte nun nicht zu vorschnellen Schlüssen verleiten. Wie sich das Potenzversprechen der 4-Wheel-Werbung in der Libido-Ökonomie der Friedensbringer bemerkbar macht, darüber kann allenfalls spekuliert werden. Mit Blick auf die Situation in einem UN/NATO-Protektorat wie Kosovo stellt sich jedoch unweigerlich die Frage, wie die Nähe zu den allgegenwärtigen militärischen KFOR-Vehikeln mit Tarnfarben-Lackierung sich auf die Selbstwahrnehmung der Fahrer von weiß lackierten Pajeros oder Land Cruiser auswirkt. »Alles, um den Frieden zu erhalten«, darin herrscht rhetorisch Einvernehmen. Doch ergänzen sich zunehmend auch die Mittel der Friedenssicherung. Eine militärische Kultur, die ihr Einsatz- und Aufgabenspektrum entschlossen in Wiederaufbau und »nation-building« hinein erweitert, trifft auf eine heterogene Kultur von Hilfsorganisationen, die zur erfolgreichen Verrichtung ihrer Arbeit ihrerseits immer mehr auf militärische Absicherung und Autorität angewiesen sind.

Festhalten lässt sich, dass die Geländewagen für die Zivilbevölkerung der Länder, in denen sie zum Einsatz kommen, schon seit langem das sichtbare Indiz einer »Kolonialmentalität der Repräsentanten internationaler Organisationen« (Mary Kaldor)[6] sind. Die Sport Utility Vehicles der internationalen Gemeinschaft fahren als physische Repräsentanten des Machtverhältnisses der »Freiheit« über die Bühne des »Theaters der Mission« – so friedfertig und humanitär der Auftrag ihrer jeweiligen Besatzung auch sein mag. Nicht zuletzt aufgrund der Macho-Gefährte hinterlassen die Hilfs- und Befriedungskampagnen einen ambivalenten Eindruck bei der betroffenen Bevölkerung. Als die Vereinten Nationen 1992 in Kambodscha ihre Peacekeeping-Mission starteten, wurden 2000 überwiegend fabrikneue Geländewagen ins Land gebracht. Oft ohne Fahrerlaubnis und im Vollrausch bewegten die UNTAC-Soldaten die großen Autos über Straßen und durch Dörfer, deren Bauweise und Ausmaße in einem krassen Gegensatz zu den überdimensionierten Wagen standen. Die marodierenden Off-Road-Ausflüge trugen nicht unwesentlich dazu bei, die UN-Mission zu diskreditieren.[7]

Verbindet sich der Eindruck kolonialistischen Gebahrens mit nationalistischer Agitation, können die imposanten Gelän-

156

dewagen auch mal in Flammen aufgehen – so geschehen im Sommer 2001, als der Fuhrpark der OSZE im mazedonischen Skopje brannte. Eine aufgebrachte Menge hatte sich auf einem der Höhepunkte der Krise in Mazedonien am 25. Juli 2001 vor den Botschaften der Vereinigten Staaten, Großbritanniens und Deutschlands und den Vertretungen der internationalen Organisationen versammelt, weil der albanischen Seite von der internationalen Gemeinschaft Zugeständnisse gemacht worden waren. Die Geländewagen der internationalen Gemeinschaft boten eine perfekte Angriffsfläche für den symbolischen Maschinensturm der mazedonischen Nationalisten.

An diesem Tag gingen junge Hooligans auch auf einen norwegischen Toyota Land Cruiser des UN-Flüchtlingswerks (UNHCR) los. In Shorts und Turnschuhen traktierten sie den Wagen mit Fußtritten und Schraubenziehern. Fotos der Attacke auf das UNHCR-Auto – die Sachbeschädigung fand als Massenmedien-Akt im Wissen um die anwesenden Kameraleute statt – machten am 26. Juli 2001 in der Weltpresse die Runde. Die fotografierte Situation war erschreckend sinnbildlich: Während die Angreifer und die Passanten sommerlich bekleidet auf der Straße und im Sichtfeld der Kameras agierten, blieben die Insassen des Geländewagens unsichtbar. Von der internationalen Gemeinschaft sah man nur eine bullig designte Karosserie, reflektierende Scheiben und makellos weiße Lackierung. Draußen tobte der Mob, drinnen suchten die Friedenskräfte Deckung. Das »Theater der Mission« bei einer brisanten Sondervorstellung.

Sicherheitsproduktion als Marketing der Macht

Obwohl die Geländewagen der Hilfsorganisationen nur selten gepanzert sind wie Militärfahrzeuge, steigern sie doch das subjektive »Sicherheitsempfinden« in einer von Chaos und Verunsicherung geprägten Situation. Freilich ist dieses Empfinden eine ausgesprochen zweischneidige Angelegenheit. Was dem einen subjektiv »Sicherheit« vermittelt, kann für den anderen äußerst gefährlich werden. Um ein Beispiel aus den angeblich zivilisierten Zonen der westlichen Welt zu nehmen: Es hat sich herausgestellt, dass die sprunghaft gestiegene Zahl von Geländewagen-Zulassungen für den zivilen Verkehr zu ernüchternden Unfallbilanzen führte. Einer amerikanischen Studie zufolge wurden zwischen 1990 und 1995 bei Kollisionen mit Geländewagen 28 Prozent mehr Fußgänger und Zweiradfahrer getötet als bei entsprechenden Unfällen mit herkömmlichen Personenfahrzeugen. Auch deutsche Untersuchungen haben gezeigt, dass der Körperkontakt mit den Off-Road-Autos besonders für Kinder ein hohes Risiko birgt, da die hoch gelegenen Kühlergestänge diese auf Kopfhöhe treffen.[8] Bei Fahrern mit »aktivem Lebensstil« (Jeep-Werbung) sollte man demnach Acht geben.

Das Off-Road-Marketing versucht sich in mancher Hinsicht an einer Quadratur des Kreises: Im Bild des modernen Geländewagens schießen die Konzepte Freiheit und Sicherheit zusammen, die in anderen Zusammenhänge wie Gegensätze behandelt werden. In den innenpolitischen Debatten um Persönlichkeitsrechte und Privatsphäre, die beim Schnüren antiterroristischer »Sicherheitspakete« auf dem Spiel stehen, ist die »Freiheit« des Individuums stets das erste und letzte Argument gegen ein Denken in Kategorien der »Sicherheit«. Die Fahrer eines Jeep Grand Cherokee oder BMW X5 aber wollen diesen Widerspruch nicht gelten lassen: Ihnen ist nach dem sicheren Abenteuer zumute, der Freiheit mit Doppel-Airbag und Seitenaufprallschutz.

Dabei können sie nicht nur selbstbewusst auf ihren Kontostand Bezug nehmen. Sie dürfen zudem von einem »Recht auf Sicherheit« ausgehen. Auf dieses neuartige »Supergrundrecht« (Rolf Gössner)[9] berufen sich die verunsicherten Bürger der Wohlstandsnationen mit großer Selbstverständlichkeit: Im Alltag nehmen sie permanent den eigenen Opferstatus vorweg, erfahren sich als hochgradig gefährdet.

Zu dieser vorauseilenden Selbst-Viktimisierung trägt bei, dass der Schutz gegen das Risiko mehr und mehr einhergeht mit der Verlagerung der Gefahrenursachen in ein diffuses Außen. Von dort bricht das Übel über die Menschen herein wie eine Naturkatastrophe, scheinbar unberechenbar und grundlos. Deshalb ist es ratsam, Vorkehrungen zu treffen, die Defensive auszubauen, sich zu »versichern«. Negativ ausgedrückt: Man ist immer schon ein Kollateralschaden der beunruhigenden Verhältnisse. Positiv ausgedrückt: Solange nichts passiert, darf man sich als Überlebender fühlen.

Ergebnisse dieser Subjektivierung im Zeichen von »Sicherheit« sind sowohl eine passive Aufrüstung als auch eine aktive »Wehrbereitschaft« der Bevölkerung. Beide Formen der zivilgesellschaftlichen Mobilisierung sind seit den neunziger Jahren verstärkt zu beobachten. Die Entstaatlichung der Sicherheit auf dem Weg zur »subjektiven Sicherheit«[10] äußert sich dabei auf verschiedenen Ebenen. Von einer »Kommerzialisierung der Sicherheitsgewähr« ist die Rede.[11] Und zu einem der wichtigsten Kunden der Sicherheitsanbieter entwickelte sich ausgerechnet der Staat. In der Bundesrepublik Deutschland werden inzwischen selbst Polizeipräsidien vom privaten Sicherheitsgewerbe geschützt.[12] Führende Politiker sind der Meinung, dass der Staat zwar das Monopol auf Gewalt, nicht aber auf die Produktion von Sicherheit besitze.[13] Das macht Sicherheit letztlich zu einer Sache des legitimen, individuellen Engagements. Zugleich wird die Sicherheitsproduktion rechtsstaatlich immer unkontrollierbarer und überdies unabschließbar.

Niemand will in der Sicherheitsfrage zurückstehen, immerhin geht es um demoskopisch interessierende Befindlichkeiten der Bevölkerung. Sogar die Ordnungsexperten von Bündnis 90/Die Grünen – einer Partei, die im Bundestagswahlkampf 1998 mit der Losung: »Eine Politik der Angst lehnen wir ab«

angetreten ist – machen Vorschläge zur »kommunalen Kriminalprävention«, um damit auf die grassierenden »Sicherheitsängste« in den Städten zu reagieren.[14] Nüchtern erkennt der Stadtsoziologe Mike Davis in dem neuen Terror des 11. September 2001 einen »keynesianischen Multiplikator«, der einer ohnehin schon mächtigen Sicherheitsindustrie zu starken, oft staatlich finanzierten Umsatzsteigerungen verhilft.[15]

Zum Konsum- und Verbrauchsgut naturalisiert, fällt es zunehmend leichter, »Sicherheit« zur zentralen Kategorie jeglichen politischen Handelns zu erheben, womit von »Politik« zugleich immer weniger die Rede sein kann. Ob im Inneren oder außerhalb der nationalstaatlichen Grenzen – Sicherheit ist längst der Universalschlüssel der neuen Weltordnung. Auch wenn Bundeskanzler Gerhard Schröder in seiner Regierungserklärung vor dem Deutschen Bundestag am 11. Oktober 2001 verlautbarte, man werde »an der Unterscheidung von äußerer und innerer Sicherheit« nicht rühren, ist offensichtlich, dass die Methoden zum Schutz der »inneren Sicherheit« und die Maßnahmen der »Sicherheitspolitik« auf internationaler Ebene unter Globalisierungsbedingungen nur noch schwer auseinander zu halten sind.

Zunehmend handeln nationalstaatliche Behörden und die Bürokratien der suprastaatlichen Akteure gemäß der Prinzipien der polizeilichen Überwachung und Intervention. Dass die UN in steigender Zahl neben militärischen Streitkräften auch Polizeipersonal in sicherheitssensible Regionen schickt, ist für diese Verallgemeinerung des Polizeilichen nur ein Anzeichen von vielen. Seit ihrer Einführung und »Verwissenschaftlichung« in der europäischen Aufklärung war eine Hauptaufgabe der Polizei die Integration des einzelnen Menschen ins staatlich-soziale Ganze, ebenso wie die Internierung unerwünschter Individuen in Enklaven dieses Ganzen. Sie kümmerte sich um die »erweiterte Hervorbringung von etwas Neuem, das dem Leben des Einzelnen und der Stärke des Staates förderlich sein soll. Polizei regiert nicht durch Gesetz, sondern durch permanenten ordnenden Eingriff in das Verhalten der Individuen.«[16] Dieser, hier von Michel Foucault beschriebene, *konstituierende* Charakter der Polizei, welche weniger unterbindet als reguliert, deckt sich mit der neuen, konstituierenden Rolle des Militärs. In der neuen Weltordnung begreift es seine Rolle nicht länger als ausschließlich destruktiv; es versteht sich als schöpferisch-konstruktive Kraft bei der Produktion »weltweiter Sicherheit«.

Zwischen der beherrschenden Rolle der »Sicherheit« als einem Grundprinzip staatlichen Handelns und einem schrittweisen Bedeutungsverlust der Politik besteht ein enger Zusammenhang. Im Anschluss an Foucault kann »Sicherheit« als ein Instrument des Regierens betrachtet werden, das, anders als Gesetz oder Disziplin, soziale Prozesse eher kanalisiert und kontrolliert als vorschreibt oder unterbindet. Maßnahmen der Sicherheit führen zu Öffnung und Globalisierung, sie greifen in bereits laufende Prozesse ein – um sie zu steuern. Als einziges verbliebenes Kriterium politischer Legitimation droht Sicherheit den Unterschied zwischen Politik und Polizei zu verwischen.[17] Auch die Unterscheidung zwischen Legitimität und Legalität, zwischen berechtigten und rechtmäßigen Handlungen löst sich tendenziell auf.

Andererseits geraten die Nichtregierungsorganisationen, die sich bei Friedenssicherung und »nation-building« immer häufiger nicht nur Einsatzregionen, sondern auch Einsatzformen mit den militärischen Interventionstruppen teilen, bisweilen auf die paramilitärische Bahn. Sie bilden die moralische Vorhut und Nachhut von militärischen Polizeiaktionen, beteiligen sich in den Krisengebieten an der symbolischen Produktion sowohl von Feindbildern als auch von Lösungsmodellen. Der »gerechte Krieg« wird durch diese »moralische Polizei« äußerst wirksam unterstützt. Die moralische Intervention sorgt für Verhältnisse, in denen jene Weltordnung errichtet werden kann, die zumeist unilateral durch die Vereinigten Staaten verhängt wird – brutale Effekte inbegriffen.[18]

Nähern sich Militär und Polizei im Zuge einer globalen Sicherheitspolitik einander an, hat dies somit erhebliche Konsequenzen für die Definition des Militärischen. Denn die militärischen »Polizeiaktionen« beschränken sich dann nicht mehr auf die Bestrafung und Erzwingung von Frieden, sondern werden ausgeweitet auf die polizeiliche Arbeit der biopolitischen Kontrolle und Verwaltung des Sozialen. Überall auf der Welt geht es dann zu wie zu Hause. Denn damit das Hand-in-Hand von Militär und Polizei in einem Out-of-Area-Einsatz funktioniert, müssen auch die Vorstellungen von »Sicherheit« und »Freiheit« exterritorial zur Geltung gebracht werden. Letztlich bedeutet dies aber, dass es für die Polizeiarbeit gar kein Außen mehr gibt. Und so verliert ein Begriff wie »Out of Area« im Kontext des verallgemeinerten polizeilichen Sicherheitsdiskurses immer mehr seinen Sinn.

Doch hängt für die Selbstdarstellung der internationalen Gemeinschaft vieles davon ab, die Sicherheitsproduktion »Out of Area« als Voraussetzung einer eigenen, inneren Sicherheit zu präsentieren. Zwischen der jeweiligen »homeland security«, wie es in den Vereinigten Staaten heißt[19], und den Sicherheitslagen in den Krisenregionen wird ein Kontinuum aufgebaut. Die »Sicherheit« an den exterritorialen Konfliktherden wirkt damit als direkte Sicherheitsgewähr ins »homeland« zurück. Auf der hartnäckigen Behauptung einer solchen Wechselbeziehung beruht maßgeblich die Legitimität der neuen Weltinnenpolitik.

Diese geht letztlich auf die aggressive Entgrenzungsdynamik der ökonomischen Globalisierung zurück. In seiner »Doktrin der internationalen Gemeinschaft« von 1999 betonte Tony Blair, wie eng Wirtschafts- und Sicherheitsinteressen in einer globalisierten Welt verbunden sind. Zudem empfahl der britische Premier, nach einer erfolgten militärischen Intervention zur Herstellung von »Sicherheit« sei es besser, mit einer gewissen Anzahl von Truppen in der betroffenen Region zu bleiben, statt abzuziehen – bloß um bald darauf für »Wiederholungen der Vorstellung« zurückzukommen. Bundeskanzler Gerhard Schröder unterstrich diesen Punkt, als er in einer Rede auf der 39. Kommandeurtagung der Bundeswehr am 8. April 2002 sehr energisch darauf verwies, wie »nachhaltig« die Deutschen in den Regionen, in die sie militärisch intervenieren, auch lange nach Abklingen der akuten Krise präsent blieben – im Unterschied zu anderen Nationen, wie Schröder, an die Adresse des einen oder anderen EU-Partners gerichtet, stichelte.

Damit wird die unbefristete Präsenz der Interventionskräfte aus der Sicht der so genannten internationalen Gemeinschaft nachgerade zur Bedingung von Sicherheitseinsätzen. Konnten sich die Amerikaner in Vietnam nie richtig entscheiden, ob sie gerade intervenieren oder bereits den Abzug der eigenen Truppen vorbereiten, ist das »nation-building« im Rahmen der internationalen Gemeinschaft als dauernde Intervention konzipiert. Eigentlich ein Widerspruch, schließlich ist eine Intervention gerade durch ihren episodischen Charakter definiert. Aber die Interventionspolitik neuen Typs befördert solche Widersprüche in den Rang von Handlungsmaximen. Die schnelle Eingreiftruppe mit ihrer Kompetenz für Insellagen hält sich sämtliche Optionen offen: Wo das kurzfristige Engagement aufhört und die langfristige Sicherheitspräsenz einsetzt, ist immer schwieriger zu sagen.

Doch bringt die fortdauernde, kooperative Anwesenheit der internationalen Gemeinschaft in einem bürgerkriegszerstörten Land nicht automatisch die ersehnte »Sicherheitsgewähr«. Beispielsweise erscheint die Situation im Kosovo im Februar 2002, fast drei Jahre nach dem Beginn der NATO-Kampagne gegen Jugoslawien, immer noch wenig verheißungsvoll. Eine Befragung der OSZE ergab, dass sowohl die serbische als auch die albanische Bevölkerung die Wiederherstellung von Recht und Ordnung als ihre Hauptsorge angeben, weit mehr als die Arbeitslosigkeit.[20] Der am 15. Februar 2002 angetretene deutsche UNMIK-Leiter Michael Steiner, kurz zuvor wegen ungebührlichem Verhalten aus seinem Amt als außenpolitischer Berater im Kanzleramt auf diesen Posten fortgelobt, sieht trotz neuerlicher Spannungen und Terror zwischen unterschiedlichen albanischen Gruppierungen eine Chance, und zwar »wenn wir hier erst einmal materielle Sicherheit haben und auch eine Veränderung im Bewusstsein der verschiedenen Ethnien«. Für Steiner geht es zu Beginn seines Mandats vor allem darum, ein »Sicherheitsvakuum« zu verhindern. Ein solches Vakuum sei fatal für Europa, denn »es saugt diese Gefahr [d. h. die Ausweitung des Terrornetzwerks Al Qaida] geradezu an. Deswegen müssen wir hier engagiert sein.«[21]

Sicherheit ist auf Krisen angewiesen, um als Instrument der sozialen Kontrolle nicht überflüssig zu werden. Das gestörte Sicherheitsgefühl ist die Basis jeder Sicherheitspolitik. Im Namen der inneren wie der äußeren Sicherheit werden daher kontinuierlich »Unsicherheitslagen« geschaffen[22]; ihnen folgen entsprechende militärisch-polizeiliche Prä- und Interventionen. Insofern kann man Bosnien, Kosovo oder Afghanistan auch als Experimentierfelder betrachten, auf denen die Protektoratsmächte »Sicherheits-Know-how« sammeln und neue »Strategien für die Verwesung abhängiger Regionen« in Europa und anderswo testen.[23]

Je mehr »Sicherheit« zur Legitimität bestimmter Formen des Regierens beiträgt, desto entscheidender wird das Wissen darum, wie sich Gefühle der Sicherheit und Unsicherheit herstellen und kommunizieren lassen. Eine der maßgeblichen Herrschaftstechniken in den Ländern des ehemaligen Jugoslawien während der Kriege der neunziger Jahre bestand darin, eine Atmosphäre konstanter Gewalt im Alltag zu erzeugen, die eine kollektive Paranoia induziert.[24] Die neuen Protektorats-

mächte der internationalen Gemeinschaft beziehen sich indirekt auf eine solche Politik diffuser Bedrohung, wenn sie alles
auf die Produktion eines komplementären »Sicherheitsempfindens« setzen. Dass sich die Produktionsbedingungen und die
Rationalitäten der jeweiligen Ängste und Sicherheitsgefühle
stark unterscheiden, je nachdem, auf welche Weise Bedrohungsszenarien und Feindbilder manipuliert werden[25], scheint
freilich in einem neuen Universalismus der Sicherheit unterzu-
gehen. Die Inszenierungen eines Sicherheitskonsums, wie er in
weiten Teilen der westlichen Welt vorherrscht, unterscheiden
sich radikal von der Rolle, die »Sicherheit« in Regionen der
Welt spielt, in denen ihre Gefährdung schon lange Teil der All-
tagskultur ist.

Wohl auch, weil sie diese Sicherheitsasymmetrie erahnen,
ergänzen die Exekutivorgane der internationalen Gemeinschaft ihre Methoden um Werbepsychologie und Fiktion, arbeiten zunehmend im Bereich militärisch gestützter PsyOps
(»psychologischer Operationen«). Hier beweist sich eine neu
gewonnene Kompetenz, die das militärische Aufgabengebiet
entschlossen erweitert: Die Truppe übernimmt therapeutische
Aufgaben, das Seelenheil der Zivilbevölkerung wird zu ihrem
Aufmarschgebiet. Carl Hubertus von Butler, seit April 2002
Kommandant der internationalen Schutztruppe ISAF in Kabul, erklärt im Januar 2002 die Schaffung eines »sicheren Umfelds« für die afghanische Übergangsregierung zur Priorität;
eine Aussage, die der Bundeswehr-General mit einem Ausflug
in die politische Biologie abrundet: »Wenn diese Sicherheits-
keimzelle [in Kabul] gedeiht, dann kann sie sich auch nach außen ausbreiten.«[26] Oberstleutnant Dietmar Jeserich, zu dieser
Zeit Sprecher des deutschen Kontingents in Kabul, findet ähnlich optimistisch: »Allein unsere Anwesenheit gibt den Leuten
ein Gefühl von Sicherheit.« Doch bleibe, bei aller Zuversicht
in die psychologischen Potenziale militärischer Präsenz, die
»Eigensicherung« der Truppe in derart unsicheren Verhältnis-

sen oberstes Gebot.[27] Besonders virulent wird diese Priorität, wenn deutsche Soldaten in Afghanistan sterben.

Kommunizierende Angst-Räume

In den Vereinigten Staaten war das »Ende der Geschichte« (Francis Fukuyama) der Beginn einer neuen Ära der großen Verunsicherung. Paradoxerweise führte das Ende des Kalten Krieges zur Wiederbelebung der »Star Wars«-Raketenabwehr-Programme aus den Reagan-Jahren. Der heutige US-Verteidigungsminister Donald Rumsfeld, Gründungsmitglied eines einflussreichen »Komitees zur gegenwärtigen Gefahr«, erklärte bereits 1998 gegenüber der Presse, warum es nötig sei, die kosmischen Schutzschildpläne neu aufzulegen: »Wir befinden uns in einer Umgebung, in der es, potenziell, kaum oder gar keine Warnungen gibt.«[28] Gemeint waren mögliche Raketenangriffe aus dem Iran, dem Irak oder Nordkorea. Rumsfeld argumentierte, dass die eigene »Schwäche« die so genannten Schurkenstaaten zu »Abenteuern« verführe, die sie sonst nicht in Betracht ziehen würden.[29]

Dieses globale Bedrohungsszenario, in dem sich die Nation keine Zeichen der Verwundbarkeit leisten kann, »subjektiviert« die Vereinigten Staaten zu einem verunsichert-entschlossenen Kollektiv-Individuum in einer feindlich-unberechenbaren Welt. Und der »erweiterte Sicherheitsbegriff«, der sich solchen Selbstbeschreibungen verdankt, wird auch von anderen Nationen für Operationen instrumentalisiert, deren Charakter in Zeiten des militärischen Exports von Sicherheitspaketen mit »Landesverteidigung« kaum noch hinreichend beschrieben ist.

In einem Papier zur »sicherheitspolitischen Lage« von 1999 malte der deutsche Verteidigungsminister Rudolf Scharping ein düsteres Bild der Lage: An der »Peripherie Europas« muss mit »Spannungen« gerechnet werden, die zu regionalen »Krisen und Konflikten« führen; »geographische und politische

Grenzen« verlieren ihre »abschirmende Wirkung«; dazu kommt die »anhaltende Proliferation nuklearer, biologischer und chemischer Massenvernichtungsmittel«, die »auch für Deutschland« ein Risiko darstellt.[30] Drei Jahre später, im »Kampf für weltweite Sicherheit« gegen den Terrorismus, liegt die Peripherie Europas schon in Afghanistan oder Somalia, ferne Länder, wo »die Quelle von Krise oder Krieg zum Versiegen« gebracht werden muss, »bevor uns der Strom der Konsequenzen erreicht« (Scharping).[31]

Die Politik der Abschreckung hat sich zu einer Politik der präventiven Intervention entwickelt, die den Zeitpunkt des militärischen Einschreitens zeitlich immer weiter vorverlegt. Die zutreffende Analyse des Historikers Klaus Naumann, »Risiken, Bedrohungen, Krieg und Verbrechen« seien längst »verschmolzen zugunsten eines geradezu vagabundierenden Gefahrenbewusstseins«[32], auf welches die neue Sicherheitssemantik nur hilflos reagiere, sollte allerdings über den Kontext militärpolitischer Überlegungen hinaus erwogen werden. Denn die Kategorie »Sicherheit« ist gerade aufgrund ihrer Umrisslosigkeit geeignet, militärische Einsätze auch in Gesellschaften zu legitimieren, die ein antimilitaristisches Selbstbild haben. In der Bundesrepublik Deutschland ist die »Enttabuisierung des Militärischen« (Gerhard Schröder) vermutlich weit weniger ein allgemeines Interesse, als es der Kanzler der Berliner Republik gern hätte. »Der Bürger will keinen Krieg«, wusste schon Immanuel Kant. Bei Bedrohung des eigenen Lebens durch perfekt integrierte Selbstmordattentäter jedoch sinkt auch beim »Bürger« die Tabuisierungsschwelle. So gewinnt das »Militärische« in ideologischer Verknüpfung mit dem Begriff der »Sicherheit« sprunghaft an Legitimität und Popularität.

Im Windschatten der Sicherheitspropaganda schreitet die Militarisierung der zivilen Sphäre voran. Der schützende Ring um den »eigenen Raum« bildet hier die »Verteidigungslinie des Alltags«.[33] Mit immer neuen Themen mobilisiert der Sicherheitsdiskurs die Gesellschaft. Seit den siebziger Jahren arbeiten Staat und Medien mit so unterschiedlichen Aktivposten der Verunsicherungsrhetorik wie Terrorismus, Drogensucht, Jugendgewalt, AIDS, atomarer Super-GAU, »kriminellen« Migranten, Sexualverbrechern, Nazi-Kids, Computerviren oder BSE/MKS. Angstbesetzte Kollektivsymbole zirkulieren: die Fluten der Anderen, die Kurvenlandschaften der Kriminalitätsstatistiken, zähnefletschende Kampfhunde, Amok-Kinder, @-Bomben, entfesselte Pokémon-Kreaturen. Auf diese Weise entsteht eine »Kultur der Angst« und der »Moralpaniken«, oft genug genährt von irrationalen Ängsten vor den »falschen Dingen«.[34]

Filme, Bücher, Fernsehen und Sensationsjournalismus in Zeitungen und Zeitschriften kommunizieren und verstärken die Sicherheitspaniken rund um immer neue Konstruktionen des »enemy within«, des inneren Feindes (»crack babies«, Jugendgewalt, »Seuchen« usw.), ebenso wie die mit den Bildern des inneren Feindes korrespondierenden Bilder einer Bedrohung durch äußere Feinde. Bei der öffentlichen Wahrnehmung von Bedrohung spielen die Massenmedien eine immense Rolle. Ein Terrorspezialist der amerikanischen RAND Corporation, einer Pentagon-nahen Denkfabrik, entdeckt im Publikum der Massenkultur auch Politiker.[35] Wenn Präsident Bill Clinton einen Bioterrorismus-Thriller wie Richard Prestons *The Cobra Event* liest (oder wenn Richard Nixon sich einst Filme wie *Patton* vorführen ließ), entsteht eine Art Rückkoppelung zwischen Politik und Massenkultur – mit unkalkulierbaren Folgen.

Dabei ist die Kultur der Angst zugleich eine *Ökonomie* der Angst.[36] Für den »Angstmarkt« und seine »Angsthändler« (*fear mongers*), die die Nachfrage nach der Ware Sicherheit bedienen, werden systematisch gewinnbringende Alarmstimmungen produziert. Etwa dann, wenn Politik und Medien kollektive Hysterien anlässlich massenmordender Killer-Kids oder flagrantem Betäubungsmittelgebrauchs schüren, obwohl die Statistiken über Jugendkriminalität oder Drogenhandel eindeutig eine Verringerung der Zahl der Delikte anzeigen. Eine solche Diskrepanz zwischen statistischer und öffentlicher Wahrnehmung von Gefahr führt auch in Deutschland zu periodischen, medial inszenierten Erregungszuständen, die das Phantasma der »Sicherheit« und entsprechender Handlungserfordernisse füttern.

In der massenmedial inszenierten »Kultur der Wunde«, in der bereits eine zerbrochene Fensterscheibe als Menetekel sozialen Abstiegs und psychischer Beschädigungen gelesen wird, können die Seelenkrieger an der Front des (Sicherheits-)*Empfindens* zu Helden werden. Versicherungsunternehmen, private Schutzdienste, Pop-Psychologen und Soldaten im Out-of-Area-Einsatz tragen ihren Teil zur Absicherung und Abschreckung bei. Spätestens nach dem 11. September 2001 ist die Kunst der psycho-medialen Sicherheitsproduktion auf militärischer Grundlage die zivilisatorische Technik par excellence. Die massenkulturell gepflegten Angstmilieus, in denen die Bevölkerungen der Industriestaaten leben, und die Gewaltkulturen der Massen, mit denen sich die Krisenregionen an der Peripherie der Weltöffentlichkeit präsentieren, lassen jede Maßnahme, die verspricht, irgendwo in der Welt das »Sicherheitsempfinden« militärisch zu steigern, ungemein plausibel erscheinen. So verläuft zwischen der individuellen Panikattacke in der Vorortswohnung und dem Streubombeneinsatz »Out of Area« eine seelisch-mediale Standleitung.

Doch funktioniert diese Verbindung maßgeblich in eine Richtung. Bilder und Berichte von Kriegen und genozidalen Massakern in Ruanda, Bosnien, Osttimor oder Somalia mögen die Angst-Atmosphären der Bevölkerungen im Westen speisen. In der jüngeren Vergangenheit aber haben sie, wenn überhaupt, meistens zu zögerlichen, verspäteten militärisch-humanitären Einsätzen im Interesse des »Sicherheitsempfindens«

der unmittelbar Betroffenen geführt. Obwohl sie aufrütteln und mobilisieren sollen, werden die Bilder von Gräueltaten, die über die seelisch-mediale Standleitung auf den Bildschirmen eintreffen, an den Fernsehgeräten nach einer kurzen Periode der Erschütterung und Spendentätigkeit als psychische Überforderung registriert. In der vom Krieg heimgesuchten Massenkultur funktionieren die Bilder der Kriegskultur der Massen als sowohl vermittelnde wie trennende Instanzen. Auch wenn sich die Medien vertrauter Maximal-Metaphern (»Holocaust«, »Hölle«, »Pompeji« usw.) bedienen, um die Völkermorde und Katastrophen zu »amerikanisieren« oder zu »europäisieren«, stellt sich nach der initialen Erregung eine lange Phase der »Mitgefühlsmüdigkeit« ein.[37] Das Publikum im heimischen Angstmilieu trifft bei den »mentalen Konfrontationen« mit dem fernen Leiden eine Auswahl oder vermeidet solche Bild-Begegnungen gleich ganz. In jedem Fall wird die eigene Angst von der Angst der anderen abgegrenzt. Die verunsicherten Individuen bleiben, auch im Krieg, bei sich. Die Verbindung zwischen Krieg als Massenkultur und Krieg als Kultur der Massen ist der Bildschirm als Einwegfenster.

Laut verlangen die Medien und die Politik nach »Sicherheit«, während sie zugleich permanent verunsichernde *breaking news* verbreiten. Auf diese Weise hat sich »Lebe wild und gefährlich« vom Lifestyle-Appell zur ambivalenten Zustandsbeschreibung eines Lebens gewandelt, das in der Tat gefährlicher geworden zu sein scheint. Auch irritierte Staatsapparate kämpfen im Schatten der »Globalisierung der Angst« (*Spiegel Online*) um ihr Selbstbild und ums Überleben. Sie sind verängstigt, dürfen aber keine Schwäche zeigen. Eine flächendeckende therapeutische Metaphorik macht die Vereinigten Staaten und ihre Verbündeten zu Trauma-Patienten. Zugleich werden die seelisch angeschlagenen »Gesellschaften« und »Nationen« in einen universalen Sicherheitsdiskurs eingebunden. Das »Trauma« wandert aus der Individualpsychologie in die massenpsychologische Sphäre national-kollektiver Neurosen und Psychosen. Dort soll es Bindekräfte und Volkskörper-Energien freisetzen.

Ist das »Sicherheitsempfinden« gestört, hilft die Inszenierung des Traumas dabei, sozial auseinander fallende Bevölkerungen zu integrieren und zu mobilisieren. Die Angst vor dem globalisierten Netzwerk-Terrorismus etwa wirkt dann wie ein Amalgam, das zusammenfügt, was sozial längst hoffnungslos fragmentiert ist. Das Trauma macht weltinnenpolitisch handlungsfähig – gesetzt den Fall, dieses Mobilisierungskapital wird massenkulturell ausgeschöpft.

Erfolgreiche Mobilisierung der öffentlichen Meinung ist das Ergebnis einer vorausgegangenen gelungenen Individualisierung und Psychologisierung. In Zeiten der Angstkonjunktur werden dabei die heterogensten Emotionen und Stimmungen zum Special-Affekt »Angst« verschmolzen. Angst ist auch ein erster Effekt der Kriegslogik, von der die zivile Bevölkerung erfasst wird. Die Angst vor dem inneren oder äußeren Feind ist nichts anderes als die Basis, auf der ein Krieg die Synthetisierung des Kollektivs noch steigern kann. Das Ziel der meisten militärischen Kampagnen der Gegenwart ist die Lufthoheit über die Gefühle.

Oftmals ausgelöst durch eine innenpolitische Krise, profitiert die jeweilige Regierung bei der Kommunikation des Krieges von den Bedrohungsszenarien und den latenten wie manifesten Kränkungen und Traumatisierungen der Nation. Seit jeher gehört zu den historischen Grundüberzeugungen moderner Propaganda und Public Relations, dass die öffentliche Meinung keine »Gedanken«, sondern »Impulse, Gewohnheiten und Emotionen« hat – so formulierte es 1928 Edward Bernays, Vater der politischen PR.[38] Konsequent werden Gesellschaft, Staat und »Nation« durch das *fear mongering*, den Handel mit der Angst, zu beseelten (und an der Seele verwundbaren) Kollektiv-Subjekten individualisiert. Auch der Markt und die Börse, weitere kollektive Akteure auf der diskursiv-medialen Bühne, sind ja reine Psychologie – sensible, überreizte Geschöpfe, von denen man keine rationalen Reaktionen erwarten sollte.

Einerseits kursieren individualisierende Bilder der Gesellschaft, andererseits verliert sich das Spezifische der individuellen Angst in den Produktionen einer kollektiven Angst. Diese öffentliche Traumaproduktion verschleiert den Blick auf die historischen, geopolitischen und ökonomischen Zusammenhänge. Angst wirkt als Katalysator pseudodemokratischer Prozesse, die die trügerische Gleichheit einer Schicksalsgemeinschaft stiften. Außerdem befördert Angst eine ethnozentrische Perspektive. Sie reserviert das Vorrecht der Traumatisierbarkeit für diejenigen, die diese Perspektive einnehmen können. So ist die Angst nicht nur eine Machttechnologie der westlichen Therapie-Gesellschaften (»Massenkrankheit Angst« titelte *Focus* am 28. Januar 2002), sondern zudem ihr gewissermaßen exklusiver Besitz.

Angst wird zur Ressource von Legitimität. Wer über sie verfügt, beweist unfehlbar seine Zivilisiertheit. Und während die Angst ungern mit anderen geteilt wird, leistet sie als exportiertes »Sicherheitsempfinden« gute weltinnenpolitische Dienste. Im Namen der Angst begehrt die »zivilisierte Welt« gegen ihre barbarischen »Feinde« im Inneren und im Äußeren auf. Der Befund »Angst« erlaubt es, politische Maßnahmen zu treffen, die in Zuständen kollektivpsychologischer Entspanntheit nicht zu rechtfertigen wären. Angst mag, wie die Binsenweisheit sagt, eine schlechte Ratgeberin sein. Als Instrument der Entpolitisierung ist sie allemal nützlich.

Angstmilieus entstehen nicht nur, wo sich Gesellschaften im Ausnahmezustand erklärter oder unerklärter Kriege befinden. Angst ist vielmehr eine Grundbedingung kapitalistischer Verhältnisse, in deren Eingeweiden die Verteilungskämpfe toben. Auch hier vagabundiert das »Gefahrenbewusstsein« und interveniert das Sonderkommando »Sicherheitsbewusstsein«. Der

Kulturtheoretiker Brian Massumi ergänzte 1993 in einem Text über die kapitalistische »Subjekt-Form« die »allgemeine Ängstlichkeit« aus der Angsttheorie Sigmund Freuds[39] durch die Beobachtung einer »ambienten Angst«[40], einer zur Atmosphäre gewordenen Furcht: niedrig in der Intensität, aber desto größer in der Kontinuität. Der soziale Raum Amerikas sei »gesättigt« mit den Mechanismen der Angstproduktion. Im Auf und Ab der Angstkonjunkturen und kollektiven Panikattacken könnten wir unser Selbst nicht mehr von der Angst ablösen.[41]

So werden die Bürger der westlichen Gesellschaften politisch, ökonomisch, wissenschaftlich und kulturell »im Status des Opfers« gehalten, wie es Alain Ehrenberg in seiner Theorie des »unsicheren Individuums« formuliert. »Ambient fear« (Massumi) durchzieht die »ambiance depressive«[42] (Ehrenberg).

Im Cockpit des interventionistischen Subjekts

Kurz vor dem 31. Dezember 1999 schaltete das Außenministerium der Vereinigten Staaten eine kleine Anzeige in der *New York Times*; US-Bürger sollten sich von großen Neujahrsfeiern in aller Welt fernhalten; man verfüge über ernst zu nehmende Informationen, dass der islamische Fundamentalist Osama Bin Laden terroristische Angriffe plane.[43] Die Attentäter vom 11. September 2001 konnten auf eine bestehende Kultur der Angst aufbauen. Aber sie haben diese Kultur zugleich transformiert.

Am 11. Oktober 2001 schaltete der Autohersteller Buick (»Keep America Rolling«) eine große Anzeige in der *New York Times*: Eine goldschimmernde Limousine mit blickdicht eingefärbten Scheiben huscht über eine ländliche Allee. Darüber ein schwarzes Feld mit weißer Schrift: »Ein Verständnis von Sicherheit, welches das ganze Land teilen kann«. Darunter: »Safety. Security. Peace of Mind«. Das Modell der hier angedeuteten nationalen Konsens-Sicherheit ist erneut das Einwegfenster. In das Vokabular der internationalen Politik übersetzt, verkörpert das Einwegfenster eine »unilaterale« Beziehung zwischen Innen und Außen. Die Insassen des sicheren Buick genießen den Blick auf die vorbeigleitende Natur. Ihrerseits sind sie unsichtbar, verkapselt in der automobilen Monade des »Peace of Mind«.

Doch ein solcher Frieden des Gemüts ist das Ergebnis eines denkwürdigen Widerspruchs zwischen narzisstischer Zurschaustellung überlegener Technik nebst verführerischem Design auf der einen Seite und einer paranoiden Flucht vor den Blicken der Außenwelt auf der anderen. Dieses gleichzeitige Sich-Zeigen und Sich-Zurückziehen kennzeichnet eine von apokalyptischem Fluchtverhalten geprägte »Zitadellenkultur«.[44] Ihre Vertreter nehmen sich in triumphalen Inszenierungen jedes Recht auf Bewegungsfreiheit, um zugleich die eigene Bedrohung (und deshalb notwendige Bewaffnung) zu betonen. So sind die Vehikel der Zitadellenkultur allesamt »Hochsicherheitszellen mit Turbo«, wie es in einer Anzeige für den Kleinwagen Smart heißt. Die Sport Utility Vehicles dienen sowohl als Gefängnisse wie als Boliden, als Eroberungs- wie als Fluchtwagen. Man kommt mit ihnen überallhin, aber auch schnell und sicher wieder weg. Nur verlassen sollte man die Hochsicherheitszelle besser nicht.

Wenn das neue »Fähigkeitsprofil« der Bundeswehr, wie es sich die Modernisierer der deutschen Streitkräfte vorstellen, »strategische Verlegefähigkeit« und »taktische Mobilität« in den Vordergrund stellt; wenn es im 21. Jahrhundert in erster Linie darum geht, »Einsatzräume« auch bei »unzureichender Infrastruktur oder unter Bedrohung« stets »rechtzeitig [zu] erreichen«[45]; dann wird damit ein Ideal von Beweglichkeit und Interventionsbereitschaft artikuliert, das in ähnlichen Formulierungen direkt aus der Autowerbung stammen könnte.

Die Klammer, die militärische und freizeitgesellschaftliche Mobilität zusammenbindet, ist das Modell des interventionistischen Subjekts, das seine Ängste und Aggressionen professionell verwaltet, nüchtern Risiko- und Chancenabwägung betreibt, auf Spaß und Action nicht verzichten will und sich in einem von Grenzen befreiten Welttheater der Bedrohungen und Einsatzmöglichkeiten bewegt. »Es gibt nur einen Dschungel«, aber der will durchkämmt, erforscht und gefürchtet werden.

So, als hätte die Autoindustrie die Botschaft empfangen, umwarben die Hersteller auf der IAA in Frankfurt am Main im September 2001 und auf der Motorshow in Detroit im Januar 2002 das interventionistische Subjekt gezielt mit den neuesten Produkten des militärisch-automobilen Komplexes. Nach dem Terrorangriff auf Amerika waren neue Spitzenleistungen der Off-Road-Power im Sicherheitsdesign zu besichtigen. Die *Frankfurter Allgemeine Zeitung* entdeckte den Cadillac Vizón, einen wahren »Straßenkampfwagen«. In Zeiten, in denen »die Ästhetik der urbanen Freizeit-Straßenkämpfer« ihre Spaßigkeit verloren habe, empfehle sich dieses allradgetriebene Vehikel mit »rammbockhaftem Kühler« für den »bitteren Ernst«.[46] Die *Süddeutsche Zeitung* sichtete wenig später in Detroit luxuriöse »Hybridgeschosse irgendwo zwischen Bunker, Rakete und mobilem Büro«.[47]

Das interventionistische Subjekt ist gerüstet. »Es geht darum, Vehikel zu werden«, schreibt der Diskursanalytiker Jürgen Link über das flexibel-normalistische Individuum des Neoliberalismus.[48] Hochmobil fährt es durch eine Landschaft der Ansprüche und Optionen, der Grenzwerte und Richtgeschwindigkeiten, der Intensitäten und Ruhephasen. Was draußen vor sich geht, wird auf den Kontrollbildschirmen des Subjekt-Cockpits dargestellt. Die Selbstverwirklichung ist entweder eine Reise an Orte, die bereits für den Tourismus »gesichert« sind, oder an solche, wo das Chaos herrscht. In diesen entsicherten Verhältnissen ist von den Insassen der turbogetriebenen Hochsicherheitszellen ein hohes Maß an Sicherheitskompetenz gefragt. Aber noch mehr ihre Angst. Denn diese Angst erst macht sie handlungsfähig. Sie qualifiziert für die Polizeiaufgaben in jenem »Ausnahmezustand«, in dem Interventionen zum festen Bestandteil der »normalen Struktur« politischer Macht geworden sind.[49] Die Ausnahme schafft neue Regeln.

5
Was macht Slobodan Milošević auf MTV?
Westliche Bildmaschinen und ihre Objekte: Kriegsreporter, Bösewichter und das Leben als universeller Gangster

Tetovo, frühere Jugoslawische Republik Mazedonien, im März 2001

Auf dem Flughafen Berlin Tegel sammelt sich Anfang März 2001 eine Schar von deutschen Reportern. Ihr Ziel heißt Mazedonien. Der etwas heruntergekommene Flughafen und die erstaunliche Anzahl von unrasierten, rauchenden Männern, die auf ihre Flüge warten, wirkt wie eine Vorbereitung auf das, was da auf einen zukommen mag – balkanische Verhältnisse. Eine solche Ansammlung von Journalisten auf dem Weg in eine Teilrepublik des ehemaligen Jugoslawien kann eigentlich nur eines bedeuten: Es gibt wieder einmal einen Ausbruch von ethnischer Gewalt. Tatsächlich hatte es das bislang eher friedliche Mazedonien zuletzt doch noch erwischt. Am 4. März war bei Tanusevci ein Grenzposten attackiert worden. Zu dem Anschlag hatte sich eine neue Befreiungsbewegung der albanischen Minderheit im Land bekannt – gewissermaßen das mazedonische Pendant zur kosovarischen UÇK. Die Reporter, die gerade eine Maschine der Airline Avioimpex besteigen, reisen auf Einladung der Regierung nach Skopje. In der mazedonischen Hauptstadt hatte man nämlich mit Erschrecken festgestellt, dass die erste Berichterstattung über die Gewalt im Land für die Bevölkerungsmehrheit äußerst ungünstig ausgefallen war: Unter dem noch frischen Eindruck der Vorgänge im Kosovo wirkten die slawischen Mazedonier auf BBC World wie brutale Unterdrücker. Dieses Bild wollte man in Skopje dringend korrigieren. Und so wurde schnell eine mobile Einsatztruppe zusammengestellt – mittelgroße überregionale

Tageszeitungen und Radiosender hatten Berichterstatter entsandt.

Angesichts der kurzfristig eingetretenen Ereignisse war die Zeit der Vorbereitung für die Journalisten knapp. Eine Reihe von ihnen sollte das ehemalige Jugoslawien sogar zum ersten Mal besuchen. Im Flugzeug las eine Kollegin *Die Geister des Balkan* des bekannten US-Korrespondenten Robert D. Kaplan. Für die US-amerikanische Wahrnehmung der Kriege im ehemaligen Jugoslawien hatte dieses Buch immense Bedeutung. Zwei historische Metaphern bestimmten diese Wahrnehmung – der Holocaust auf der einen Seite und Vietnam auf der anderen. Als der Journalist Roy Gutman 1992 zum ersten Mal über angebliche serbische Todeslager in Bosnien berichtete, setzte sich unter den US-Kommentatoren schnell die Sichtweise durch, auf dem Balkan geschehe eine Art Wiederholung des Nazi-Völkermordes.[1] Der darin schon implizite Appell an schnelles Handeln wurde vom damaligen Präsidenten Bush durch eine Vietnam-Referenz gekontert: »Ich möchte die USA nicht noch einmal im Schlamm eines Guerillakrieges versinken sehen. Wir haben das schon einmal erlebt.«[2] Auch die Presse scheute den Vergleich mit Vietnam nicht. Als William Clinton schließlich Bush ablöste, wurde dieser durch die klischeebeladene und abschreckende Schilderung des Balkan-Chaos im Buch von Kaplan davon überzeugt, sich in diesen Konflikt fürs Erste besser nicht einzumischen. Doch Kaplan bediente auch die Holocaust-Variante, die das spätere Eingreifen in Bosnien und im Kosovo legitimieren sollte. In seinem Buch mutmaßte er, dass im ethnischen Spuk auf dem Balkan die Ursprünge des Nationalsozialismus zu suchen seien. Die Übernachtungsheime Wiens seien in den zwanziger Jahren wegen ihrer Nähe zur südslawischen Welt »Brutzellen ethnischer Ressentiments« gewesen – hier sei es gewesen, wo Hitler gelernt habe, »auf so ansteckende Weise zu hassen«.[3]

Die erwähnte Kollegin wollte sich nach der Lektüre des Buches offenbar auch nicht mehr in die Konflikte der Region involvieren lassen. Auf den bald folgenden Pressekonferenzen in Skopje und Tetovo beschränkte sie eigene Fragen auf technische Aspekte (»Wie viele Truppen sind nun in Tetovo stationiert? Welches Equipment ist vor Ort? Wann beginnt die Offensive?«) und notierte sich ansonsten die Antworten der jeweiligen Gesprächspartner auf die Fragen der informierteren Korrespondenten. Als der Tross bei einer Gelegenheit vor dem Lager der Bundeswehr bei Tetovo auf den Presseoffizier wartete, schossen die Kollegin und eine weitere Erinnerungsfotos voneinander, während das Feuer der Maschinengewehre in den fernen Bergen widerhallte. In Rahmen einer Typologie der Reporter könnte man diesen Typus als Konformisten bezeichnen – man lässt sich einfach von der Auftragslage, den herrschenden Vorurteilen und der Programmgestaltung des jeweiligen Gastgebers leiten. Andere zeigen zwar auch nicht mehr Engagement, aber sie wissen ihren Einsatz sensationeller zu verkaufen. In Zentrum der hauptsächlich von albanischen Mazedoniern bewohnten Stadt Tetovo sehen wir einen anderen Kollegen von einer Berliner Radiostation hinter einer Bank knien und per Handy die neuesten Infos an die Hörer zu Hause absetzen. Er hat diesen Ort gewählt, weil hier der Donner von Gewehrsalven und Geschützen deutlich zu hören ist.

Der Kollege fühlt sich offenbar in seinem Element – früher war er Zeitsoldat bei der Bundeswehr. Er berichtet von der Pressekonferenz bei einem lokalen Abgeordneten der Demokratischen Partei der Albaner (DPA), welche kurz zuvor stattgefunden hat. »Die DPA unterstützt die Ziele der Extremisten«, meldet er ohne zu zögern nach Hause, während dem Hörer die Schüsse der Extremisten wohl in den Ohren klingeln werden. Freilich hatte der lokale Abgeordnete das so überhaupt nicht gesagt – schließlich ist die DPA zu jener Zeit einer der Partner in der herrschenden Regierungskoalition. Während er die Gewalt klar verurteilte, wies er lediglich darauf hin, dass viele Forderungen der Aufständischen von der DPA schon lange vorher aufgestellt worden waren. Und dann betonte er noch, dass die Situation momentan hauptsächlich durch die allgegenwärtigen Gerüchte verschlimmert würde – »Desinformation« sei ein beliebtes Mittel der Kombattanten, um das Gefühl der Unsicherheit und das Misstrauen zwischen den Bevölkerungsgruppen zu verstärken.

Desinformation war es offenbar auch, was der Kollege in seiner Reportage betrieb. Allerdings hielt er sich nicht für einen Bestandteil des örtlichen Informationskreislaufes. Ein Irrtum, denn die beteiligten Parteien an den Konflikten auf dem Balkan nehmen die Berichte der westlichen Medien geradezu mit Besessenheit wahr. Nichts wird in Mazedonien in jenen Tagen heftiger interpretiert und diskutiert als die Interviews slawischer und albanischer Politiker in der *Welt am Sonntag* und anderen deutschen Organen. Internetausgaben machen die ausländische Presse so schnell verfügbar wie die Tageszeitungen des eigenen Landes. Das Niveau der einheimischen Presse ist ohnehin eine Katastrophe und oft geprägt von unverhohlener Parteinahme für die jeweils Mächtigen im Land. Als Journalist verdient man in Mazedonien so wenig, dass die meisten guten Reporter es in den letzten Jahren vorgezogen haben, sich als Übersetzer für internationale Organisationen oder für ausländische Journalisten zu verdingen.

In Krisengebieten werden die Gerüchte nicht nur in den betroffenen Dörfern und Städten von Mund zu Mund weitergegeben, sondern auch über die medialen Rückkopplungssysteme des so genannten globalen Dorfes weiterverbreitet. Das Verhältnis der Konfliktparteien vor Ort zu diesen Medien und ihren Vertretern ist äußerst zwiespältig. Auf der einen Seite ist der Blick des Westens unangenehm – man weiß schließlich genau, dass der Balkan als Ballungsgebiet von Schmutz, Verkehrschaos, Kriminalität, Verschlagenheit, Nationalismus und Männlichkeitswahn durch das westliche Imaginäre spukt. Allein der

Begriff Balkan hat historisch einen pejorativen Klang. In seiner negativen Bedeutung kam die Bezeichnung erst wieder mit den Bürgerkriegen im ehemaligen Jugoslawien in Mode – lange hatten die Länder hinter dem Eisernen Vorhang pauschal »Ostblock« geheißen.[4] Auf der anderen Seite wissen die Konfliktparteien durchaus, wie sie die Journalisten für ihre Sache einspannen können. Als es während der NATO-Bombardierung der Bundesrepublik Jugoslawien 1999 zu einer breit angelegten Vertreibung der kosovarischen Albaner kam, wussten die Flüchtlinge die Tatsache, dass sie Opfer von Repression und Vertreibung waren, durch schlichtweg erfundene Geschichten der schrecklichsten Gräuel noch zu intensivieren.

In diesem Fall ging die Rechnung auf. In Ermangelung von Bildern und Berichten von der Bombardierung selbst gierten die Reporter nach individuellen Human-Interest-Geschichten und Lokalkolorit. Das Ergebnis war die serielle Produktion eines atemberaubend eindeutigen Bildes: Die kosovarischen Albaner wurden visuell vereinheitlicht zur Ikone der zumeist weinenden Frau mit traditionellem Kopftuch. Die Zahl der Todesopfer schoss in die Höhe, und die serbische Sonderpolizei und ihr Auftraggeber Slobodan Milošević wirkten umso dämonischer, je mehr das Publikum die Ungeheuerlichkeit ihrer Verbrechen in Ermangelung von Bildern nur erahnen konnte. Dieses Imago hatte sich nach einigen Wochen so verfestigt, dass jedes andere Bild als unauthentisch von der westlichen Öffentlichkeit wahrgenommen wurde. Als Channel 4 News in Großbritannien ein Interview mit einer Kosovarin ausstrahlte, die kein Kopftuch trug, sondern Schmuck und Schminke, und deren Nägel zudem noch lackiert waren, rief eine ganze Reihe von Zuschauern beim Sender an, um die Frau als Schauspielerin zu denunzieren.[5] Während des gesamten Krieges im ehemaligen Jugoslawien haben alle Beteiligten permanent versucht, sich als Opfer der balkanischen Verhältnisse darzustellen – also als Opfer des notorischen Nationalismus und Sexismus. Aber diese Taktik hat auch ihre Nachteile: Wenn sich die zunächst allzu gern geglaubten Geschichten später als falsch herausstellen oder wenn sich die zu Beginn so eindeutigen Opfer bald auch als Täter erweisen, dann verstärkt sich wiederum das Bild vom Balkan als einer Region, in der es von schamlosen Betrügern nur so wimmelt.

In der Reporterreisegruppe in Mazedonien entgehen manche Kollegen solchen Schwierigkeiten mit der schmierigen Realität der neuen Kriege, indem sie sich auf scheinbar neutrale Hintergrundberichte konzentrieren. Für solche Berichte muss man nicht an vorderster Front sein. Die meisten Journalisten wohnen im Hotel *Continental* am Stadtrand von Skopje, wo sich 1999 auch die Akkreditierungsstelle für jene Berichterstatter befand, die in den Kosovo reisen wollten. Wie so oft in Krisengebieten ballen sich die Reporter in einem oder zwei Hotels. Die abendliche Szenerie dort ist bizarr. Parkplätze, Dächer und andere freie Flächen werden von Kamerascheinwerfern hell erleuchtet, Korrespondenten sprechen ihre Texte. Für die Art konformistischer Berichterstattung, in der es nicht um Sensationen, sondern mehr um den Hintergrund geht, lässt sich auch in der Hotelbar recherchieren. Man holt fehlende Informationen einfach bei den anderen Journalisten ein. So liest man denn in manchen deutschen Zeitungen Berichte darüber, wie am gestrigen Vormittag die Situation an der Front in Tetovo gewesen ist, während man den Verfasser gerade zu jener Zeit in einem Restaurant in Skopje im angeregten Gespräch mit einem anderen Korrespondenten beobachten konnte.

Am Roundtable der Veteranen nimmt der Hintergrundschreiber aber dennoch gern teil. Beim Frühstück oder beim abendlichen Drink erzählen die Reporter sich Geschichten von gefährlichen Einsätzen, in denen gewöhnlich betrunkene »Balkangeister« mit AK 47 die Hauptrolle spielen. Dann gedenkt man der toten Kollegen. Man versteht sich, und man sieht sich oft genug sogar ähnlich. Wie der 4-Wheel-Drive zu den internationalen Hilfsorganisationen, so gehört zu den typischen Krisenreportern eine grobe Weste mit vielen aufgenähten Taschen, die in ihrer Anmutung irgendwo zwischen Kolonialstil, Safari und Guerilla schwankt. Während des Krieges in Vietnam firmierten diese Westen bei den Schneidern von Saigon unter der Bezeichnung »CBS-Jacket«. Im Falle des Falles passt eine kugelsichere Weste drunter. Man ist schließlich in einer feindlichen Umwelt. Der immer gleiche Treffpunkt, die immer gleiche Kleidung, der ununterbrochene Austausch über die Geschehnisse, über die man zu berichten hat – so entsteht auf ganz natürliche Weise ein Gefühl des »Wir« und eine Perspektive auf »die« da draußen. »Die« sind Betroffene oder Informanten – zu verwickelt jedenfalls, als dass man deren Gesellschaft mit der heimeligen Reportergemeinschaft tauschen möchte.

Abenteurer auf der Jagd nach Bildern

Die beschriebene konformistische Berichterstattung, die den größten Teil der Reportagen über den Krieg ausmacht, will so gar nicht dem Mythos des unerschrocken und auf eigene Faust recherchierenden Reporters entsprechen. Die Reporter sind derweil selbst eine Art Armee geworden, deren Auftauchen von der lokalen Bevölkerung oft als Menetekel gelesen wird. Als etwa in Skopje der erste CNN-Übertragungswagen auftauchte, erkannten viele, wie schlimm die Situation wirklich war. Dabei erlangt keineswegs jede Krise die Aufmerksamkeit der Weltöffentlichkeit, sondern nur jene, welche durch eine Nähe zu »uns« im Westen hervorstechen oder gar »uns« direkt betreffen. So stand im Jahre 1994 unangefochten der Krieg in Bosnien-Herzegowina im Rampenlicht der westlichen Berichterstattung und nicht der Völkermord in Ruanda. In den allermeisten Fällen sind es die Regierungen der westlichen Staaten, welche das Augenmerk der Medien auf ein bestimmtes Gebiet lenken – vor allem, wenn solche Krisengebiete von den Administrationen als Sicherheitsproblem für »uns« gedeutet werden. Gewöhnlich steht in diesem Fall eine Intervention des westlichen Militärs zur Debatte oder ist bereits angelaufen. Der Einsatz der Medien in diesen Gebieten wirft die Frage der Intervention ohnehin auf. Man müsse der Außenwelt so oft wie möglich vor Augen führen, was hier geschieht, schreibt die Fotografin Ursula Meissner über ihren Einsatz in Sarajevo: »Schließlich haben Fotos und Fernsehaufnahmen aus Vietnam dazu geführt, dass eine aufgeschreckte amerikanische Öffentlichkeit von ihrer Regierung ein Ende des Krieges erzwang.«[6]

Dass Meissner im Falle von Vietnam die investigativen Journalisten überhaupt nicht mehr erwähnt, sondern nur noch die Fotografen und die Kameraleute, deutet auf eine wichtige Verschiebung hin. Denn die Bewunderung für die Arbeit des »Aufdeckens« à la Watergate im investigativen Journalismus ist mittlerweile vollständig von einem Kult der Nähe ersetzt worden – einem Kult von Augenzeugenschaft und Evidenz. Daher ist der Ruhm der Reporter vom Glanz der Fotografen und Kameramänner eingeholt worden. Letztlich waren es weniger die erwähnten Berichte von Roy Gutman über die serbischen Gefangenenlager in Bosnien, welche die Öffentlichkeit 1992 aufrüttelten, als vielmehr die an den Holocaust erinnernden Fernsehbilder von ausgemergelten Bosniaken hinter Stacheldraht in den Lagern Omarska und Trnopolje, die Penny Marshall und Ian Williams für *British Independent Television News* (ITN) lieferten. »Ein Bild spricht für sich. Muss ich es erklären, habe ich versagt«, gibt Kriegsfotograf Christoph Püschner dem Männermagazin *GQ* Anfang 2002 sein Credo von Augenzeugenschaft und Evidenz zu Protokoll.

Die Kamera soll also ein zuvor visuelles Unbewusstes sichtbar und einer Zensur, d. h. einer Bewertung zugänglich machen. Dabei signalisiert jedes Bild aus dem Krieg implizit bereits Untätigkeit. Um die Situation aufzunehmen, hat der Fotograf sich freiwillig seine Hände gebunden – würde er eingreifen, etwas verhindern, helfen, dann würde sein Foto selbstverständlich sofort verschwinden. Die Untätigkeit des Fotografen beschert dem Rezipienten im Westen eine schockierende, manchmal auch traumatische Evidenz, die nicht nur keiner Erklärung mehr bedarf, sondern in ihrer fixierten Ungeheuerlichkeit die Sprache geradezu suspendiert: »Hast du das gesehen? Schrecklich!« Hier soll auch nicht länger geredet werden – zupacken muss man, etwas tun. Allerdings haben nicht alle Bilder das Potenzial, diese traumatische Qualität zu entwickeln. Dem westlichen Fernsehzuschauer, dem Grausamkeiten zweidimensional in Serie präsentiert werden, erscheinen die abgebildeten Gräuel mittlerweile konventionell – man seufzt, man zuckt mit den Schultern, man wendet sich ab. Den Kontext des Konfliktes, aus dem diese Bilder stammen, verstehen die Zuschauer sowieso nicht mehr; vor allem, wenn es weit weg ist und sie nicht betrifft. Ohnehin ist das Foto strukturell, wie Roland Barthes geschrieben hat, eine »Botschaft ohne Code«. Zunächst ist es scheinbar wenig mehr als reine Abbildung dessen, was irgendwo wirklich passierte. Erst durch Verweise auf den überlieferten Zeichenvorrat des Publikums erhält das Bild einen Zusammenhang.[7]

Der Aufruf zum Zupacken muss also den Konflikt näher an den Zuschauer heranbringen und das Bild für ihn lesbar machen. Das gelingt, indem das Bild auf den Hintergrund des Rezipienten rekurriert, auf das, was er kennt. Das geschieht auf der einen Seite durch historische Analogien. Das Repertoire ist klein, denn diese Analogien müssen von einem möglichst großen Publikum emotional besetzt sein. So ruft die Holocaust-Analogie zur Tat auf, die Analogie Zweiter Weltkrieg legitimiert den »guten Krieg«, während der Verweis auf Vietnam als Warnung dient.[8] Auf der anderen Seite werden auf den Bildern starke Symbole benutzt, um die Örtlichkeit herauszustellen. »Ich möchte Aufnahmen davon machen, wie fröhliche Kinder in einem scheinbar ruhigen Wohngebiet auf dem Eis

Pirouetten drehen«, beschreibt Ursula Meissner die Arbeitsweise an einem einfachen Beispiel aus Sarajevo, »freilich mit Silhouetten von Hochhausruinen dahinter. Sonst könnten die Fotos ja von irgendwoher sein.«[9] Gewöhnlich stammen die Symbole aus dem Archiv des eigenen kulturellen Imaginären. So ist ziemlich sicher, dass auf Fotografien aus einem Land mit muslimischer Bevölkerungsmehrheit Moscheen oder verschleierte Frauen zu sehen sein werden. Als Ergebnis dieses Verfahrens entsteht ein Bild, das einen Prozess der De- und Rekontextualisierung durchlaufen hat. Das Begehren nach dem Außergewöhnlichen und Bizarren lässt den Kontext zunächst verschwinden, weil es eigentlich immer nur das Gleiche aufnimmt – Verletzungen im weitesten Sinne. Dann wird ein neuer Bezugsrahmen erzeugt, indem das Bild mit den Insignien des Imaginären der westlichen Öffentlichkeit aufgeladen wird – historischen Analogien und kulturell verankerten Symbolen.

Was für ein Typ muss man sein, um solche schockierenden oder gar traumatischen Bilder schießen zu können? Obwohl der erwähnte *GQ*-Artikel »Kriegsreporter: Überleben im Kugelhagel«[10] überschrieben ist, betont der Fotograf, dass er keine besondere »Abenteuerlust« verspüre und keineswegs ein »Draufgänger« sei. Ganz professionell im richtigen Moment an der richtigen Stelle zu sein – das garantiere den »besonderen Kick«. Reporter vom Typus Konformist, über die ohnehin nur selten gesprochen wird, sind nie im richtigen Moment an der richtigen Stelle. Dazu bedarf es eines anderen Kalibers Reporter – nennen wir ihn den Typus Einzelkämpfer. Dass Fotoreporter dieses Typs, die das Abenteuer nicht scheuen, dennoch benötigt werden, zeigt die Popularität des Vietnam-Fotografen Tim Page. In *Spiegelreporter* verfasste der Journalist Thomas Hüetlin 2000 eine Hagiografie von Page. Freiheit sei es gewesen, was dieser auf den Kriegsschauplätzen in Indochina gesucht habe, meint Hüetlin. Kaum jemand habe »sich radikaler von den Werten der Industriegesellschaft befreit als Page und seine Freunde: Von der Moral – sowieso. Vom Geld – jaja, ein wenig. Vor allem aber von dem, was uns alle am meisten treibt: der Angst vor dem Tod.«[11]

Page war 1965 als britischer Prä-Hippie auf der Suche nach Spiritualität über Indien, Burma und Thailand nach Laos gekommen, wo er in den Wirren des beginnenden US-Engagements anfing, als Fotograf zu arbeiten. Page betrieb in Vietnam eine ähnliche Kämpfer-Mimikry wie der bereits im ersten Kapitel erwähnte Michael Herr. Hubschrauber, Truppentransporter, Waffen – all das hielt er für »Rock 'n' Roll mit dem schönsten Spielzeug, das es gibt«.[12] Das Dasein der konformistischen Reporter, der »Normalos in Saigon«, erschien ihm lächerlich, ihn zog es näher ans Geschehen. »Für einen Tag oder eine Woche zu großen oder kleinen Einsätzen an die Front zu gehen, war der absolute, furchterregende Kick«, schreibt er rückblickend. »Es waren die Angst, das Adrenalin, überhaupt der ganze Wahnsinn, die einen auf Trab hielten.«[13] Tim Page wurde mehrfach schwer verletzt und pflegt heute seinen Status als Veteran. Mit Ausstellungen, Büchern und der Errichtung von Gedenksteinen vor Ort versucht er, die Erinnerung an gefallene prominente Kollegen wie Sean Flynn und Dana Stone hochzuhalten.

Vor allem bei der jüngeren Generation von Vietnamreportern – ob es sich nun um Korrespondenten oder Fotografen handelte – war der Übergang von Tourismus zu Krieg fließend. Auch für den Neuseeländer Peter Arnett begann alles mit einer Asienreise, die ihn schließlich als Berichterstatter nach Saigon führte.[14] Doch auch danach verliert sein Job keineswegs die Anmutung von Tourismus. Als er kurz vor dem Beginn des Golfkrieges für CNN nach Bagdad reist, überfällt ihn ein Hochgefühl. Schon seit seiner Jugend habe die arabische Halbinsel eine »geheimnisvolle Anziehungskraft« auf ihn ausgeübt, schreibt er in seinen Erinnerungen, und nun sei es ihm durch seinen Beruf, seinen »fliegenden Teppich«, endlich gelungen, das Ziel seines jugendlichen Sehnens zu erreichen.[15] Ebenso unmittelbar, wenn auch deutlich biederer, wird die touristische Qualität von einem Foto verdeutlicht, das sich auf den Eingangsseiten des Erinnerungsbuches *Mit Kamera und kugelsicherer Weste* der erwähnten Kriegsfotografin Ursula Meissner findet. Dort posiert sie ein wenig schief lächelnd mit jener Weste und Stahlhelm neben einem UN-Soldaten vor Sandsäcken – ein typisches Erinnerungsfoto.[16]

Dass der Tourismus in den Krieg immer noch den Charakter von Aussteigen haben kann, erklärt mit unverhohlener Aufrichtigkeit der britische Fotograf Anthony Loyd in seinem Bestseller mit dem zynischen Titel *My War Gone by, I Miss It So*.[17] Er hatte seine Liebe zu Krieg zunächst als Zeitsoldat befriedigt, doch der Einsatz am Golf mit seinem extremen Mangel an Action hatte ihn enttäuscht. Michael Herrs Buch *Dispatches* hatte ihn schließlich davon überzeugt, dass Kriegsreporter der richtige Beruf für ihn sein könnte – zumal diese Existenz ihn gewissermaßen zum Soldaten machte, während sie ihn gleichzeitig von traditionellen militärischen Formen von Disziplin und Autorität befreite.[18] Loyd agiert im Krieg den Konflikt mit seinem Vater und seine Drogenprobleme aus – es geht ihm um eine Metamorphose oder einen Ausweg: »Ich wollte an ein menschliches Extrem gehen, um mich selbst von meinem Gefühl der Angst zu säubern, und den Krieg sah ich als die ultimative Grenze der menschlichen Erfahrung.«[19] Und obwohl oder gerade weil sich der Krieg von einem Abenteuer in einen »endlosen Todestrip« verwandelt, fühlt Loyd sich glücklich. »Ich war begeistert von dem meisten, was der Krieg mir bescherte«, schreibt er, »Chicks, Kicks, Cash und Chaos; Teenage Punk. Träume wurden wahr – eingepackt in den Qualm von Gewehren.«[20]

Im Kriegsreporter von Typus Einzelkämpfer, der in Gestalten wie Tim Page, Peter Arnett, Christiane Amanpour oder Anthony Loyd selbst wieder zum Protagonisten der Massenkultur wird, treffen wir erneut auf die Subjektivität des Neoliberalismus. Die Wirklichkeit dieses Individuums ist nicht mehr durch ein regelmäßiges Alltagsleben definiert, sondern durch eine Abfolge von Ernstfällen, auf die kompetent reagiert werden muss. Freilich ist der Kriegsreporter gleichzeitig ein Agent der Entstehung dieser Realitätsdefinition, also des Bildes, das die Menschen sich anhand der Medien von der Welt da draußen machen. Der Kriegsreporter und seine Auftraggeber sind strukturell perfekte Verbündete bei der neoliberalen Zerstörung von herkömmlich geordneter und berechenbarer Routine und Normalität. Zum einen interessieren sich die Medien in erster Linie für das Außergewöhnliche, das Besondere, kurz: für den Ausnahmezustand. Auf der anderen Seite zerfällt die Welt durch ihre fotografische Darstellung in der Presse oder ihre episodische Zurschaustellung im Fernsehen in eine Aneinanderreihung flüchtiger und dramatischer Einzelmomente, die den Zuschauern nur in einem sehr losen Zusammenhang erscheinen.

Allerdings sind Kriege auch von Zeiträumen durchsetzt, in denen nichts oder wenig geschieht. Das stellt für die Reporter auf der Suche nach dem Außergewöhnlichen ein Problem dar. Im geteilten Sarajevo beispielsweise verstand die Bevölkerung die Normalität geradezu als Mittel des Widerstands gegen den Terror durch Artilleriebeschuss und Scharfschützen, wie die italienische Reporterin Sabina Fedeli feststellte, die sich – eine Außnahme – für die Mikrophänomene des Kriegsalltags interessierte.[21] Insofern lieferten die Reporter durch ihre auf Sensationen gerichtete Berichterstattung nicht nur Bilder der zerstörten Realität in die Kanäle der westlichen Massenkultur, sondern sie trugen dazu bei, die Normalität vor Ort tatsächlich weiter zu zerstören. Genau zu diesem Zweck wurden sie von allen Kriegsparteien benutzt. Um sich dem Westen als Opfer zu präsentieren, wurde den westlichen Journalisten von Massakern erzählt. Oft genug brachten die Journalisten die entsprechenden Meldungen, ohne auch nur die Möglichkeit zu besitzen, die Zeugenaussagen zu überprüfen. Reportagen über willentlich erfundene Ereignisse führten häufig zu Vergeltungsaktionen der vermeintlich betroffenen Kriegspartei. Zudem konnten Massaker, die zunächst nur in der Berichterstattung stattgefunden hatten, sich einige Zeit später wirklich ereignen, weil die angeblichen Mörder sich zu Unrecht beschuldigt fühlten und zeigen wollten, wozu sie fähig waren.[22]

Zweifelsohne wurden etwa in Sarajevo Krankenhäuser und Schulen beschossen, um das Leben so unangenehm wie möglich zu machen, doch der Beschuss wurde durch die geschickte Platzierung von Truppen an solchen Orten auch gelenkt, damit Journalisten von Kriegsverbrechen sprechen konnten. Die Kriegsparteien beschossen Zivilisten, die zu ihrer eigenen ethnischen Gemeinschaft gehörten, um es mit Hilfe der westlichen Medien dem Gegner in die Schuhe schieben zu können. Manche Reporter wiederum versuchten, nachrichtenarme Perioden dadurch zu überwinden, dass sie selbst ein bisschen Action anzettelten: So gaben einige einem Kind Geld, damit es an einer besonders gefährlichen Kreuzung unter Sniperbeschuss über die Straße lief – das perfekte Bild bedeutete den Tod des Kindes.[23] Solche Bilder aus Bosnien und seiner angeblich immer schon multikulturellen Hauptstadt Sarajevo – einem Ort, den viele westeuropäische Zuschauer aus touristischen Reisen kannten – erschütterten schließlich auch die Sicherheiten des Alltags zu Hause. Über das Leben in Deutschland meint der im oben erwähnten *GQ*-Beitrag porträtierte Fotograf entsprechend: »Die Normalität hier wirkt beinahe unnormal.«

Bei den Redaktionen und den meisten Kriegsreportern steht der Aspekt des Abenteuers allerdings nicht im Vordergrund – betont wird wie im *GQ*-Artikel eine soldatisch-kontrollierte Professionalität. Doch während das Abenteuer bloß als Mehrwert erscheint, werden die Einsätze der Reporter immer abenteuerlicher, weil sie für ihre Bilder immer tiefer in die Wirrungen der neuen Krieges hineinkriechen müssen. Über die Kriegführung der westlichen Staaten lässt sich indessen fast überhaupt nicht berichten, ohne auf offizielle Quellen zurückzugreifen. Seitdem die britische Regierung im Falklandkrieg zum ersten Mal ein erfolgreiches »news management« betrieb, indem sie den Zugang zum Schlachtfeld und die Übermittlung von Nachrichten in ihrem Sinne einschränkte, haben sich alle westlichen Regierungen diese Strategie zu Eigen gemacht.[24] Die Kriege gegen den Irak, gegen die Bundesrepublik Jugoslawien und gegen die Taliban und andere Islamisten in Afghanistan waren Kriege ohne Bilder. In den ersten Wochen der Intervention am Hindukusch war der Mangel so eklatant, dass die Journalisten, deren eigene Invasion im Gebiet der so genannten Nordallianz stattfand, selbst für ihre Motive sorgten. Deutsche Reporter etwa baten einen lokalen Kommandeur, doch für die Kamera einmal die Kanone des Panzers abzufeuern. Andere fanden die Idee so gut, dass von diesem Zeitpunkt an eine wöchentliche Übung der Truppen ausgerichtet wurde, um für Bilder von rollenden Panzern und schießenden Soldaten zu sorgen.[25] Die von den Medien selbst hervorgerufenen Fake-Kriegsbilder wurden dann in einer weiteren Schleife wieder zum Thema für die Presse, weil es ja sonst nichts Neues gab. So machte man die eigene Praxis zum Stoff der Berichte.[26]

Um solchen Dilemmata zu entkommen, müssen die Reporter ein immer höheres Risiko eingehen. In Bosnien-Herzegowina beispielsweise kamen mehr Reporter ums Leben als in Vietnam, und kaum hatte der Einsatz in Afghanistan begonnen, zählte man im November 2001 unter den Journalisten acht Tote. Dennoch boten sich dem *Stern* nach eigenen Angaben immer wieder junge Journalisten an, die sich für das Magazin in von den Taliban kontrollierte Gebiete begeben wollten.[27] Und das, obwohl ausgerechnet der *Stern* in Grosny, Kosovo und in jenem November in Afghanistan Reporter verloren hatte. Ein »Scoop« aus dem Kriegsgebiet bringt schnelles Geld und großen Ruhm. Zuletzt war der *Stern*-Reporter Volker Handloik im Norden Afghanistans erschossen worden. In der Kleidung der Mujaheddin saß er auf einem ihrer Schützenpanzer, um angeblich geräumte Stellungen der Taliban zu besichtigen. In seiner letzten Reportage schrieb Handloik über die Warlords des Landes. Er beobachtete Männer, »die das Gesetz in ihre eigenen Hände nehmen«. Männer, die sich in einem Gebiet durchschlagen, in dem gilt: »Krieg ist Alltag geworden.«[28] Möglicherweise handelte es sich bei diesen Männern um die Alter Egos der zu allem bereiten jungen Reporter, deren Einsatzgebiet freilich nicht der Krieg als Massenkultur, sondern der Krieg als Kultur der Massen ist. Denn gerade da, wo der Krieg sich in Alltag verwandelt hat, wird ein Todeskult gepflegt, der an das erinnert, was Hüetlin über das Freiheitsempfinden von Page oder was Loyd über die Überwindung der Angst durch das Erlebnis des »Todestrips« Krieg sagt. Dort kann man die Freiheit des Neoliberalismus in ihrer extremsten Ausprägung beobachten, dort balancieren die kriegerischen Unternehmens-Individuen auf der absoluten Grenze der Freiheit – dem Tod.

Slobodan Milošević und das Imaginäre des Westens

Dass Augenzeugenschaft und Evidenz das Aufdecken als Prinzip der massenmedialen Darstellung abgelöst haben, zeigt sich auch daran, dass die westliche Öffentlichkeit die Kriege der letzten Jahrzehnte zunehmend in Bildern oder als Bilder erinnert. Drei Fotos sind es, die den Vietnamkrieg unvergesslich machen. Das Bild des buddhistischen Mönches, der sich 1963 aus Protest gegen die Regierung Diem in Südvietnam selbst verbrennt. Das Bild von General Loan, dem Polizeichef von Saigon, der während der Tet-Offensive einen Vietcong-Kämpfer durch Kopfschuss tötet. Und das Bild des Mädchens Kim Phuc, das nackt und schreiend auf einer Straße vor einem Napalm-Angriff flieht. Wer heute an den Golfkrieg denkt, dem werden sofort jene grünlich schimmernden Bilder mit Blitzen aus dem nächtlichen Bagdad in den Sinn kommen. Oder die seltsamen Aufnahmen der explodierenden Ziele von »chirurgischen« Schlägen. Vom Einsatz in Somalia ist das Bild des toten US-Piloten Bill Cleveland geblieben, der von wütenden Somalis nach der »Schlacht um Mogadischu« durch die Straßen der Stadt geschleift wird. Und von den Kriegen im ehemaligen Jugoslawien? Die erwähnten Bilder aus den »Todeslagern« Omarska und Trnopolje? Oder jene von den beiden verheerenden Granatenexplosionen auf dem Marktplatz von Sarajevo 1994 und 1995, bei denen insgesamt über hundert Menschen ums Leben kamen? Oder die ikonischen Fotos der leidenden Frauen, die zu Tausenden aus dem Kosovo strömten? Im Gegensatz zu den drei Bildern, welche die Erinnerung an Vietnam festhalten, haben auf den Fotos aus dem ehemaligen Jugoslawien die Opfer ihre Individualität verloren – sie sind zu einer Serie von Opfern geworden. Daher haben nicht Bilder von individuellen Opfern den Konflikt für das westliche Publikum visuell dargestellt, sondern Bilder von einzelnen Tätern. Insbesondere ein Bild hat den gesamten Zerfallsprozess zusammengefasst und auch gedeutet – darauf war das Gesicht von Slobodan Milošević.

Dass ein Gesicht den am meisten beachteten Krieg des letzten Jahrzehnts verkörpern konnte, hat damit zu tun, dass Milošević wie ein Massenmedium in der visuellen Vorstellungskraft des Westens wirkte. Es wurde bereits erwähnt, dass Politiker und Öffentlichkeit zur besseren Anschaulichkeit von komplizierten Krisenszenarios stets negative Analogien verwendeten. In diesem Sinne entwickelte sich Milošević im Westen zum Medium, zum Gefäß einer Projektion. Jede Etappe der serbischen Politik wurde zum besseren Verständnis mit einem politischen Schlagwort aus der europäischen Vergangenheit interpretiert. Zunächst war Serbien der einzige Teilstaat Jugoslawiens, in dem bei den ersten Wahlen 1990 weder ein Reformkommunist noch ein so genannter Dissident die Präsidentschaft erringen konnte. Mit Milošević gewann der frühere Vorsitzende des serbischen Flügels der kommunistischen Einheitspartei. Die Analogie lag nahe: Stalinismus, Despotismus, Diktatur. Zudem verfolgte Milošević im Gegensatz zu Slowenien oder Kroatien kein reines Programm der nationalen Selbstbestimmung, sondern er setzte auf einen Umbau der Föderation zu einem zentralistischer ausgerichteten Staat unter serbischer Führung. Unterdrückt worden seien die Serben, die größte Bevölkerungsgruppe in Jugoslawien – so tönte es aus Belgrad. Erst der kroatische Separatismus, der sich spiegelbildlich aus dem serbischen Dominanzstreben herleitete, führte zu Gebietsansprüchen im Sinne eines zusammenhängenden Siedlungsgebietes für die jugoslawischen Serben. Im Westen erschien zuvor der Nationalismus aller Parteien als Ausbruch archaischer Energien, als Rückkehr der eigenen blutigen Vergangenheit, doch die Politik der serbischen Regierung wurde nicht als eine unter mehreren nationalistischen Optionen verstanden, sondern als eindeutig aggressives Programm zur Verwirklichung eines »Großserbien«.

Während serbische Politiker und Intellektuelle Serbien als Opfer des überbordenden albanischen, slowenischen, kroatischen und türkisch-muslimischen Nationalismus sahen, nahm die westliche Öffentlichkeit umgekehrt all diese Gruppen als Opfer der Serben wahr. So ließ sich eine weitere negative Spur in die Vergangenheit legen, denn mit ihrem als expansiv wahrgenommenen Nationalismus ähnelte Serbien offenbar dem »Dritten Reich« im Zweiten Weltkrieg. Damit bot sich eine weitere Analogie sofort an: Milošević war Hitler. Als Beweis dafür wurde auch der notorische Rassismus in der serbischen Gesellschaft angeführt. Tatsächlich gab es bereits Ende der achtziger Jahre in den Belgrader Massenmedien einen hysterischen Diskurs über den Mangel an Zivilisation unter den kosovarischen Albanern: Sie galten als kriminelle, fanatische Nationalisten, welche die Existenz der Serben im Kosovo bedrohten. Albanische Frauen, so hieß es zudem, würden ununterbrochen neue Kinder in die Welt setzen, und ihre Männer vergewaltigten serbische Frauen. Die bosnischen Muslime wiederum wurden als potenzielle Fundamentalisten gesehen – als Vorboten einer erneuten Ausbreitung islamischer Kräfte in Europa. Freilich unterschied sich dieser Diskurs nur graduell von dem, was im Westen über die Gefährlichkeit von Kosovo-Albanern oder das nahende »Schwert des Islam« (Peter Scholl-Latour) gedacht wurde. Die »Todeslager« in Bosnien-Herzegowina und die Repression im Kosovo verliehen dem serbischen Rassismus jedoch eine Komponente von offener Gewalt – nahe am Genozid. Das verwies auf den Holocaust, und damit war die Analogie Nationalsozialismus endgültig perfekt.

Dass alle Übel der Vergangenheit ausgerechnet in Milošević kulminieren konnten, hatte schließlich mit der Einschreibung des Konflikts in ein längst verfasstes Drehbuch zu tun – im Hollywood-Skript waren Gut und Böse stets klar zu unterscheiden, und so wurde Milošević ebenso wie Saddam Hussein dem Publikum als ultimativer Schurke verkauft. Milošević war schuld, und Milošević stand schlicht für die Gesamtheit der Serben. Durch die Individualisierung des Konflikts befand sich das westliche Publikum dem Bösen quasi von Angesicht zu Angesicht gegenüber. Vor dem Fernseher konnten die Menschen unmittelbar auf Miloševićs Anblick reagieren; sie konnten verächtlich das Gesicht verziehen und wütend ausrufen: »Dieser Schurke.« »Parasoziale Interaktion« nennen die Psychiater Donald Horton und Richard Wohl daher die Beziehung zwischen Bildschirmpersonen und Zuschauern: Das Fernsehen vermittelt den Eindruck einer Face-to-Face-Situation.[29]

So könnte man sagen, dass Milošević in der westlichen Massenkultur so etwas wurde wie der negative Star des Krieges – der »strange attractor« eines scheinbar undurchsichtigen Konfliktes. Im Gesicht von Slobodan Milošević verdichteten sich aktuelle Gräuel und historische Bedeutungen; er war personifizierte Evidenz und individualisierte Metapher zugleich. Sein Bild wurde in der Praxis und den Produkten der Massenkultur erzeugt, zu der Politik und Medien derweil gleichermaßen beitragen. Denn auf dem Feld der Massenkultur konvergieren Medien und Politik: Es geht um die Herstellung von Evidenz; um die einfache, möglichst individualisierte Zuschreibung von Verantwortung und die Darstellung von Gemeinschaft. Für die beiden letzten Ziele bot sich Milošević an. Den Medien erlaubte die Individualisierung die Simulation von Face-to-Face-Kommunikation und der Politik die Simulation einer realistischen Handlungsoption. Darüber hinaus war das Antlitz des »Schlächters« (*Bild*) mit der Anrufung eines nationalen »Wir« verbunden. Mit dem Appell, dass »uns« das angeht, versuchten die Medien die größtmögliche Anzahl von Zuschauern und Lesern anzusprechen, während die Politik durch die Abgrenzung von den balkanischen Verhältnissen ihre eigene demokratische Legitimität herausstreichen konnte sowie die Rationalität »unseres« Gemeinwesens. Über den Aspekt der Darstellung von Gemeinschaft lohnt es, noch ein wenig intensiver nachzudenken. Bei dieser Darstellung handelt es sich keineswegs mehr um eine direkte, quasipropagandistische Überhöhung eines »Wir«, wie sie aus der europäischen Geschichte bekannt ist. Inzwischen artikuliert sich diese Darstellung über bestimmte konkrete Phänomene – etwa über die Kriege auf dem Balkan, die sich im Gesicht von Slobodan Milošević verdichteten. Insofern bleibt es den Teilnehmern an der Massenkultur überlassen, das Bild der Gemeinschaft in ihrer Vorstellung selbst zu erzeugen – indem negative Eigenschaften wie Nationalismus, Fanatismus, Islamophobie und Gewalttätigkeit auf Milošević projiziert werden, stellt sich gleichzeitig ein Bild der offenen, demokratischen, multikulturellen und friedlichen Gemeinschaft her, in der man selbst zu leben scheint.

Die Praxen und Produkte der Massenkultur produzieren das, was wir das gesellschaftliche Imaginäre nennen wollen. Den Begriff des Imaginären entlehnen wir dem Psychoanalytiker Jacques Lacan. In seinem Aufsatz »Das Spiegelstadium als Bildner der Ich-Funktion«[30] beschrieb Lacan den jubilatorischen Moment, in dem sich das Kleinkind im Alter von etwa sechs Monaten erstmals im Spiegel erkennt. Zuvor hat das Kind keine Vorstellung von sich selbst – es ist, wie Lacan sagt, nur ein »zerstückelter Körper« aus unzusammenhängenden Organfunktionen. Erst das Spiegelbild erzeugt den Eindruck eines Ganzen: das »Ideal-Ich«. Diesem imaginären Bild will das Kind durch Mimikry nun gleich werden. Es identifiziert sich also mit einer Einheit, die eigentlich nur im Spiegel existiert. Mag diese Identifikation im ersten Moment auch Jubel auslösen – in der Folge wird sie zum Problem. Zum einen stellt sich oft genug ein Gefühl des Ungenügens ein, weil der eigene, weiterhin zerstückelte Körper diesem Bild nicht entsprechen will. Zum anderen erwartet das Kind nun in der Begegnung mit anderen, dass diese wie ein Spiegel funktionieren und die eigene Einheit bestätigen. Selbstverständlich ist das jeweilige Gegenüber dazu nicht bereit, und so entspinnt sich im Imaginären ein stummes Ringen um Anerkennung.

Wenn wir diesen Vorgang auf die Ebene der Gesellschaft übertragen, dann lässt sich feststellen, dass auch nationale Gemeinschaften nur im Imaginären lebendig werden. Tatsächlich existiert keine Einheit: Die Gesellschaft bleibt ein sozial, sexuell und kulturell »zerstückelter Körper« – sie ist von Klassenunterschieden sowie der Ungleichheit zwischen Geschlechtern und ethnischen Gruppen durchzogen. Die Massenkultur ist seit ihrer Entstehung im späten 19. Jahrhundert das zentrale Feld, auf dem im Westen Bilder der Anderen in großer Menge vervielfältigt und angeboten werden. Diese Bilder dienen den

Konsumenten als Spiegel, indem sie sich die Einheit der eigenen Gemeinschaft vorstellen können. Nehmen wir das Beispiel Deutschland: Im Laufe der Geschichte wurde das Eigene beispielsweise gespiegelt in der Gekünsteltheit der Franzosen, der blutrünstigen Gewalttätigkeit der Serben oder der völligen Wildheit der Kolonisierten. Da die Einheit prekär bleibt, ist sie eine permanente Quelle von Aggressivität. Sobald Gruppen innerhalb der Gesellschaft die Widersprüche hervortreten lassen oder Gruppen außerhalb der Gesellschaft durch bestimmte Verhaltensweisen ihrem Bild im Spiegel nicht mehr entsprechen, kommt es zu Störungen im Selbstbild, die einen exzessiven Überschuss erzeugen – es kommt zu Bedrohungsphantasmen, zu aufgebauschten und unversöhnlichen Feindererklärungen und sogar zu Vernichtungswünschen.

Nach Lacan bleibt das Subjekt allerdings nicht in den endlosen Spiegelfluchten des Imaginären eingesperrt, sondern für das Kind wird der zerstörerische Kampf durch das Erlernen der Sprache wenn auch nicht beendet, so doch gebremst. Denn die Sprache fügt das Subjekt in eine universelle symbolische Ordnung ein, und als Medium des Gesprächs setzt sie die Anerkennung des Anderen immer schon voraus. Solche symbolischen Ordnungen gibt es auch auf der Ebene der Gesellschaft. Jean-François Lyotard hat diese Ordnungen als »große Erzählungen« bezeichnet[31] – Erzählungen von bürgerlicher Emanzipation etwa, von Kommunismus, vom gezähmten »rheinischen Kapitalismus« oder von der nachholenden Entwicklung der Regionen außerhalb des Westens. Seit dem Fall der Berliner Mauer sind diese utopischen Erzählungen jedoch in Verruf geraten und verabschiedet worden – jedes Versprechen auf die Zukunft hat sich in Luft aufgelöst. In dem Moment jedoch, wo diese Erzählungen verschwinden, wird den Akteuren die universelle Grundlage der Verständigung entzogen. Was bleibt, ist der schiere Kampf um Anerkennung. Während in der politischen Diskussion angenommen wird, man könne diesen Kampf mit Schlagworten wie Differenz und Toleranz zähmen, entfaltet dieser Kampf um Anerkennung im Imaginären äußerst zerstörerische Wirkung – er macht die Gesellschaft zum Schauplatz des massenkulturellen Krieges.

Wir möchten sogar noch einen Schritt weitergehen und behaupten: Der Neoliberalismus ist der Inbegriff des massenkulturellen Krieges. Wir haben in diesem Buch bereits mehrfach betont, dass die neoliberale Subjektivität auf der Ebene des Individuums eine kriegerische ist. Die Verabsolutierung des so genannten freien Marktes zum Schicksal und die Abwertung der Politik zwingt die Individuen zur Aufrüstung, weil ihre Umwelt ihnen als hobbesianischer Naturzustand erscheint – als »Krieg aller gegen alle«. Für diesen Krieg, der selbst wieder zu einem bedeutenden Teil imaginär ist, stellt die Massenkultur so etwas wie ein Ausbildungslager dar. Doch die neoliberale Ordnung verwandelt auch kollektive Akteure wie Nationalstaaten oder ethnische Gemeinschaften. In der Globalisierung erscheint der gesellschaftliche Reichtum als Nullsummenspiel: Was der eine dazubekommt, muss dem anderen abgenommen werden. Die erbitterte Konkurrenz der Standorte im Prozess der Globalisierung wird heute bereits unverhohlen als Handels- oder Wirtschaftskrieg bezeichnet. Allerdings trägt dieser Krieg im Falle der Nationalstaaten keineswegs zur inneren Integration bei – im Gegenteil: Die Spielräume der Politik zur Zähmung des Kapitalismus verengen sich, Volkseigentum wird meistbietend verkauft, soziale Unterschiede treten schärfer hervor, und sozialstaatliche Sicherungssysteme werden abgebaut. Daher verlagert sich die Integration der Gemeinschaft in den Bereich der Massenkultur, wo die Gemeinschaft im Imaginären wiederhergestellt wird.

Das Gesicht von Slobodan Milošević war in der Lage, eine sinnliche Vorstellung davon zu vermitteln, wie die Gemeinschaft beschaffen sein soll, in der »wir« leben. Darüber hinaus konnte auf einen historischen Bestand von Klischees zurückgegriffen werden – den Fundus des Balkanismus. Schon während des gesamten Prozesses der Moderne haben Gemeinplätze über Südosteuropa dazu gedient, den Westen zu definieren. Die Funktion des Balkanismus besteht für die Historikerin Maria Todorova in einer bequemen »Externalisierung« der westlichen Übel und Frustrationen – durch das Bild des Balkans klammert der Westen sich selbst »von den Anschuldigungen des Rassismus, Kolonialismus, Eurozentrismus und christlicher Intoleranz gegenüber dem Islam« aus.[32] Und tatsächlich sind die Übel, die auf das Bild von Slobodan Milošević projiziert wurden, auch im Westen keineswegs nur in der Vergangenheit zu finden. Auch hier haben Nationalismus und Rassismus zugenommen. Auch der Westen hat seit dem Beginn der neunziger Jahre einen Krieg nach dem anderen geführt. Und schließlich werden auch im Westen nach innen demokratische Rechte abgebaut und an den äußeren Grenzen die Menschenrechte mit Füßen getreten. Selbst die Begründung für alle diese Maßnahmen ist ähnlich: Man bedroht »unsere« Interessen, »unsere« Werte oder »unsere« Sicherheit. Mit Blick auf den Balkan jedoch erscheinen »wir« uns selbst spiegelverkehrt als offen, tolerant, multikulturell, demokratisch und zutiefst friedlich.

Um diese Vorstellung eines »Wir« in einer mehr und mehr zerstückelten Gesellschaft herstellen zu können, muss die Spirale des Krieges freilich noch eine Windung weitergedreht werden. Denn am Ende der neunziger Jahre führte die endlose imaginäre Verstrickung in das Bild des Slobodan Milošević schließlich zum Zupacken – zur Bombardierung der Bundesrepublik Jugoslawien im Namen der westlichen Werte. Allerdings hat dieser Krieg den universellen Werten keineswegs zum Durchbruch verholfen, sondern eine weitere »große Erzählung« ausgelöscht: Als Selbstermächtigung der NATO setzte er das universelle Regelwerk der Vereinten Nationen außer Kraft. Hinter der Intervention steckten weniger handfeste Interessen als vielmehr phantasmatische Bedrohungsgefühle der eigenen Sicherheit, der Wunsch nach der Restauration einer souveränen Handlungsfähigkeit und vor allem die Notwendigkeit, aus dem eigenen Imago von Milošević endlich Konsequenzen zu ziehen. Denn je schrecklicher das imaginäre Gegenbild zum eigenen ist, desto weniger kann man es noch tolerieren – im Namen genau jener Werte, zu deren Illustration dieses Imago dient. Doch die Auslöschung solcher Figuren wie Milošević lässt das Problem der Zerstückelung wieder aufscheinen. Ein neues Medium darf nicht allzu lange auf sich warten lassen. Und so steht im Reich des Imaginären der nächste aggressive Ausbruch immer wieder auf der Tagesordnung.

Pop-Politik in Serbien

Während Slobodan Milošević im westlichen Imaginären als Wiedergänger der Vergangenheit erschien, war er selbst in Bezug auf die Inszenierung des massenkulturellen Krieges ein avantgardistischer Politiker. Dragan Ambrosić, Aktivist des alternativen Belgrader Radiosenders B-92, hat immer wieder darauf hingewiesen, dass Milošević keineswegs nur einer von vielen lokalen Größen in der postkommunistischen Entwicklung auf dem Balkan war. Vielmehr sei er eine bedeutende politische Figur im Weltmaßstab gewesen – das habe nicht zuletzt der Angriff des gesamten westlichen Verteidigungsbündnisses auf die Bundesrepublik Jugoslawien gezeigt. Die Relevanz von Milošević leitete sich nicht aus der realen Macht des von ihm geführten Staates ab, sondern aus der Tatsache, dass sein Gesicht zur »globalen Folklore« gehörte.[33] Seine Bedeutung als Bild hat weniger mit dem Unterschied zu den westlichen Politikergrößen zu tun als mit einer Ähnlichkeit – ebenso wie Margaret Thatcher oder Ronald Reagan war Milošević ein Meister der Politik des Imaginären und des massenkulturellen Krieges.

Es war nicht seine formelle Ernennung zum Vorsitzenden des serbischen Bundes der Kommunisten im Jahre 1986, welche Slobodan Milošević gewissermaßen inthronisierte, sondern ein Ereignis in Kosovo Polje, einem Vorort von Priština, etwa ein Jahr später. Als er eine Versammlung von Parteidelegierten verließ, traf er draußen auf eine Menge von protestierenden Kosovo-Serben, die nur mühsam von der damals noch albanisch dominierten Polizei zurückgehalten werden konnte. Milošević rief ihnen zu: »Solange ich bei euch bin, soll niemand es wagen, euch zu schlagen.« Der Satz war ein Meisterstück symbolischer Politik. Zur gleichen Zeit, als im Westen das Thema Kindesmissbrauch die Schlagzeilen füllte, nutzte Milošević das Bild des geschlagenen Kindes, um eine infantilisierte Bevölkerung zu lenken. Dabei besetzte er einerseits die vakante Position des Marschall Tito – des Patriarchen, der in Jugoslawien die symbolische Ordnung und vor allem den Frieden verkörpert hatte – und identifizierte sich gleichzeitig mit den Demonstranten, deren Mobilisierung er unterstützte.

1988 organisierten Milošević und seine Parteigänger schließlich selbst Demonstrationen überall in Serbien, Montenegro und dem Kosovo, um so die Mobilisierung weiter voranzutreiben: »Versammlungen der Wahrheit«, auf denen sich das Volk im Widerstand gegen die Benachteiligung der Serben in Jugoslawien und im Kosovo scheinbar spontan »ereignete«. Die Meetings waren ein Spiel mit dem Imaginären – sie boten den damals noch keineswegs gleichgeschalteten Medien in Belgrad eine vor allem fernsehgerechte Politik: Spektakel und Tabubrüche. Die Meetings wurden live übertragen. Durch die serbischen Haushalte flatterte nun eine kriegerische nationale Ikonografie – Drohparolen, Heiligenbilder, Teschetnik-Bärte sowie Uniformen, Wappen und Fahnen aus der Vergangenheit. Und das Bild von »Bruder Sloba«.[34] All das nannte sich die »anti-bürokratische Revolution«. Und an ihrem Ende stand 1989 die Aufhebung der Autonomie des Kosovo.

Nichts von alledem unterschied sich wirklich von dem, was zur gleichen Zeit im Westen geschah. In Großbritannien und den Vereinigten Staaten eigneten sich in den achtziger Jahren gerade die konservativen Kräfte die Rhetorik von Reform und gar Umsturz an – der Neoliberalismus von Thatcher und Reagan verstand sich als revolutionäre Erneuerung der alten, bürokratischen Strukturen. Ebenso wie in Serbien sollte dieser Kampf gegen alte Sicherheiten und Vollkasko-Mentalitäten gleichzeitig eine imaginäre vergangene Größe restaurieren – Reagan wurde nicht müde, den Glanz der US-amerikanischen »weißen Stadt« zu betonen, und Margaret Thatcher spielte gern auf die Tradition des Empire an. Zudem wurde die Bevölkerung durch die Beschwörung von Bedrohungen mobilisiert und schon damals in einen permanenten Kriegszustand versetzt. Minderheiten, Flüchtlingsströme, Kriminalität, Drogen und Terrorismus wurden medienwirksam als Gefahren für das demokratische Zusammenleben dargestellt. Ununterbrochen erklärte man den Krieg – schon unter Reagan erstmals den »War against Terrorism«, dann den »War on Drugs« und den »War on Crime«. Und schließlich wurde zu Beginn der neunziger Jahre am Golf auch wieder im großen Maßstab richtig Krieg geführt.

Obwohl es heißt, dass Milošević stets nationalistische Hasstiraden und kriegstreiberische Brandreden gehalten habe, sind es weniger seine Reden als vielmehr die massenkulturellen Inszenierungen, welche den Krieg auf den Plan riefen. In seiner berüchtigten Rede bei der großen »Versammlung der Wahrheit« zur 600-Jahr-Feier der Schlacht auf dem Amselfeld im Juni 1989 bezeichnete er den Nationalismus gar als »das schlimmste Problem«, lobte gerade mit Blick auf die hoch entwickelten Länder die Multinationalität und betonte, dass Serbien vor 600 Jahren auf dem Amselfeld »für die Verteidigung europäischer Kultur, Religion und der europäischen Gesellschaft insgesamt«[35] gestanden habe. Selbstverständlich ist die

Abwertung der nicht erwähnten kosovarischen Albaner zwischen den Zeilen versteckt – implizit erschienen sie hier als nationalistische Fanatiker und Vorhut einer außereuropäischen, islamischen Bedrohung. Während die Rhetorik eine des Friedens blieb, sprachen der Ort (das historische Schlachtfeld mitten in der noch autonomen Region Kosovo), die erwähnte Ikonografie und die mobilisierte Masse selbst bereits von der Bereitschaft zum gewaltsamen Kampf gegen die angebliche Benachteiligung. An nationalistischen Hassreden machte sich Milošević nicht die Finger schmutzig – die imaginäre Komponente regte die Vorstellungskraft an und legitimierte andere, in den Medien und in der Bevölkerung all das offen auszusprechen, was in der Symbolik seiner Inszenierung angelegt war.

In den Versammlungen ging es Milošević um Einigkeit – eine imaginäre Einigkeit, die nur noch über die Mobilisierung der Bereitschaft zum Krieg gegen äußere Bedrohungen überhaupt möglich war. Denn im Krisenjahr 1989 wurden die Auflösungserscheinungen der jugoslawischen Gesellschaft dramatisch real. Im Jahrzehnt zuvor hatte die Industrieproduktion Jugoslawiens und ganz besonders Serbiens einen erheblichen Schrumpfungsprozess durchlaufen. Die Reallöhne waren um dreißig Prozent zurückgegangen. Die Verschuldung des Staates und der Individuen hatte astronomische Höhen erreicht. Am Ende der achtziger Jahre lag die Arbeitslosigkeit unter den jungen Männern und Frauen in Serbien schließlich bei 75 Prozent. Unter dem Druck des Internationalen Währungsfonds hatte die gesamtjugoslawische Führung dem Land ein marktwirtschaftliches Schockprogramm auferlegt, das durch die Freigabe der Preise die Inflation auf 600 Prozent hochtrieb. Und ein Ende war nicht in Sicht.[36]

Um also eine sozial buchstäblich zerfallende Gesellschaft zu integrieren, schufen Milošević und seine Anhänger einen Spiegel, in dem die Einigkeit und Einheit wiederhergestellt werden konnte. Dazu diente das Bild der kosovarischen Albaner. Als sich der Zerfall Jugoslawiens 1990 verschärfte, traten andere angebliche Aggressoren an ihre Stelle – die Slowenen und vor allem die Kroaten. Dabei war die nationale Mobilisierung auch Bestandteil eines geradezu vulgär materiellen Verteilungskampfes zwischen den Republiken. Die ersten Kriegshandlungen fanden im Bereich der Wirtschaft statt – Waren aus den jeweils anderen Landesteilen wurden boykottiert oder mit der Erhebung von Zöllen abgeblockt. Mit Beginn des Krieges in Bosnien-Herzegowina mussten die bosnischen Muslime und teilweise auch die muslimische Bevölkerung in der serbischen Region Sandžak für die Spiegelfunktion herhalten. In der zweiten Hälfte der neunziger Jahre waren es schließlich wieder die Albaner im Kosovo. Um Miloševićs höchst moderne Strategie zu charakterisieren, spricht der Kulturtheoretiker Branislav Dimitrijević vom Prinzip der »direkten oder indirekten Angsterzeugung«[37], wobei die Regierung von Milošević die Situation der Unsicherheit ebenso vorantrieb, wie sie sich selbst als einzigen Garanten der Sicherheit anbot – wie schon zu Beginn seiner Karriere bot er sich als Beschützer des Volkes an. Aber unter den Bedingungen des ehemaligen Jugoslawien schlug die ständige imaginäre Trennung zwischen »uns« und »ihnen« im massenkulturellen Krieg um in nackte Gewalt. Die serbische Gesellschaft war längst viel zu zerstückelt, als dass noch ein kohärentes Spiegelbild hätte entstehen können. Und aus den Scherben des zerbrochenen Spiegels stiegen die Akteure des Krieges als Kultur der Massen.

Gangster als Soldaten des Neoliberalismus

Im Gegensatz zu hiesigen Annahmen war die jugoslawische Gesellschaft am Vorabend des Krieges keineswegs militaristisch. Als die Jugoslawische Bundesarmee 1991 angesichts der Sezession von Slowenien und Kroatien die Mobilmachung befahl, folgten bis Oktober gerade mal ein Drittel der Reservisten ihren Stellungsbefehlen. Auch spätere Mobilisierungsversuche auf nationalistischer Basis schlugen fehl. Insofern wurde der Krieg in Kroatien weniger von einer regulären Armee geführt als vielmehr von Milizen. Möglicherweise können wir die Angehörigen dieser Milizen auch als Kriegstouristen betrachten – jedenfalls verwandelten sie die touristischen Attraktionen Jugoslawiens in Schauplätze des Krieges. Die ersten Auseinandersetzungen zwischen serbischen und kroatischen Milizen fanden jedenfalls im Nationalpark von Plitvice statt.[38] Die massenkulturellen Darstellungen jener Zeit waren entsprechend auf Individuen zugeschnitten. Einer der herausragendsten Kriegshelden des Sommers 1991 in den serbischen Medien war der so genannte Kapetan Dragan.

Wie der Ethnologe Ivan Čolović schreibt, stand diese Figur für einen »kriegspropagandistischen Professionalismus«.[39] Dragan war keineswegs die Verkörperung des herkömmlichen Heldentums – ausgestattet mit den üblichen Insignien der nationalen Tradition wie Bart oder Pelzkappe. Der Kapetan war ein Profi des Krieges. Stets in einen sauberen Tarnanzug ohne Zeichen ethnischer Zugehörigkeit gekleidet, verspürte er keine Lust am Töten. Der Krieg erschien als Arbeitsauftrag, der Gegner schlicht als zu lösendes Problem; der Feind wurde nicht getötet, sondern neutralisiert. Der ideale Krieg, betonte Kapetan Dragan, sei einer ohne Opfer. Tatsächlich schien Dragan auch nicht für irgendeine serbische Stammesborniertheit zu kämpfen, sondern für universelle menschliche Werte, welche zufällig gerade von den Serben verkörpert wurden. So erklärte er auch, dass seine Truppe keineswegs rein serbisch sei, sondern sich aus jungen Männern verschiedener Nationalitäten und Religionen zusammensetze. Unschwer lässt sich erkennen, dass diese Figur für die serbische Öffentlichkeit fern vom Kriege einen ähnlich beruhigenden Effekt hatte wie die Rede von der »chirurgischen« Präzision der Bombeneinschläge am Golf etwa zur gleichen Zeit für das Fernsehpublikum des Westens.[40]

In der serbischen Massenkultur wurde dieses Bild des Profis ergänzt durch die Unterstreichung der erotischen Komponente des Krieges. Während des Krieges in Kroatien war von Heldentum und Patriotismus nur wenig die Rede. Stattdessen wurde in Illustrierten, Comics, Groschenromanen und Liedern die finstere Verlockung des Todestriebs gepriesen und der Krieg als Bestätigung von Männlichkeit dargestellt.[41] In Kroatien verhielt es sich ebenso. »Die Propaganda stellt den Krieg meist als attraktives und aufregendes männliches Abenteuer dar, seltener als heiligen, asketischen Kampf für die Heimat«, schreibt die Schriftstellerin Dubravka Ugrešić, »Krieg ist Ballern und Bumsen, Brüllen und Killen, soll ein Rückkehrer von der Front erklärt haben.«[42] Ebenso wie in der im ersten Kapitel beschriebenen massenkulturellen Bearbeitung des Krieges in Vietnam wird der Krieg hier zum Ort einer ansonsten unmöglichen Freiheit, welche die Überschreitung von Disziplin und Ordnung erlaubt. Darüber hinaus dient er zur imaginären Restauration von Männlichkeit – stets in Abgrenzung zu Frauen und Homosexuellen. Doch ebenso wie Milošević die materiellen und symbolischen Ressourcen fehlten, um Patriarch zu werden, so blieben auch die jungen Paramilitärs ein Haufen von ewigen Söhnen und Brüdern, deren Subjektivität in einem Schwebezustand gehalten wurde – sie verharrten in ständiger Mobilisierung, ohne jemals anzukommen. So suchten auch viele der Männer, die sich den paramilitärischen Einheiten anschlossen, offenbar ganz traditionell nach ihrer männlichen Rolle – nach einer Aufgabe im Leben, ökonomischem Auskommen und sozialer Absicherung (durch in Aussicht gestellte Pensionen in der Zukunft), wie die Belgrader Tageszeitung *Borba* in einer Umfrage 1993 feststellte.[43]

In Belgrad wurde die Massenkultur aber auch buchstäblich zum Rekrutierungsfeld für die Milizen. Während der achtziger Jahre lud sich die Stimmung in kroatischen und auch serbischen Basketball- und Fußball-Fanclubs nationalistisch auf.

Nach Ausschreitungen beim Spiel zwischen Dinamo Zagreb und Roter Stern Belgrad am 13. Mai 1990 beschloss Željko Ražnatović, der später unter seinem *nom de guerre* Arkan bekannt werden sollte, aus den Fans Paramilitärs zu machen – die Basis für seine berüchtigte Einheit »Tiger«. Ražnatović strich in späteren Rückblicken heraus, dass er die Fans, deren Hauptinteresse zuvor in Trinken und Randale bestanden habe, einem militärischen Drill unterzog.[44] Die Wahrscheinlichkeit ist hoch, dass die meisten sich seinen »Tigern« anschlossen, weil sie damit eine Legitimation für ihre Lust an der Gewalt und fürs Plündern erhielten. Ražnatović selbst wurde eine Ikone des massenkulturellen Krieges. Vieles in seiner Biografie liegt weiterhin im Dunkeln. In den siebziger Jahren soll der 1952 in Slowenien geborene Ražnatović Agent des jugoslawischen Gemeindienstes gewesen sein, der bei der Ermordung und dem Kidnapping kroatisch-nationalistischer Dissidenten im Ausland eingesetzt wurde. Danach verlegte er sich auf Kriminalität: Wegen Raubs stand er auf den Fahndungslisten von sechs Staaten. Ihm gelang die Flucht aus belgischen, niederländischen, deutschen und schweizerischen Gefängnissen und sogar aus einem Gerichtssaal in Schweden. Am Ende kehrte er nach Jugoslawien zurück – de facto konnte er das Land danach nicht mehr verlassen.

In Kroatien und später in Bosnien-Herzegowina bereicherte er sich durch Plünderungen. Nachdem über Rest-Jugoslawien Sanktionen verhängt worden waren, kam der Schmuggel hinzu. Gleichzeitig stieg sein Prestige als nationaler Held in der serbischen Öffentlichkeit. Tatsächlich waren die meisten der so genannten Helden des jugoslawischen Bürgerkriegs einfach Kriminelle. Der erwähnte Kapetan Dragan hieß eigentlich Dragan Vasilković und war der Sohn serbischer Auswanderer nach Australien. Bei der dortigen Armee erwarb er auch seine militärischen Kenntnisse. In Melbourne gehörte er dann als Bordellbesitzer und Vermittler zwischen Hehlern und Kriminellen zur Unterwelt, bis er bei den serbischen Paramilitärs anheuerte. Auf kroatischer Seite trugen die jeweiligen Pendants Namen wie Tuta oder Caco. In Sarajevo basierte die gesamte Verteidigung in den ersten Wochen nach dem Angriff durch die bosnischen Serben auf der Mobilisierung der lokalen Mafia. Doch während sie den Widerstand organisierten, plünderten sie gleichzeitig zunächst Geschäfte und dann private Wohnungen. Diese Plünderungsökonomie erklärt auch, warum der Krieg sich endlos hinzog und es kaum zu regulären Gefechten kam. Unter militärstrategischen Gesichtspunkten waren die Kriege im ehemaligen Jugoslawien ein Scherz. Unter dem Gesichtspunkt von schneller Bereicherung nicht. Wie in Afghanistan ernährte der Krieg den Krieg – und damit wurde der Krieg in der Person des Gangsters zum Lifestyle.

In Serbien wurde Arkan in den neunziger Jahren folgerichtig zum Popstar. Die Verhängung von Sanktionen über die Bundesrepublik Jugoslawien sorgte für eine gründliche Mafiotisierung des Alltagslebens. Die urbane Gewalt nahm epidemische Züge an – in einem Film aus dem Jahre 1998 mit dem bezeichnenden deutschen Titel *Pulverfass* hat der serbische Regisseur Goran Paskaljević gezeigt, wie in Belgrad potenziell jede Alltagssituation in Gewalttätigkeiten umschlagen kann. Eine neue kriminelle Aristokratie bildete sich heraus, und für junge Männer ohne Perspektive auf einen Job, die ihre Eltern auf anständige Weise immer weiter verarmen sahen, schien das Leben der offenkundig reichen Gangster erstrebenswert. Zur gleichen Zeit entstand eine erstaunliche Musik, welche den herrschenden Gangsterismus, die Tradition und westlichen Lebensstil miteinander verband: Turbo-Folk. Der staatliche Fernsehsender *RTS* und private Stationen wie *TV Pink* promoteten die Musik, weil sie den jämmerlichen Alltag vergessen ließ – und so wurde Turbo-Folk nicht nur zur beliebtesten Musik in Serbien und auch auf dem gesamten Balkan, sondern zum Sound der Herrschaft von Slobodan Milošević. Es ist kaum möglich, die Widersprüche adäquat zu beschreiben, die in den Stücken von Interpretinnen wie Ceca, Goca, Jelena Karleuša oder Zorica Marković zusammenkamen. Die Musik war eine Mischung aus volkstümlichen Weisen mit extrem orientalischer Anmutung gepaart mit stampfenden westlichen Dancefloor-Rhythmen. In den Texten wurde jene heile Welt aus Liebe und Harmonie besungen, die man etwa aus dem deutschen Schlager kennt. Die Interpretinnen mit ihren auffällig geschminkten Gesichtern und glamourösen Miedern und Miniröcken verkörperten endlosen konsumistischen Spaß. Und ihre Freunde waren Gangster. Am bekanntesten war sicher die Beziehung zwischen der vielleicht populärsten Turbo-Folk-Sängerin Ceca, die bereits als 15-Jährige in Jugoslawien ein Star wurde, und Želiko »Arkan« Ražnatović. Als die beiden 1995 heirateten, beging Serbien dieses Ereignis wie Westeuropa weiland die Hochzeit von Charles und Diana.

Vom Westen aus mag es seltsam erscheinen, dass ein skrupelloser Kriegsverbrecher und Krimineller wie Ražnatović zum Helden der Massenkultur werden kann. Doch gerade seine Rücksichtslosigkeit, erklärt Ivan Čolović, seine Missachtung des Gesetzes und seine Akzeptanz des Todes prädestinierten ihn zum Beschützer in turbulenten Zeiten.[45] Auf dem Balkan haben solche Gestalten in der volkstümlichen Mythologie seit der Zeit der osmanischen Fremdherrschaft ihren Platz. Auf dem Gebiet des ehemaligen Jugoslawien waren etwa die Hajduken solche Volkshelden. Und die jugoslawische, patriotische Erziehung in Schulen und anderen Institutionen hielt die Erinnerung an die Verbrecher-Heroen aufrecht – um die Hajduken wurde ein regelrechter Kult veranstaltet. Insofern repräsentieren Typen wie Želiko Ražnatović nicht die nationale Gemeinschaft, auch wenn sie scheinbar in ihrem Dienste kämpfen. Vielmehr erweisen sie sich als Schattenseite einer neoliberalen Individualisierung an einem Schauplatz, wo die massenkulturellen Mittel der imaginären Einigung den realen wirtschaftlichen und sozialen Zerfall nicht mehr aufhalten können. Hier dürfen sie Verbrecher und Wohltäter einer schutzlosen Bevölkerung zugleich sein. Dabei verstärken ihre Taten die ethnischen Trennlinien zwischen den Bevölkerungsgruppen. In den seltensten Fällen waren es die Nachbarn, welche plötzlich aus nationalistischer Wut aufeinander losgingen. Es war der Angriff der Paramilitärs auf eine bestimmte Gruppe in Dörfern und Städten, welcher die Stimmung nachhaltig vergiftete und in der Folge zu einer eindeutigen ethnischen Identifikation zwang.

Doch die absolute Grenze der unendlichen Freiheit solcher Verbrecher-Heroen war stets der Tod – und den meisten von ihnen war kein langes Leben vergönnt. Ražnatović trafen die Kugeln eines Maschinengewehrs im Januar 2000 hinter der grünen Glasfassade des Hotels *Intercontinental* in Belgrad – ein beliebter Treff der lokalen Mafiosi. »Mein ganzes Leben ist verlaufen wie ein Film – ein Mega-Thriller«[46], hatte er kurz zuvor in einem Interview gesagt. Die Ursachen seiner Ermordung sind unklar, doch es wird gemunkelt, dass Milošević dahinter steckte – angeblich wollte Ražnatović mit dem Kriegsverbrechertribunal in Den Haag zusammenarbeiten.

Den großen Meister des massenkulturellen Kriegs erwischte es später in jenem Jahr selbst. Nach der Präsidentschaftswahl in der Bundesrepublik Jugoslawien hatte er sich ein weiteres Mal zum Sieger ernannt, doch nachdem eine aufgebrachte Menge das Parlamentsgebäude in Belgrad erstürmte, musste Milošević seine Niederlage eingestehen. Obwohl sein Ende mehr mit der sich ständig verschlimmernden wirtschaftlichen Lage zu tun hatte als mit irgendwelchen politischen Erwägungen, feierte der Westen seine Absetzung als Schleifung der letzten Bastion des Stalinismus. Dem Bild Miloševićs, das ein Jahrzehnt das westliche Imaginäre beherrscht hatte, wurde das Bild der Erstürmung des Parlaments gegenübergestellt. Aus der Gegenidentifikation mit dem imaginären Milošević wurde die totale Identifikation mit der nicht minder imaginären serbischen Zivilgesellschaft.

Kurze Zeit darauf verlieh der Schauspieler Jean Reno auf MTV den so genannten »Free Your Mind«-Award an die Studentenorganisation OTPOR – serbisch: Widerstand. Die jungen Leute hatten Milošević auf seinem ureigensten Terrain bekämpft, indem sie sich geschickt in die Tradition der Partisanen Jugoslawiens stellten und Belgrad mit ihrer martialischen Plakat- und Graffiti-Ikonografie sowie mit Unmengen symbolischer Aktionen nur so überhäuften. Dabei hatten sie so etwas erfunden wie einen OTPOR-Lifestyle, was bei dem an Lifestyle interessierten Musikkanal gut ankam. In einem Video, das dem anwesenden Publikum und den Zuschauern am Bildschirm die OTPOR-Aktivitäten erklären sollte, wurden gleich zu Beginn die beiden ikonischen Bilder Serbiens im westlichen Imaginären hintereinander geschnitten: das Gesicht von Milošević als Fratze des Bösen und der Sturm auf das Parlament als Antlitz der siegreichen Zivilgesellschaft. Danach kam ein OTPOR-Aktivist auf die Bühne, um den Preis entgegenzunehmen. Nach wenigen Worten auf Englisch hielt er für die Zuschauer daheim eine kleine Rede auf Serbisch. Daraufhin brachen die Menschen im Saal erneut in Johlen aus. Dieser Jubel war der Inbegriff der westlichen Ignoranz gegenüber der Situation in Serbien: Obwohl kein Wort zu verstehen war, erntete der Redner Beifallsstürme. Der Rapper Wyclef Jean, der durch das Programm führte, setzte den Schlusspunkt des Auftritts. Er würdigte die neuen massenkulturellen Helden der serbischen Zivilgesellschaft mit den Worten: »These are the real Gangsters.« Der westlichste Staat auf dem Balkan war im Westen angekommen. Als Akteure der Unterhaltungsbranche waren die Serben nun die richtigen Gangster.

Mit seiner Bemerkung spielte Wyclef Jean auf den allgegenwärtigen Gangster-Typus im US-amerikanischen HipHop an. Nicht nur in Serbien hatte sich nämlich zu Beginn der neunziger Jahre ein Kult des Gangsters etabliert, sondern auch in der westlichen Massenkultur. Zu jener Zeit waren die so genannten Projects in den Ghettos der afroamerikanischen Bevölkerung in den USA – einst Symbole einer nachholenden Entwicklungspolitik für eine unterprivilegierte Gruppe – zu Zentren eines wild gewordenen, extrem gewalttätigen und kriminellen Kapitalismus geworden. Ende der achtziger Jahre hatte der Gangster als Protagonist dieses Kapitalismus mit Rappern wie Ice-T in die Musik Einzug gehalten. Ein Element dieses Gangster-Raps war der allgegenwärtige Kult des Todes. Auf keiner der erfolgreicheren Platten fehlt der Verweis auf das Sterben: Davon zeugen Titel wie »Another Nigga in the Morgue«, »Stranded on Death Row«, »Six Feet Deep«, »Process of Elimination«, »Death Certificate«, »The Streets Are Death Row« oder »Ready To Die«. Die Hörer solcher Musik wurden in zunehmendem Maße weiße männliche Jugendliche, die hier offenbar Rollenmodelle fanden, um sich im massenkulturellen Krieg für den scharfen Konkurrenzkampf im Neoliberalismus zu stählen. Doch während frühe Gangster-Rapper wie Ice-T die Musik benutzten, um aus ihrem Leben als Kriminelle zu entfliehen, holte der Todeskult die Musiker in den mittleren neunziger Jahren ein. Bei Attentaten starben die Rapper Tupac Shakur und Biggie Smalls, nachdem sie zuvor auf ihren Platten einen Krieg zwischen der Ost- und der Westküste inszeniert hatten.

Es wäre einfach zu behaupten, dass hier Personen auf der Schattenseite der Gesellschaft nichts mehr zu verlieren haben und deshalb auch den Tod nicht mehr scheuen. Es handelt sich jedoch um Grenzgänger, um zumeist intelligente und kreative Personen, die ebenso wie ihre Pendants in Serbien oder anderen Regionen der Welt versuchen, die Kontrolle über ihr Leben wiederzugewinnen, indem sie die Freiheit des individuellen Konkurrenzkampfes auf die Spitze treiben: Der Tod als absolute Grenze spielt keine Rolle mehr. Das vertreibt die Angst und verleiht Souveränität. Im Westen mag ein solches

Leben heute noch die Unterhaltungsindustrie bereichern, doch wer garantiert dafür, dass morgen in den Verteilungskämpfen innerhalb des Westens, wie sie sich jetzt schon im »Zollkrieg« zwischen den Vereinigten Staaten und der Europäischen Union abspielen, oder auch in den Anerkennungskämpfen, die zwischen beiden Blöcken im Imaginären toben, nicht irgendwann der massenkulturelle Krieg ebenfalls in den Krieg als Kultur der Massen übergeht. In dieser Zeit sind es Bilder von Typen wie Slobodan Milošević, welche die Produktion eines gemeinsamen westlichen Imaginären erlauben und Einheit herstellen.

Doch es wird zunehmend schwieriger, plausible Bilder solcher Individuen zu zeichnen. Denn derweil breiten sich die Zonen aus, in denen der Krieg zum Alltag wird. Möglicherweise erweist sich der Titel eines Klassikers der Band War von 1972 als prophetisch: »The World Is a Ghetto«. Jedenfalls in der Bedeutung, die eine Bearbeitung der Gangster-Rapper Geto Boys dem Stück 1996 verlieh: Hier war nicht mehr nur die Welt der Interpreten ein Ghetto, sondern die ganze Welt. In diesem Sinne ist die Anzahl der todesmutigen Avantgardisten der neoliberalen Individualisierung in letzter Zeit sprunghaft angestiegen. Im Konflikt zwischen palästinensischen Organisationen und dem Staat Israel hat sich mittlerweile bei den Attentaten auf israelische Zivilisten eine Art »Selbstmordindustrie« herausgebildet.[47] Und mit jenen, die am 11. September das World Trade Center in New York in Schutt und Asche legten, ist die totale Freiheit auch im Herzen des Westens eingeschlagen.

6
Warum spürt Durs Grünbein die Apokalypse in jedem einzelnen europäischen Körper?
Der 11. September, die Kriegsarchitektur des belagerten Westens und der Vitalismus der Kampfzone

Lower Manhattan, 7. Oktober 2001

Schon gegen 11 Uhr morgens pilgern die Touristen an die Südspitze Manhattans. Das kollektive Ziel an diesem sonnigen Sonntag heißt Ground Zero. Alle wollen sich ein Bild machen von der Stätte des Grauens. Der Besichtigungspfad führt entlang der weiträumigen Absperrungen um das Gebiet, das noch vor fünf Wochen beherrscht war von den Zwillingstürmen des World Trade Center. Abordnungen patriotisch entschlossener Amerikaner sind Rudy Giulianis Aufruf gefolgt, an den Hudson zu reisen und Geld auszugeben in dieser Schicksalsstunde von Stadt und Nation. »Oregon ♥ New York«-T-Shirts zücken die Fotoapparate. Andere Besucher bleiben lieber allein oder in der Gesellschaft engster Vertrauter. Manche weinen, viele stehen einfach da und starren in einen Abgrund, den mit bloßem Auge zu sehen ihnen verwehrt ist. Obwohl an diesem Sonntag der Ring der Straßensperren erstmals etwas näher an die Unglücksstelle herangerückt wurde, bleibt für das gewöhnliche Sightseeing-Publikum das Zentrum der Verwüstung abgeriegelt – Zutritt haben einstweilen nur Polizei, Feuerwehr, Militär, Bergungskräfte und Staatsgäste.

Rund um die »Zone« scharen sich Menschen um die allgegenwärtigen Do-it-yourself-Gedenkstätten mit ihren anrührenden Kinderzeichnungen, handgefertigten Suchanzeigen und trotzigen »New York Endures«- und »United We Stand«-Parolen. Im Schaufenster eines Fotogeschäfts kann man Farbabzüge von Amateurfotografien erwerben, aufgenommen am 11. September. Das Stück für fünf Dollar. Auch sehr begehrt: Ansichtskarten mit der alten Skyline von Manhattan. Diese Anachronismen werden an Verkaufsständen angeboten, die längs der Straßen aufgereiht sind. Hier liegen auch kommerzielle »Attack on America«-Souvenirs aus. Der Desaster-Kitsch hat Konjunktur. Dazu gibt es martialische Vergeltungs-T-Shirts mit Osama-Bin-Laden-Porträt und der Erläuterung: »Wanted: Dead or Alive«. Am besten aber laufen Produkte mit den Kürzeln der New Yorker Polizei, »NYPD«.

Die Choreographie der Gefühle ist Wochen nach dem Anschlag noch immer nicht eingeübt. Benutzungshinweise für diese Katastrophentour zur klaffenden »Wunde« der Stadt fehlen weitgehend, mögen sich auch in den Tagen seit dem 11. September gewisse Konventionen herausgebildet haben. Neugier, Schaulust, Zorn, Angst weigern sich, zu einer einheitlichen Gesamtemotion zusammenzufließen. Noch sucht jeder zwischen Trauerritual und blanker Verlegenheit eine Spur durch das »Trauma«: Warum bin ich hier? Wie konnte das geschehen? Was soll ich fotografieren? Nur an der Ecke Broadway und La Maiden lassen sich, inmitten hektisch gereckter Kameras, die emblematischen Überreste der filigranen Fassadenstruktur des WTC erkennen.

Für den Wunsch nach einem anekdotischen Erlebnis, das man mit nach Hause nehmen kann, scheint die beiläufigste Begebenheit gerade recht. Dann heften sich herumirrende Blicke auf eine Gruppe von Musikern, die mit Gitarrenkoffern aus der Tiefe der »Zone« kommen und an den Absperrungen von den Polizisten durchgewinkt werden. Es ist die Band Sonic Youth, deren Studio in dem betroffenen Gebiet liegt. Die Mitglieder müssen ihre Instrumente zu Fuß transportieren, denn auch den Anwohnern ist das Autofahren am Ground Zero untersagt. Für einen kurzen Moment rutscht die kleine Prozession von New Yorker Avantgarde-Künstlern in den Fokus der allgemeinen Motivsuche. Am gleichen Abend, auf der Bühne des *Bowery Ballroom*, berichtet Thurston Moore, Sänger und Gitarrist von Sonic Youth, er habe den Eindruck gewonnen, am Ground Zero regiere weniger die Schaulust als der Wunsch nach einer Art Kommunion. Die Leute würden sich an diesen Ort begeben, um »gemeinsam etwas Gutes zu tun«.

Vor allem wollen die Sonntagsspaziergänger echten Helden applaudieren. Sie ahmen nach, was seit dem 11. September Tag für Tag den unerschütterlichen »Spirit of New York« repräsentiert hat: die Bilder der Begeisterung für die Feuerwehrleute und Rettungsarbeiter entlang der Straßen, das Schwenken von Fahnen und Proviantpaketen. Unversehens findet man sich in einem Stück urbaner Performance Art wieder. Jeder LKW, der gerade mit einer Fuhre Schutt aus der Sperrzone herausfährt, wird von den Touristen dankbar beklatscht.

Eher respektvolle Blicke ernten die Soldaten, die in Militärfahrzeugen patrouillieren. Stählerne Mienen hinter verspiegelten Sonnengläsern lassen erahnen, dass diese Männer es verdammt ernst meinen. Am Seitenfenster eines Humvee prangt der Aufkleber: »Don't mess with the US«. Die Tarnflecken-Uniformen und gepanzerten Vehikel unterstreichen die Worte des Fernsehmoderators Ashleigh Banfield vom 11. September: »Dieser Ort sieht aus wie ein Kriegsgebiet [*war zone*].«

Unwillkürlich bewegen sich auch die Touristen jenseits des Sperrgürtels wie auf dem Schlachtfeld von Verdun oder an den Stränden der Normandie. Der Schritt zum High-Reality-Themenpark des Grauens ist nicht weit. Im Frühjahr 2002 werden erste Pläne über ein Ground-Zero-Museum bekannt: Jeder individuelle Versuch, der Spektakularisierung dieser Erfahrung zu widerstehen, ist letztlich zum Scheitern verurteilt. Die diskursiv-mediale Bühne, die die Terroristen errichteten und die seitdem von Feuerwehrleuten, Bürgermeistern, Senatorinnen, Gouverneuren, Präsidenten, vor allem aber von den toten und überlebenden Opfern des Anschlags bevölkert wird, verwandelt alle hier zu Akteuren eines umfassenden Massenmedien-Akts.

Rekrutierungen am globalen Ground Zero

Jonathan Schell, eine Legende der Vietnam-Berichterstattung und Autor der Reportagensammlung *The Real War*, wohnt in unmittelbarer Nachbarschaft der »war zone«. Wenige Tage nach dem Angriff gelingt es Schell, durch ein Loch in der Umzäunung zu klettern und sich so, an den Kontrollposten vorbei, zum Ground Zero zu begeben. Was er dort erlebt, war auf den Fernsehbildern der ersten Tage noch verborgen geblieben: ein alpines Gebirge aus Beton, Kunststoff und verbogenem Metall.

Schell, der Kriegsreporter, beschreibt das Bild einer radikalen Aufhebung von Normalität, welches sich ihm bietet, aber er verzichtet auf die wohl nahe liegendste Worthülse angesichts dieser gigantischen Landschaft der Zerstörung: Apokalypse. Umso dankbarer langten die Titelzeilentexter deutscher Zeitschriften wie *Stern* oder *Spiegel* zu: Auf »Apokalypse in Bildern« folgte »Apokalypse. Krieg im 21. Jahrhundert«. Vielleicht war es mehr bedeutsame Koinzidenz denn bloßer Zufall, dass ausgerechnet Francis Ford Coppola, der Regisseur von *Apocalypse Now*, in diesen Tagen zugegen war. Bereits vor dem 11. September hatte er begonnen, in New York Bildmaterial zu sammeln für sein Großprojekt *Megalopolis*, einen Spielfilm über die Zukunft der Stadt. Am Tag der Katastrophe schickte Coppola, der erfahrene Apokalyptiker, seine Leute mit Digicams Richtung Ground Zero – auf das Schlachtfeld, ins Herz der Finsternis.

Etwa zur gleichen Zeit fand sich Jonathan Schell am Ground Zero umgeben von »einer riesigen, friedfertigen Armee von Helfern in tausend Uniformen – militärischen und zivilen«. Über diesen Eindruck vergaß er nicht, von der anderen »Armee« zu sprechen, die seit dem 11. September ebenfalls im

Dauereinsatz war: dem Heer der Journalisten auf der ganzen Welt, eine Armee, »die Terroristen immer wieder zu rekrutieren suchen«.[1] Schell könnte hier andeuten wollen, dass die Medien eine Mitschuld am Terrorismus tragen. Die Geschichte der Medien-Terrorismus-Beziehung beweist zu Genüge, wie berechtigt diese Annahme wäre. Andererseits dient der Verdacht gegenüber der Journalisten-Armee und ihrer Rolle bei der Herstellung einer Öffentlichkeit für terroristische Aktionen immer wieder als Begründung für Zensur und Nachrichtenunterdrückung; zu Rekruten des Terrorismus gestempelt, lassen sich die Journalisten in die staatliche Feindbestimmung einfügen.

Ein linksliberaler Publizist wie Schell wird an dieser Auslegung seiner »Armee«-Metapher wenig Interesse haben. Mit dem Bild der Rekrutierung könnte er deshalb viel eher darauf verweisen wollen, dass nach dem 11. September eine Art globaler Einberufungsbescheid unterwegs ist. Denn die Rekrutierung für den massenkulturellen Krieg läuft längst auf Hochtouren und lässt niemanden unerfasst. *Kein* Mitglied irgendeiner Armee zu sein wird in diesen Zeiten nahezu unmöglich. Zu Recht bemerkte ein New Yorker Kriegsgegner nach dem 11. September: »Frieden ist zur radikalsten Forderung geworden, die man stellen kann.«[2]

Je nach Standpunkt und Herkunft im globalen System muss man sich bereithalten, um die Zivilisation oder den Gottesstaat, die Menschenrechte oder das Selbstbestimmungsrecht der Völker zu verteidigen. Auf der richtigen Seite sind wir alle mobilisierbare Opfer, wie viele tausend Kilometer Ground Zero auch von uns entfernt liegen mag. »Die Druckwelle, die von der *blast zone* in Downtown Manhattan ausging, war so stark, dass sie jeden einzelnen Körper in Europa getroffen hat«, notierte der Dichter Durs Grünbein in sein Tagebuch, das er der *Frankfurter Allgemeinen Zeitung* öffnete[3] – eine Geste, so verlogen wie der Trauertourismus nach Sarajevo, wo Europäer »Blumen aufs eigene Grab« legen.[4]

Doch die Anfänge der globalen Rekrutierung liegen vor dem 11. September, auch wenn die Entwicklung an diesem Tag und in den folgenden Monaten (Jahren?) neuen Höhepunkten zustrebt. Der Umbau der Gegenwart zum Ausnahmezustand, in dem nur noch die Radikalmetapher »Krieg« die Weltverhältnisse angemessen repräsentiert, war bereits in vollem Gang, als die Flugzeuge in New York und Washington einschlugen. Offenkundig wurde dies durch die Selbstverständlichkeit, mit der der »Weltpolizist« dem Terrorismus umgehend »den Krieg erklärte«, statt offiziell jene polizeiliche Strafverfolgung anzuordnen, die er in diesem Moment begann. Am 12. September titelte die *Washington Post*: »Dies ist kein Verbrechen. Dies ist Krieg« – das war die Sprachregelung, der fortan international Folge geleistet wurde. Die Evidenz des Krieges und des NATO-Bündnisfalls galten sofort als unbezweifelbar, obwohl zur Kriegserklärung eine Reihe völkerrechtlicher Voraussetzungen fehlte, namentlich ein Nationalstaat, der die Funktion des Feindes erfüllt hätte. Aber »Krieg« ist längst nicht mehr, was Krieg einmal war.

So wurden die Medien rekrutiert, um dem Publikum zu erklären, dass »Krieg« herrscht und damit die Ausnahme einmal mehr zur Regel geworden ist. *Bild*-Chefredakteur Kai Diekmann las in den Ereignissen vom 11. September eine »Kriegserklärung an die Menschheit«, und seine Headline-Spezialisten texteten gehorsam: »Die Welt in Angst! Gibt es Krieg?« Präsident George W. Bush beantwortete prompt nicht nur diese, sondern auch gleich die nächste Frage: »Wir werden diesen Krieg gewinnen.« Am besten konnte die rasche Progression der Kriegssemantik an der Entwicklung des Leitmottos der CNN-Berichterstattung nachvollzogen werden: Innerhalb weniger Tage wurde aus »America Under Attack« zunächst »New War«, dann »War on Terrorism« und schließlich »War Against Terror«. Krieg hatte sich als Markenzeichen einer neuen Normalität etabliert.

Die Wahrnehmung des Katastrophengebiets im Wall-Street-Viertel als »war zone« verstand sich da fast von selbst, und die Namensfindung für das Terrain tat dazu das Übrige. Zwar ist nicht überliefert, wer den Begriff »ground zero« nach dem Anschlag vom 11. September als Erster verwendet hat. Doch sein Ursprung liegt im Vokabular der Wissenschaftler, die gegen Ende des Zweiten Weltkriegs an den Atombombentests in New Mexico beteiligt waren. Als »ground zero« wurde der Punkt am Erdboden direkt unterhalb der Explosion der Bombe bezeichnet. Die Tests fanden im Rahmen des Atombombenprogramms statt, das der Bombardierung von Hiroshima und Nagasaki vorausging. Es trug den Namen »Manhattan Project«.

Von der »roten Zone« zur war zone und zurück: die Stunde der Kriegsarchitektur

Am späten Vormittag des 7. Oktober 2001 trafen die Meldungen über den Beginn der amerikanischen Luftangriffe auf Afghanistan ein. Der Besuch des Schlachtfelds in Lower Manhattan erhielt durch diese Nachricht eine zusätzliche kriegerische Note. Ground Zero wurde nun endgültig zum Symbol des Einstiegs in eine neue Ära der Kriegführung, wie die Bush-Administration bei jeder sich bietenden Gelegenheit betonte.

Der Beginn der Luftschläge gegen Stellungen der Taliban und vermeintliche Schlupfwinkel des Al-Qaida-Netzwerks, die zunächst »Infinite Justice« und bald darauf »Enduring Freedom« genannt wurden, war die logische Konsequenz einer Produktion des nachhaltigen Ausnahmezustands. An dieser Produktion ist von den Terroristen, über die politischen Protagonisten der Vereinigten Staaten und ihrer Bündnispartner bis zu den global verschalteten Medien eine Vielzahl von Akteuren beteiligt gewesen. Alles rief nach einem Ventil, aus dem die Syndrome der sozialen und ökonomischen Paralyse entweichen können.

Vor allem bedeutete das: verschärfte Überwachung von Verkehr und Bevölkerung. Den Verfechtern der »Sicherheit« bot sich Gelegenheit, lang gehegte Pläne für entsprechende Gesetzesänderungen zu realisieren. Zu den Auswirkungen der Anschläge vom 11. September gehört die gesteigerte Akzeptanz von polizeilicher Kontrolle und architektonischer Befestigung. Nicht nur die Sicherheitsbranche profitiert von der neuen Kriegsordnung und empfiehlt der Kundschaft eine Art Festungsdenken (*a fortress mindset*)[5]; auch die Innenministerien der westlichen Welt nutzten die tragische Gunst der Stunde und legten Pakete mit staatlichen Anti-Terror-Maßnahmen vor, die das Spektrum der Überwachungsformen und Einschränkungen der Freiheitsrechte energisch ausweiteten.

In New York und anderswo begleiteten diese Maßnahmen rassistische Übergriffe auf Muslime oder »muslimisch« aussehende Menschen. Über ebenfalls stattfindende Solidaritätsaktionen für ihre islamischen Nachbarn von Angehörigen der jüdischen Community in Brooklyn schwieg sich die Mainstream-Berichterstattung aus. Mehr Aufsehen erregte ein Moschee-Besuch von George W. Bush und die Einrichtung einer neuen Behörde zur Wahrung der Inneren Sicherheit, die auf Weisung des Präsidenten dem Innenministerium angegliedert wurde.

Die Milzbrandfälle, die in der ersten Oktoberhälfte auftauchten, steigerten die Atmosphäre von Belagerung und allgemeiner Angst. Viele Hunderte »Verdächtige« wurden in den Vereinigten Staaten mit zumeist fadenscheinigen Begründungen in Haft genommen. Bald erwies sich sogar die Option der Folter wieder als öffentlich diskussionswürdig. Krieg wurde allenthalben suggeriert und souffliert, bis die Alternative auf nationaler und internationaler Ebene nur noch heißen konnte: »Entweder ihr seid auf unserer Seite oder auf der Seite der Terroristen«, wie Bush am 20. September in seiner begeistert aufgenommenen Rede vor dem amerikanischen Kongress fast wörtlich eine 13 Jahre alte Losung von Margaret Thatcher wiederholte.[6]

In der Nacht vom 7. zum 8. Oktober 2001 erschien die *New York Post* mit der Schlagzeile »Tali-Bam! America Strikes Back«, die Konkurrenz von den *Daily News* titelte schlicht: »WAR!« Das Ventil war geöffnet. Aber Erleichterung stellte sich nicht ein. Die »Nachhaltigkeit« des neuen Krieges, seine zeitliche und räumliche Unbegrenztheit sollte New York in einen merkwürdigen Zustand der Belagerung durch einen unsichtbaren Feind bannen, den man in den Höhlen der Anonymität und des Hindukusch vermutete.

In den Tagen nach dem Beginn der Vergeltungsaktion zirkulierten immer wieder Gerüchte über kurz bevorstehende Nuklearschläge oder Biowaffenangriffe. Vor Brücken und Tunneln wurde weiterhin jeder verdächtige Wagen herausgewinkt – Indizien dafür, dass an die Stelle der zivilen Urbanität eine Art Kriegsarchitektur getreten ist. Die Militarisierung des öffentlichen und nicht-mehr-öffentlichen Raums wird als adäquate (und alternativlose) Antwort auf die Bedrohung gewertet.

Die Entwicklung hin zu physischer Befestigung und atmosphärischer Kontrolle, zu Barrieren und Überwachungskameras schreitet seit langem kontinuierlich und mit niedriger Intensität voran. In den Vereinigten Staaten macht sich zunehmend der Typus des »warrior cop«, des paramilitärischen Polizisten, bemerkbar; der Polizeistaat ist kein bloßes Phantom mehr.[7] Und periodisch erfährt diese kontinuierliche Steigerung der Wehrhaftigkeit einen Schub – wozu Terroranschläge die »überzeugendsten« Anlässe bieten.

Seit den gewalttätigen Ausschreitungen in Seattle vom 28. November bis 3. Dezember 1999 während einer Konferenz der Welthandelsorganisation (WTO) wurde dann auch der Protest von Globalisierungskritikern zu einem weiteren Vorwand, eine neue Ära der Festungsurbanität einzuleiten. Nur wenige Wo-

chen vor den Anschlägen von New York und Washington hatte
der italienische Staat in Genua spektakuläre Rückfälle in poli-
zeistaatliche Eskalationsstrategien und eine apokalyptische
Zitadellenmentalität zur Schau gestellt. Die ligurische Metropole war im Juli 2001 Austragungsort eines Gipfels der acht
führenden Industrienationen (G 8). Vorbeugend wurde das historische Stadtzentrum um das Hafenbecken zur »roten Zone«
inmitten einer »gelben Zone« erklärt, alle 200 Straßenzugänge
waren von Betonblöcken mit vier bis fünf Meter hohen Metall-
gittern abgeriegelt. Auf dem Flughafengelände installierte man
Boden-Luft-Raketen des Typs Spada – Osama bin Laden soll
eine Attacke aus der Luft angekündigt haben. Zwischen 12 000
und 18 000 Mann Sicherheitskräfte der Carabinieri und Guar-
dia di Financia stehen zum Einsatz bereit.

»Genua im Belagerungszustand« schrieb die *Neue Zürcher
Zeitung* schon vor Beginn der Veranstaltung und berichtete
von Gerüchten, dass die Polizei vorsorglich einen Vorrat von
»Bodybags« habe bereitstellen lassen.[8] Keine Frage, Krieg lag
in der Luft. Spätestens seit den gewalttätigen Globalisierungs-
protesten in Prag (26. und 27. September 2000) und Göteborg
(15. und 16. Juni 2001) reden in Europa »alle leichtfertig in
militärischen Begriffen«[9]; in den Vereinigten Staaten kann das
historische Datum »Seattle« – sowohl für den Staat als auch für
die Protestbewegung – als Modellfall eines neuen Krieges betrachtet werden.[10]

In Erwartung des »Krieges« in Genua schwadronierten die
Medien von Krawall-Events und dem Sommer der Randale;
rhetorisch und logistisch rüsteten alle für die »ganz große
Schlacht« (*Der Spiegel*, 18. Juni 2001). Und so erlebten über
120 000 Demonstranten in Genua erwartungsgemäß einen
»Actionfilm nach klassischem Muster« (*Die Zeit*, 26. Juli 2001).
Helme, Gasmasken, Schilde, Molotow-Cocktails, Gewaltprovo-
kateure, brutale Polizeieinsätze und ein toter Demonstrant beherrschten die Nachrichten in den Tagen nach dem 20. Juli

2001. »Blutige Schlacht in Genua« titelte die Bild-Zeitung am 21. Juli und montierte das Bild des tödlich getroffenen Carlo Giuliani neben das Foto eines Vermummten, bekleidet mit einem T-Shirt der HipHop-Gruppe Cypress Hill, vor einer Wand aus Feuer. Die *International Herald Tribune* vom 21. Juli schreibt: »Center of Genoa Is Turned Into a War Zone«.

Diese Verwandlung einer Stadt in ein Kriegsgebiet, die von allen Seiten des Konflikts mit unterschiedlicher Intensität betrieben wurde, war also schon vor dem 11. September in den friedlichen und freien Gesellschaften des Westens möglich und mühelos massenkulturell prozessierbar. Fernsehreporter zogen in Genua ganz selbstverständlich die Parallelen zu Bosnien und Nahost. In den Monaten nach dem 11. September erlebten unter anderem München und Salt Lake City beispiellose Sicherheitsspektakel, die Musterschauen der neuen Kriegsarchitektur glichen. Und statt der »war zone«, die man als New-York-Tourist in Lower Manhattan besichtigen konnte, wurde Anfang Februar 2002, anlässlich des World Economic Forum, in Midtown New York eine Verwandte der »roten Zone« aus Genua errichtet – die »frozen zone«: ein 15 Straßenblöcke großes Gebiet rund um das *Waldorf-Astoria*, abgesperrt mit Beton- und Metallbarrieren. So präsentierte sich der »state of the art« der Kriegsarchitektur.

»Rebuilding New York« und der anti-urbane Affekt

Widerstand gegen die um sich greifende Logik von Militarisierung und *zoning* wurde in New York nach dem 11. September unter anderem von den Aktivisten aus dem Umfeld der örtlichen Globalisierungskritiker organisiert. Gemeinsam mit anderen Gruppen riefen sie zu Demonstrationen gegen die Koppelung von rassistischer Dämonologie, Beschneidung der Persönlichkeitsrechte und polizeilicher Durchsetzung des Kriegszustands in der zivilen Sphäre auf. Nur selten finden diese Aktionen ein Echo in den Mainstreammedien. Aber ausgerechnet am Tag des Angriffs auf Afghanistan erschien in der *New York Times* ein streitbarer Artikel des Architekturkritikers Herbert Muschamp.[11] Er erinnerte an die demokratische Funktion der Straße als »umkämpften Raum«. Die Barrieren und Zäune des Unternehmens »National Rent-A-Fence«, die rund um Ground Zero die Bewegungsfreiheit einschränken, stellt Muschamp dagegen in die vordemokratische Tradition mittelalterlicher Stadtbefestigungen und in die postdemokratische Aktualität einer Gated-Community-Architektur. Was, wenn die heroische Aufgabe des »Rebuilding New York«, wie sie auf Bannern in der ganzen Stadt beworben wird, den Leuten von »National Rent-A-Fence« übertragen würde?

So weit ist man, wie oben gesehen, von der Transformation der modernen Stadt zur mittelalterlichen Festungsanlage mit Kontrollpunkten, Gräben, Fallgattern, Zugbrücken, Ausgangssperren und Nachtwächtern nicht entfernt. Längst wird auch unabhängig von sicherheitssensiblen Großereignissen an der Umsetzung dieser Vision gearbeitet, stimmt man Paranoia und ökonomische Interessen sorgfältig aufeinander ab. »Wenn die Angreifer am 11. September eine neue Ära des Terrors eingeleitet haben sollten, mag langfristig die beste Antwort sein, ihnen mittelalterlich zu begegnen«, findet auch der Internet-Theoretiker Steven Johnson. Er schlägt vor, die Ballungsräume zu segmentieren und dicht bewohnte urbane Komplexe durch große Grünanlagen voneinander zu trennen, damit künftigen Terrorakten das zentrale Ziel abhanden kommt.[12]

Auch die ordnungspolitischen Strategien verfolgen eine – sowohl soziale wie räumliche – Segmentierung. Hat nicht Rudolph Giuliani, der unbestrittene Held dieser Tage, in seiner Amtszeit als Zero-Tolerance-Bürgermeister der Straßensperre als Instrument der »crowd control« zu ganz neuer Geltung verholfen? Seine Politik der sauberen und sicheren Stadt richtete sich konsequent gegen die Idee der Straße als umkämpften Raum. Die Sicherheitsatmosphäre, die Touristen, Konsumenten und Investoren so schätzen, wird hergestellt, indem man Öffentlichkeit durch ein Simulakrum von Öffentlichkeit ersetzt. Die Gestaltung dieses Simulakrums orientiert sich an dem postkartenfröhlichen Treiben einer fiktiven Main Street in einer fiktiven Kleinstadt des 19. Jahrhunderts.

Die improvisierte Gedenkstätte, die nach dem 11. September am Union Square in Downtown Manhattan errichtet worden war, passte nicht in diese Fiktion, zumal sie vor allem aus Botschaften bestand, die sich gegen die nationale Mobilmachung richteten. Nachdem Giulianis Stadtregierung die spontane Kreativität von Kriegsgegnern und Antirassisten einige Wochen lang als medienwirksame 9/11-Folklore geduldet hatte, wurden zum Zeitpunkt des Beginns der Bombardierung von Afghanistan die am Tage entstandenen Protestskulpturen Nacht für Nacht von den Ordnungskräften wieder abgeräumt.

In einer von Angst beherrschten Gesellschaft zeichnet sich immer deutlicher das Ideal privatisierter Konsumwelten als Modell des zukünftigen New York ab – überwacht und befestigt, geprägt von einer »Architektur der Beruhigung« nach dem Vorbild der Disney-Planer. Am 11. September konnte man freilich erleben, dass selbst ein Hochsicherheitsquartier wie Battery Park, ein von Wasser umgebenes Wohn- und Geschäftsviertel in unmittelbarer Nähe des einstigen World Trade Center, errichtet in den achtziger Jahren, noch unzureichend segmentiert ist, das heißt: zu wenig Beruhigung verspricht. Tausende von flüchtenden Passanten wurden hier, am Ufer des Hudson, von der gewaltigen Staubwolke des World Trade Center eingeholt und kehrten in einer Massenpanik um, auf dem Weg zu irgendeinem Ort, der mehr Sicherheit bot.[13] Aber letztlich profitieren auch Stadtentwickler wie jene, die für Zitadellen wie Battery Park verantwortlich sind, von dieser »allgemeinen Ängstlichkeit« (Freud). Der Angst, wie Muschamp sagt,

227

vor Verbrechen, vor der Gegenwart und nicht zuletzt vor der Stadt selbst.

Denn im Kern ist es eine anti-urbane Mythologie, die die Verwandlung der Stadt in eine Festungsanlage antreibt. Periodisch wird das monströse Bild von New York als gierigem Parasiten oder das apokalyptische Bild einer Stadt unter Belagerung aktiviert. In einer Studie über den Zusammenhang zwischen dem Bombenanschlag auf das World Trade Center vom 26. März 1993 und den anti-urbanen Affekten in der amerikanischen Kultur weist der Kulturwissenschaftler Andrew Ross darauf hin, dass New Yorker sich selbst gern als Überlebende eines permanenten Kriegszustands sehen, als hart gesottene Kämpfer in einer von Zerfall und Verwilderung bedrohten Stadt.[14] In den achtziger Jahren verstanden sich die Yuppies, jene neue Klasse von aufstrebenden Geschäftsleuten, die aus den befriedeten Vorstädten kamen, um in der unwirtlichen Metropole Geld zu machen, als Frontsoldaten und Pioniere. Der Kitzel der gefährlichen und unberechenbaren Stadt förderte ein Revival des Sozialdarwinismus: »Um städtischen Raum musste gekämpft werden, damit man ihn wieder besetzen konnte.«[15]

Zum Zeitpunkt des Bombenattentats auf das World Trade Center im März 1993 war das Yuppie-Phänomen schon wieder am Ende. Der Börsencrash von 1987 hatte die Eroberung der alten Handwerks- und Industrieviertel der Stadt durch Künstler und Finanzmakler, die sich in luxussanierten Loft-Apartments und Hochsicherheitswohnanlagen einrichteten, vorläufig zum Erliegen gebracht. Eine andere Frontlinie des urbanen Überlebenskampfs wurde sichtbar: Der Heilige Krieg war über die Stadt gekommen, getragen von angeblichen Netzwerken islamischer Migranten in New York, die nach dem Anschlag unter Generalverdacht gerieten. Wieder einmal war ein Krieg der Amerikaner, in diesem Fall der Golfkrieg, »nach Hause zurückgekehrt«.

Unter der Wall Street liegt das Kriegsgebiet

Allerdings ist dieses Bild von der Heimkehr des Krieges trügerisch. Denn es suggeriert, der Krieg sei zwischenzeitlich abwesend gewesen. Dabei war er nie fort. Doch in welcher Form überdauerte er? »Muss man unterhalb von Frieden, Ordnung, Reichtum, Autorität, unterhalb der ruhigen Ordnung der Unterordnungen, unterhalb des Staats und der Staatsapparate, unterhalb der Gesetze usw. eine Art primitiven Kriegs hören und wieder entdecken?«, hat Michel Foucault 1976 gefragt.[16] Die Antwort lautet: Ja, aber dieser Krieg ist nicht im Wortsinne primitiv und urwüchsig, sondern an einen Diskurs gebunden. Dieser Diskurs verleiht den Auswüchsen und Zufällen, den Leidenschaften und Grausamkeiten des Krieges einen rationalen Charakter. Er macht den Krieg zum latenten Steuerungsmechanismus der Institutionen, zur zwingenden Voraussetzung des Sozialen.

Die Rationalität des massenkulturellen Krieges liegt in einem Machtdiskurs begründet, der sich in der tief reichenden Ökonomisierung der gesellschaftlichen Beziehungen artikuliert: Flexibilität, Effizienz, Mobilität oder Selbstverwirklichung erweisen sich als zutiefst kriegerische Normen. Und so sind dem massenkulturellen Krieg Wahrheitsansprüche eingeschrieben, die viel weiter in den Alltag hineinreichen, als es die Theorie des Krieges gemeinhin annimmt. Mit einer Formulierung von Walter Benjamin aus dem Jahr 1930, die den Überlegungen Foucaults erstaunlich nahe kommt, ist jene »Nüchternheit« einzufordern, die sich der Mystifikation des jeweils nächsten Krieges als magischem »Einschnitt« verweigert und in ihm stattdessen »das Bild des Alltags« entdeckt; was zudem bedeutet, mit »eben dieser Entdeckung seine Verwandlung in den Bürgerkrieg« zu erkennen.[17]

Es ist wichtig, sich die Gegenwart des massenkulturellen Krieges als Diskurs und »Bild des Alltags« zu verdeutlichen. Nur so kann der Stellenwert der Ereignisse vom 11. September jenseits einer wohlfeilen Rhetorik der »Zäsur« beurteilt werden. Denn so schockierend diese Ereignisse auch waren – der Krieg hatte lange zuvor in Lower Manhattan Einzug gehalten. »Wall Street fühlte sich für mich schon immer wie eine ›war zone‹ an«, schreibt eine New Yorker Leserin der *London Review of Books* nach dem 11. September 2001. Sie berichtet, jahrelang wie eine Söldnerin in verschiedenen Unternehmen des Finanzviertels gearbeitet zu haben, umgeben von männlichen Kollegen, von denen viele im Zweiten Weltkrieg oder in Vietnam gekämpft hätten. »Wall Street nimmt jeden, wie die Army. Es kümmert sie nicht, zu welcher Schule man gegangen ist oder wer dein Vater war.« Unterschiedslos würden allen Anwärtern kriminelle Absichten unterstellt, ganz selbstverständlich Fingerabdrücke abgenommen, Drogentests und investigative Befragungen durchgeführt. Nach dem dritten Unternehmen habe sie sich wie ein »verwundeter Veteran« gefühlt; sie sei den 70-Stunden-Wochen nicht gewachsen gewesen; doch sie wisse, »dass jeder, der morgens um 8 Uhr 30 im World Trade Center arbeitete, ein Krieger war – lange bevor das erste Flugzeug das Gebäude traf«.[18]

Nach dem 11. September wurde die Wall Street, der symbolische Bezugspunkt der globalen Finanzwirtschaft, ganz buchstäblich zum Aufmarschgebiet des Militärs. Schon in Oliver Stones Film *Wall Street* diente der Krieg als Leitmetapher des neoliberalen Wirtschaftsgeschehens. Doch jetzt bezogen echte Soldaten in Tarnuniformen vor der New Yorker Wertpapierbörse Stellung. Dass der »War Against Terrorism« schon wenige Tage nach der Katastrophe von führenden Wall-Street-Anlagestrategen auch zum Hoffnungsträger einer lahmenden US-Ökonomie aufgebaut wurde[19], verwundert dabei am allerwenigsten. Derartige Reaktionen vertrauen auf die Segnungen des Pentagon-Kapitalismus, die Logik des »financial warfare« und die kollektivpsychologischen Effekte einer Demonstration militärischer Macht. Indirekt deuten diese Reaktionen aber auch darauf hin, dass der Krieg mit den Terrorakten vom 11. September und ihren Folgen eben nicht zum ersten Mal an diesem Ort ausgebrochen ist.

Denn der offensichtlich kühl kalkulierte Akt des Selbstmordkommandos brachte den Krieg auf eine Vielzahl bereits existierender Schlachtfelder und Kriegsgebiete in Lower Manhattan. Dabei hatte nicht nur das wirtschaftliche Kampfgeschehen innerhalb und zwischen den Unternehmen eine »war zone« geschaffen. Das Finanzzentrum im Wall-Street-Viertel war zu diesem Zeitpunkt längst ein historischer Schauplatz terroristischer und paramilitärischer Gewalt, mit der unterschiedliche Gruppen seit über dreißig Jahren wiederholt auf den Interventionismus der US-Amerikaner reagiert hatten. So diente das World Trade Center, damals noch im Entstehen, bereits 1970 als Zielscheibe eines urbanen Terrors, der sich nicht zuletzt gegen den amerikanischen Krieg in Vietnam richtete. In kurzer Folge detonierten zwei Bomben auf der Baustelle, vermutlich gezündet von Mitgliedern der linksradikalen Weathermen, die in der Zeit um 1970 mit anderen Organisationen das Land mit einer Welle von Anschlägen überzogen. In den Bekennerschreiben wurden der Krieg in Vietnam, aber auch die rassistische Politik der amerikanischen Regierung, das Leiden der Armeeangehörigen, Sexismus, Ausbeutung und Umweltzerstörung als Gründe der Attentate aufgeführt.

Das Bekennerschreiben zum Anschlag auf das World Trade Center von 1993 hingegen prangerte nicht mehr soziale und ökonomische Ungerechtigkeiten an, sondern machte das ganze »amerikanische Volk« für die militärische Außenpolitik seiner Regierung verantwortlich.[20] Eine solche Adressierung der Bevölkerung ist symptomatisch für die neuen, entgrenzten und auf perverse Weise »zivilisierten« Kriege, die nach Vietnam zur dominanten Form der Kriegführung geworden sind: Der Krieg wird in den Alltag der Zivilisten hineingetragen – als permanente Bedrohung, ausgelöst durch terroristische Punktierungen der architektonischen und sozialen Texturen.

Und obwohl die Vereinigten Staaten am Prinzip der militärischen Überlegenheit festhielten, hatten sie sich zu diesem Zeitpunkt längst auf die neue Situation eingestellt. Schon Mitte der achtziger Jahre erklärte die Regierung unter Ronald Reagan den »Krieg gegen den Terrorismus«[21] und damit die Ausweitung des militärischen und geheimdienstlichen Operationsgebiets. Vor dem Hintergrund einer neuartigen internationalen Sicherheitsbedrohung konnte sich der Schauspieler-Präsident mit diesem Krieg als der potente Führer profilieren, der sein Vorgänger Jimmy Carter nicht gewesen war. Besonders »evident« wurde diese Bedrohung im Juni 1985, als eine TWA-Verkehrsmaschine mit über hundert US-Bürgern an Bord 17 Tage lang von Terroristen entführt wurde, die mit dem palästinensischen Befreiungskampf in Verbindung standen. Anfang der neunziger Jahre wurde die »islamische Welt«, oder was die US-amerikanische Medienöffentlichkeit dafür hielt, endgültig zu einem der Top-Nachfolgekandidaten jener Bedrohung, die mit dem Zerfall der Sowjetunion abhanden gekommen war.

Seit den späten achtziger Jahren nimmt sich Hollywood gewohnt zuverlässig der Konstruktion der erforderlichen Feindbilder an. Gemeinsamer Nenner der entsprechenden Filme war, dass auf der anderen Seite des Guten die Terroristen lauerten. In der *Die Hard*-Trilogie wurde der unspezifische Feind ins Bild von Euro-Terroristen (*Die Hard*, 1988), Drogenterroristen (*Die Hard 2*, 1990) und Neonazi-Terroristen (*Die Hard With a Vengeance*, 1995) gefasst; in *Under Siege* (1992) und *Under Siege 2* (1995) waren es sowohl amerikanische wie »internationale« Terroristen, die zur Verantwortung gezogen werden mussten, dazu kam der Terrorismus von Bio-Saboteuren (*Outbreak*, 1995), mörderischen Paläontologen (*The Lost World: Jurassic Park*, 1997), furchterregenden Außerirdischen (*Independence Day*, 1996), gemeingefährlichen Russen (*Air Force*

232

One, 1997), üblen Bosniern (*The Peacemaker*, 1997) und schließlich arabischen Muslimen in den Filmen *True Lies* (1994), *Executive Decision* (1996) sowie vor allem *The Siege* (1998), der eine künftige islamische Bedrohung für New York vor dem Hintergrund des Anschlags von 1993 entfaltet und damit im Nachhinein »prophetisch« genannt werden kann.[22]

Hinter dieser endlosen Stafette des massenkulturell gefertigten Bösen, das stets von außen droht, verlieren sich alle Spuren anderer Kriegsursachen. In dem Gerichtsverfahren gegen die mutmaßlichen islamistischen Attentäter, das dem WTC-Anschlag von 1993 folgte, fehlte ein entscheidender »Ausländer«, wie Andrew Ross betont – das World Trade Center selbst. Denn die Baugeschichte dieses architektonischen Aliens sei das Lehrstück einer Gewalt gewesen, die man ohne weiteres terroristisch nennen kann, auch wenn der Begriff im Zusammenhang von gebauter Architektur ungewöhnlich erscheinen mag. Doch immerhin hat das WTC-Projekt in den sechziger Jahren eine gewachsene Stadtlandschaft in Lower Manhattan zerstört und ihre Bevölkerung in die Arbeitslosigkeit entlassen. »Heute«, schrieb Ross im Jahr 1994, »ist [das WTC] umgeben von hektargroßem unvermietetem Büroraum, der Etage für Etage nahezu leer stehender Gebäude besetzt. Die Gegend sieht nicht aus wie ein ausgebombtes Stadtviertel, aber genau das ist sie.«[23]

Dieser Befund verändert den Blick auf Ground Zero. Wenn die kriegerische Aneignung städtischen Raums durch Investoren, Stadtentwickler und Politiker bereits in den zurückliegenden Jahrzehnten zu schlachtfeldgleichen Verwüstungen von Urbanität geführt hatte, liegen unterhalb der »war zone«, die das Attentat vom 11. September 2001 schuf, weitere Kriegsgebiete. Auf diesen Schlachtfeldern tobt weniger der »Krieg gegen die freie Welt« (*Focus*, 15. September 2001) als der Krieg *inner- und unterhalb* der »freien Welt«.

Dieser Krieg in den »Eingeweiden der Gesellschaft« (Paul Virilio)[24] steht in vielfältigen Beziehungen zu den Kriegszuständen, die in jenen Gebieten herrschen, die geografisch außerhalb der territorialen Grenzen der »Zivilisation« liegen. Nicht wenige Kommentatoren suchten nach dem 11. September den Vergleich zwischen Kabul und Manhattan, was sicherlich auch mit den erhofften rhetorischen Effekten zu tun hatte. Aber die Parallele ist nicht bloß frivol. Sie entspricht vielmehr einer verbreiteten Sichtweise in den Ländern der so genannten Dritten Welt, die einen Zusammenhang zwischen der Zerstörung durch Kriege und der Zerstörung durch Modernisierung erkennt.

Wie sich schon wenige Tage nach der Katastrophe herausstellte, hatte einer der Terroristen, der Ägypter Mohamed Atta, 1999 an der Technischen Universität Harburg eine Diplomarbeit über ein »gefährdetes Altstadtteil« im syrischen Aleppo eingereicht. Atta plädierte dafür, die gewachsene urbane Textur vor Supermärkten, Schnellstraßen und anderen zweifelhaften Segnungen der Modernisierung zu schützen.[25] Bereits 1995 hatte er gegenüber Kommilitonen auf einer Studienreise nach Kairo das Eindringen westlicher Massenkultur in die historischen Stadtteile der ägyptischen Metropole beklagt.[26]

Nun kann es nicht darum gehen, den Angriff auf das World Trade Center als kritischen Kommentar zur gewaltsamen Zerstörung historischer städtischer Formen durch den globalen Kapitalismus zu rehabilitieren. Andererseits ist unleugbar, dass sowohl die Motive als auch die Auswirkungen dieser Attacke in einem mehr als nur assoziativen Zusammenhang mit der Ökonomisierung des Sozialen und der Militarisierung der Städte weltweit stehen. Viele Beobachter waren sich einig, dass das World Trade Center auch die architektonische Konkretisierung von Herrschaftsansprüchen einer globalisierten Ökonomie gewesen ist. Typisch für die sich daraus ergebenden Schlussfolgerungen war die suggestive Illustrationspolitik für einen Artikel in der »Special Davos Edition« von *Newsweek* im Dezember 2001: Neben ein Foto von palästinensischen

Kindern mit Steinschleudern wurde ein Bild des Einschlags des ersten Flugzeugs im World Trade Center montiert. Das in solchen Gegenüberstellungen enthaltene »Wissen« um die symbolische Funktion der Twin Towers hatte sich zuvor bereits fest im massenkulturellen Imaginären eingenistet. Von dort wirkt es bis in die tiefen Oberflächen von B-Movies hinein: Das World Trade Center »repräsentiert Kapitalismus«, argumentiert ein Terrorist im neuen Jackie-Chan-Film *Nose Bleed* ganz auf der Höhe des Diskurses. Wie ein Ghostwriter all der Feuilleton-Krieger nach dem 11. September erklärt er die Zeichensprache der WTC-Architektur: »Sie repräsentiert Freiheit. Sie repräsentiert alles Amerikanische. Diese beiden Gebäude zu zerstören würde Amerika auf die Knie zwingen.« Der Kinostart von *Nose Bleed* wurde auf unbestimmte Zeit verschoben.

Inseln der Sicherheit, Stile des Überlebens und Drehbücher des Krieges

Je apokalyptischer die Bilder von Ground Zero erscheinen und je mehr Ansichten ferner, noch viel hoffnungsloser zerstörter Städte wie Mostar, Grosny, Luanda oder Kabul über die Bildschirme huschen, desto stärker steigt das schlichte Bedürfnis, die eigene nackte Haut zu retten, einer der Überlebenden zu sein, denen in einer polizeilich-militärisch abgesicherten Umgebung Tod, Chaos und Armut erspart bleiben. Nur wenige verfügen über die Mittel, sich diese Sicherheitswünsche zu erfüllen. Doch für die Auserwählten zeichnet sich als Modell der neuen Sicherheitsurbanität zunehmend die *Insel* ab.

Das ist nicht nur bildlich zu verstehen. Luxusdampfer werden als vermeintlich sichere Tagungsorte entdeckt, wie im Juli 2001, als die Teilnehmer des G-8-Gipfels auf der *MS European Vision* im Hafen von Genua über die Weltlage diskutierten, während die Stadt in eine »war zone« verwandelt wurde. Seit

Jahren schon verlegen die Reichen und Mächtigen ihre Exile auf unzugängliche Archipele, mittlerweile geht der Trend sogar zum schwimmenden Domizil. 110 Eigentumswohnungen, davon viele im 200-Quadratmeter-Format, stehen auf dem gigantischen Luxusdampfer *The World* zur Verfügung, der im Februar 2002 in See stach. Und dies könnte erst der Anfang einer ganzen Flotte von Hochsicherheitsghettos für die flüchtigen Gewinner der Globalisierung sein. Derzeit plant das amerikanische Konsortium »Freedom Ship« eine schwimmende Stadt für bis zu 90 000 Menschen. Der Preis eines Appartements rangiert zwischen 140 000 und sieben Millionen Dollar. Für solche Summen erhält man Zutritt zu einem Steuerutopia, das zudem mehr Sicherheit verspricht als die festungsartigste Gated Community auf dem amerikanischen Festland. Für Schutz soll eine 2000 Mann starke Ordnungstruppe sorgen, ausgestattet mit modernster Waffentechnik und ergänzt um ein Anti-Terror-Spezialkommando. »Das Meer bietet uns die Chance, noch einmal ganz von vorn anzufangen«, erläutert einer der Investoren.[27]

Wie illusorisch diese Hoffnung auf Frieden, »Freedom« und Neuanfang sein könnte, ist seit vielen Jahren das zentrale Thema des englischen Science-Fiction-Schriftstellers J. G. Ballard. Sein Beitrag zur Debatte um die neuen Sicherheitsinseln unterscheidet sich allerdings in wesentlichen Punkten von den meisten anderen Analysen, die dem millionenfachen Exodus verängstigter Innenstädter und Vorortbewohner in geschlossene Siedlungen, die so genannten Gated Communities, gewidmet sind. Ballard geht es weniger um den Verlust von demokratischer Öffentlichkeit und die sozialen Asymmetrien zwischen Privilegierten (drinnen) und Unerwünschten, Armen, Rechtlosen (draußen). Ihn interessiert weit mehr, wie die verdrängte Gewalt in den exklusiven Pensionärssiedlungen an der Costa del Sol, in den supermodernen Technologieparks an der Côte d'Azur oder in einer Villen-Festung im Westen Londons wiederkehrt – und zwar nicht als Kraft, die von außen hereinbricht, sondern als endemische Bedrohung von innen.

In den Romanen *Running Wild* (1988), *Cocaine Nights* (1996) und *Super-Cannes* (2000) variiert Ballard das Thema einer nahen Zukunft entfremdeter Autonomie in abgeschirmten Luxuswelten, das er bereits 1971 in dem Erzählungsband *Vermilion Sands* exponiert hatte. Diese Welten sind so perfekt, dass ihre überwachten und gelangweilten Bewohner irgendwann anfangen, die dunkleren Aspekte des Daseins auszuloten. »Hinter der heilen und paranoiden neuen Welt der Überwachungskameras und schusssicheren Range Rovers existierte womöglich ein altmodischer Bereich der Hackordnung und der rassistischen Übergriffe«, schwant es einer der Figuren in *Super-Cannes*.[28] Und in der Tat: Es stellt sich heraus, dass die vermeintliche Musterwelt ein Schauplatz organisierter Anarchie ist; das Freizeitleben ihrer Bewohner wird durch die Ordnung eines verdeckten Krieges bestimmt.

Morde und Raubüberfälle ereignen sich bei Ballard an Orten, die eigentlich konzipiert wurden, um Verstöße gegen die Ordnung schon im Keim ersticken zu können. Doch die Wohlstandsfestungen entpuppen sich als Kontrolltheater, in denen das Recht reine Auslegungssache geworden ist. Als geschlossene Systeme entwickeln sie ihre eigene Ökonomie von Erregungen und Sanktionierungen. So zieht in *Cocaine Nights* ein junger, charismatischer Provokateur von einer mediterranen Reichensiedlung zur nächsten, um die apathischen Frühpensionäre zu Drogenhandel, Pornografie und Erpressung anzustiften. Die kriminellen Akte bringen die Leute »ins Leben zurück«; sie dienen der sexuellen Stimulation und frischen auch andere, schon abgestorben geglaubte Triebe wieder auf – mit allen Mitteln. »Nichts ist besser als ein ›Kriegsverbrechen‹, um die Soldaten in Stimmung zu bringen«, verrät der Gewaltanimateur sein paramilitärisches Berufsgeheimnis auf dem Weg zu einem gänzlich amoralischen Vitalismus. Zugleich stellt der

Provokateur die Blaupausen für eine militärische Aufrüstung zur Verfügung, mit der sich die kriminalisierten Pensionäre vor den Zerfallssyndromen ihrer eigenen Gewalt schützen können – womit die Beteiligten auf sämtlichen Bühnen des Kontrolltheaters agieren.

Indem Ballard zeigt, wie die Bereitschaft zu kleineren und größeren Verbrechen zum geheimen Gesetz einer Gemeinschaft reifen kann, die sich nach außen hin im Phantasma der Sicherheit eingerichtet hat, legt er das kriegerische Fundament dieser Sozialstrukturen frei. Aber es wäre ein Irrtum, zu glauben, Ballard betriebe eine Anthropologie, die Gewalt und Krieg als universelle Erscheinungen außerhalb der Geschichte behandelt. Im Gegensatz zu Theoretikern wie Hans Magnus Enzensberger, Bernard-Henri Lévy oder Wolfgang Sofsky, die »Hass« und »Gewalt« als etwas »dem Menschen« Eigenes verstehen, als »soziale Universalien«[29], zeigt er den Krieg als Inszenierung und Diskurs. Von Ballard kann man lernen, dass die Gewaltbereitschaft in den Subjekten nicht unerkannt oder unterdrückt schlummert wie ein anthropologischer Sprengstoff, der irgendwann unvorhergesehen explodiert, sondern dass diese Mobilisierungen immer wieder kulturell produziert und legitimiert werden. Zur Verdeutlichung dieser These lässt er Animateure und Autoren der Gewalt auftreten, die die Bereitschaft und Befähigung zum alltäglichen Krieg erst herstellen. »Die Gewalt ist eine Schrift« (Roland Barthes)[30], und die Kunst der Gewaltdirigenten in den Büchern von Ballard besteht darin, den Code der Gewalt so zu manipulieren, dass der alltägliche Krieg zum Medium des Sozialen und Instrument der Kontrolle werden kann.

Mit anderen Worten: Das Animalische befreit sich nicht aus den Käfigen einer dressierten Humanität, sondern wird aus der Apathie heraus systematisch entwickelt, um dann als Attribut der neu gefundenen Krieger- und Opfersubjektivitäten zu fungieren. Die Führer der Kriegsparteien im ehemaligen Jugoslawien haben diese Lektion ebenso beherzigt wie Warlord-»Kriegs-Autoren« in Kolumbien, Somalia oder Ruanda. Selbst die atavistischsten Bürgerkriege folgen den Drehbüchern von Gewalt-Provokateuren in einem viel stärkeren Maße als die gängige Kriegsanthropologie wahrhaben will.

Teilweise materialisieren sich diese Gewalt-Schriften in Broschüren, Audiokassetten, Videobändern oder Websites – formuliert und aufgenommen von den Ideologen und Poeten der Identität. Diese Skripte, die ethnische, nationalistische und religiöse, also: im weitesten Sinne *kulturelle* Argumente für den Krieg in allen denkbaren Kombinationen und Verschmelzungen aufbieten, haben vor allem die Funktion, die Option Politik vergessen zu machen. In den fanatisierten Milieus der Mangelökonomien werden sie zu Gebrauchsanweisungen für den Alltag im massenkulturellen Krieg.

»Politik ist vorbei«, sagt jemand in *Cocaine Nights*, »sie berührt die öffentliche Einbildungskraft nicht mehr«[31]; und an die Stelle der Politik seien Krieg und Religion getreten. Beide sind, das weiß die Psychohistorie der Kriege, »auf emotionaler Ebene« traditionell nah verwandt.[32] Um eine nationalistische und ethnische Imagologie ergänzt, versorgen sie das Imaginäre mit intensiven Bildern, intensiveren Bildern zumal als jenen, die die Politik zu bieten hat. Die mobilisierten Individuen, von diesen massenkulturell verbreiteten und aufbereiteten Bildern erfüllt, widmen sich ganz dem *savoir survivre*. Lebensstil wird zum *Überlebens*stil.

Der Vitalismus der Kampfzone: der Stoff, aus dem die Helden sind

Mit dem Abstieg des Politischen und dem Aufstieg des Imaginären beginnt die doppelte Zeit der massenkulturellen Kriegsreligion und der »religiösen« und »ethnischen« Kriege als Kultur der Massen. Dadurch rückt das nackte Leben ins Zentrum des Geschehens. Neben einer Wiederauflage des Sozialdarwinismus zeichnet sich ein neuer Vitalismus ab – als komplizierte Mischung aus Repräsentationen und Projektionen, Szientismus und Neokolonialismus. Es handelt sich um eine große und lebensgefährliche Inszenierung des »Lebens«, wie sie J. G. Ballard am Beispiel der neoliberalen Sicherheitsgemeinschaften beschrieben hat und wie sie in zugespitzter Form außerhalb dieser sozialen Kriegsarchitekturen, im Krieg als Kultur der Massen, zum Alltag gehört.

Hier wie dort werden die individuellen und kollektiven Körper zu Behältnissen eines Lebens, das sich vielfältig stimulieren und mobilisieren, aber auch schwächen und töten lässt. Der lebendige Körper, zur Fitness-Festung ausgebaut oder als fragiles Schutzobjekt unter ärztliche Aufsicht gestellt, fügt sich in eine verallgemeinerte Kriegsarchitektur, in der Befestigungsanlagen die zivilen Gesellschaften und deren Subjekte durchschneiden. Körperzustände zwischen nervöser Anspannung und ohnmächtiger Müdigkeit sind die Ressourcen einer kontrollierten Ekstase des Krieges und des Kampfes. In dieser Ekstase leidet der Körper in unsagbarer Weise, aber zugleich verspricht diese Ekstase auch jene Adrenalin-Flashs und Trance-Zustände, von denen Michael Herr und die anderen Chronisten eines vom Krieg agitierten Körpers berichten. Den größten Genuss erfährt danach, wer den Ausnahmezustand als höchsten Ausdruck von Freiheit und Freizeit begreift. »Wir haben uns in eine Welt bewegt, in der es gefährlich ist, normal zu sein«, erklärt einer der federführenden Gewalt-Provokateure in Ballards *Super-Cannes.* »Die Leute brauchen keine Feinde mehr – in diesem Jahrtausend besteht ihr großer Traum darin, Opfer zu werden.«[33]

Dieser Zynismus birgt mehr als eine Wahrheit: Zum einen bestätigt er Alain Ehrenbergs These, dass die Bürger der westlichen Gesellschaften »im Status des Opfers« gehalten werden, um sie durch Angst und Bedrohung leichter mobilisieren zu können. Ferner kann man den Traum vom Opfer-Werden als Luxusversion des Albtraums vom Opfer-Sein verstehen, der außerhalb der Sicherheitsinseln Wirklichkeit ist: Träumend begibt man sich aus der Kultur des angeblichen Lebens- und Erlebensmangels heraus, um den Opferstatus zu erlangen, der gleichbedeutend mit »Leben« ist. Der einfache Wunsch, in Ruhe gelassen zu werden, stößt angesichts dieses Vitalismus auf keine Resonanz mehr. Frieden? Eine gänzlich extravagante Forderung.

Hat das Überleben absolute Priorität, herrscht ein Kampf der aus der Normalität entlassenen Körper. Ein solcher Körper kann zu einem jener sadomasochistischen Müßiggänger gehören, deren gewalttätige Überlebensstile J. G. Ballard schildert, oder zu einem afghanischen Kämpfer, dessen Alltag seit über zwanzig Jahren aus Kriegführen besteht. In beiden Fällen wird das nackte Leben zum Medium des Handelns. Dieser Vitalismus korrespondiert mit der neokolonialistischen Rede von den »sozialen Brennpunkten«, der »inner city«, der »Dritten Welt« oder »dem Süden« – alles Bezeichnungen für die anderen Seiten der globalen Wohlstands- und Gerechtigkeitslücke –, aber auch mit einer Sprache des »humanitären« Engagements, die die Menschen in Krisenregionen nicht als aktive Bürger eines Gemeinwesens, sondern als passive Opfer militärischer Aggression behandelt. Im Kriegsalltag der Krisengebiete wiederum wird das Leben selbst zur Waffe oder zum Objekt kalkulierter Gräuelstrategien, deren Einsatz durch eine Neo-Mythologie des religiösen oder ethnischen Märtyrertums gerechtfertigt wird.

Das »Leben« und sein Repräsentant, der einzelne Körper, bildet die Basis der gegenwärtigen Rekrutierung für den massenkulturellen Krieg. In diesem Krieg wird eine umfassende, multidimensionale Bearbeitung der Körper betrieben. Wie der Kollaps der Twin Towers angeblich »jeden einzelnen Körper in Europa« (Durs Grünbein) traf, so legt es auch die Kulturindustrie geradezu auf die Mobilisierung der Gedärme und der Ganglien an.

Walter Benjamin erkannte im Krieg »eine der Apparatur besonders entgegenkommende Form des menschlichen Verhaltens«.[34] An diesem Sachverhalt hat sich seit den dreißiger Jahren des letzten Jahrhunderts kaum etwas geändert. Doch kommt der »Apparatur« inzwischen weniger der massenhafte, faschistische Aufmarsch aus der Vogelperspektive entgegen als der einzelne, zuckende Körper, in den sich die mobilisierte digitale Handkamera förmlich hineinschraubt.

Die gegenwärtige massenkulturelle Gestaltung und Durchführung dieses Vitalismus-Diskurses beschreitet verschiedene Wege. Aber fast immer geht es darum, zu subjektivieren, ohne komplette Subjekte zuzulassen. Die massenkulturellen Texte und Bilder zerlegen die Individuen nicht nur in verschiedene Lebensphasen und soziale Rollen, sondern greifen immer unmittelbarer auf ihre Körper zu. Überdies wird das biologische Leben zur Verfügungsmasse von Gentechnologie, *life sciences* und Biopolitikern. Am Anfang und am Ende dieser paradoxen Subjektivierung ohne Subjekt stehen biologische Daten. Der Mensch ist das »Material« der Wissenschaften und der Ökonomie. »Leben« wird zur rechnerischen Größe eines entwickelten Techno-Vitalismus. Und manchmal, dafür ist die Massenkultur zuständig, heftet sich an dieses blanke Leben das Bild des Helden oder des Märtyrers.

Auch in Zeiten neuer Medien ist das Kino das bevorzugte Medium, um den Techno-Vitalismus mit dem Bedarf an Helden- und Märtyrerbildern zu verbinden. Als essenzieller Bestandteil des Military-Entertainment Complex produziert es Modelle von kriegsgerechter Wahrnehmung und Körperlichkeit, und dies immer häufiger in Absprache mit den entsprechenden militärischen Instanzen. Die Hollywood-Kriegsfilme der letzten Jahre erzählen beunruhigende Geschichten von beschleunigten und bis zum Tode gereizten Leibern. Der Anfang dieses neuen Körperkinos wird gemeinhin auf Steven Spielbergs *Saving Private Ryan* (1998) datiert. Allein in den Vereinigten Staaten spielte das epische Werk über den D-Day, die Landung der alliierten Truppen an der französischen Kanalküste im Zweiten Weltkrieg, 216 Millionen Dollar ein. Das ist ein ungewöhnlicher Erfolg für einen Film mit extremen Gewaltdarstellungen, dessen 25-minütige Eingangssequenz »mehr Gemetzel und einen höheren *body count* als jeder andere Film aufweist«, wie die Filmkritikerin Amy Taubin feststellte.[35]

Aber die Filmindustrie fühlt sich durch den Erfolg von *Saving Private Ryan* in der Auffassung bestätigt, dass das Publikum »eine Art realistischer Sicht auf den Krieg will, nicht einen völlig bereinigten Anblick«.[36] Die quälende Re-Inszenierung des massenhaften Sterbens amerikanischer Soldaten im Artilleriefeuer der deutschen Truppen wurde als neuer Naturalismus im Kriegsfilm begeistert oder entsetzt, in jedem Fall aber beeindruckt aufgenommen. Erstmals sei das rauschhafte Geschehen des Gefechts, das die Kriegsliteratur seit dem Ersten Weltkrieg immer wieder beschrieben hatte, in eine angemessen drastische Filmsprache viszeraler Schocks übersetzt worden; meinten jedenfalls die Freunde des Films.

Amy Taubin, die *Saving Private Ryan* eher ablehnend gegenübersteht, vermutet den Grund für diese Faszinationskraft darin, dass die Omaha-Beach-Szene grauenhaft körperlich und unpersönlich zugleich ist. Die ausschließliche Konzentration auf die Repräsentation körperlicher Grenzzustände, die von jeglicher Psychologie und Charakterentwicklung absieht, versucht Spielberg zwar im weiteren Verlauf des Films durch forciertes Gefühlskino auszugleichen. Doch die erste halbe Stunde einer haltlosen, »dokumentarischen« Handkamera, die über ein dezentriertes Schlachtfeld taumelt wie ein schwer verwundeter Kombattant, setzte einen Standard von »Authentizität«, den Spielberg mit der anschließenden Rückkehr zu Hollywood-Konventionen nur unterschreiten konnte.

»Es ist Hollywoodismus drin, aber es ist auch ziemlich authentisch«, fand Army Ranger Sergeant 1st Class Jeff McLaughlin, als er Mitte Januar 2002 aus der Premierenvorstellung des Films *Black Hawk Down* in Washington kam.[37] McLaughlin war im Oktober 1993 dabei, als amerikanische Truppen in Mogadischu intervenierten, um einige Offiziere des somalischen Warlords Mohammed Farah Aidid zu entführen. Der Einsatz endete in einem Desaster. 18 G.I.s und fast tausend Somalier starben. Für die Vereinigten Staaten war dies der Anlass, das Engagement am Horn von Afrika zu beenden und die Menschen im Bürgerkrieg in Somalia sich selbst zu überlassen.

Ridley Scotts *Black Hawk Down* rekonstruiert diese gescheiterte Mission und schließt dabei ästhetisch nahtlos an die Eingangssequenz von *Saving Private Ryan* an. Doch zugleich radikalisiert der Film Spielbergs Vorgabe. Denn in *Black Hawk Down* lenkt der »Hollywoodismus« von dem hyperrealistisch inszenierten Gefecht, das den ganzen Film andauert, nur noch geringfügig ab. Scott war angetreten, eine »Erfahrung der Anatomie des Krieges« zu vermitteln.[38] Er hat diesen selbst erteilten Auftrag sehr wörtlich genommen: *Black Hawk Down* entfesselt eine Orgie von Blut und Fleisch. Brutal zerren die Nahaufnahmen anatomische Details ins Gesichtfeld, die Zuschauer werden hineingerissen in spektakulär-beklemmende Körperwelten.

Und *Black Hawk Down* ist kein Einzelfall: Eine neue Welle von Kriegsfilmen, deren Produktion lange vor dem 11. September 2001 angelaufen war, verwandelt die Kinosäle in eine Mischung aus Schlachtfeld, Operationssaal und Achterbahn. US-Filme wie *Pearl Harbor, Behind Enemy Lines, Hart's War, We Were Soldiers, Windtalkers, K-19: The Widowmaker, To End All Wars, They Fought Alone*, die alle mit mehr oder weniger großer Unterstützung des Verteidigungsministeriums und des Militärs entstanden sind, lassen die »Illusion subjektiver, quasikörperlicher Erfahrung« über »jede noch so propagandistische

›Erklärung‹ des Krieges« triumphieren, schreibt der Filmkritiker Jan Distelmeyer.[39]

Die fortschreitende Integration der Zuschauerkörper in die Kampfhandlungen wird durch eine Kinotechnik unterstützt, die ihre digitalen Bild- und Klangeffekte in immer ausgeklügelteren Abspielumgebungen immer direkter zur Geltung bringen kann. Die Identifikation mit den Figuren auf der Leinwand verläuft weniger über Einfühlung als im Modus der Immersion, der mentalen und körperlichen Einbindung in das Geschehen, der weitgehenden Auslieferung der Individuen an die neurophysische Massage des Films.

So kann das Leben der Zuschauer in die »war zone« entführt werden. Das markiert zwar strukturell keinen Unterschied zu den Wahrnehmungsbedingungen, die den Film seit jeher auszeichnen. Aber durch die digitale Technologie haben sich die Möglichkeiten, in die Action einzutauchen, nochmals entscheidend vergrößert. Die Subjektposition, die diese Filme anbieten, ist die des Soldaten in den Simulationen der Kampfausbildung; oder die des Veteranen, der sich sein eigenes vergangenes Tun noch einmal von Ridley Scott und den anderen nachbilden lässt. So oder so erlebt man sich als in die Kampfhandlungen verstrickt, hineingezogen in den Krieg. In der *dokumentarisch-viszeralen* Produktion des Kriegsgeschehens wird der freigesetzte Körper des (zumeist männlichen) Zuschauers zum eigentlichen Protagonisten. Als wäre Zuschauen eine Sache von gestern und Dabeisein heute alles.

So funktionieren diese Filme gemäß der Computerspiel-Philosophie »It's not a game«. Sie behaupten, dies sei die harte Realität des *combat*. Dass diese Wirklichkeit eine digital geschaffene oder zumindest bearbeitete ist, irritiert da kaum. Verdankt sich nicht auch die Perspektive der echten Kämpfer einer Mischung aus massenkulturell geprägten Imaginationen und modernster Militärtechnologie, die ebenfalls weitgehend computerisiert ist?

Obwohl *Black Hawk Down* oder *Behind Enemy Lines*, zwei der kinematografisch avanciertesten Beispiele dieser neuen Kriegsfilmgeneration, sich an die Üblichkeiten der rassistischen Feindbildkonstruktionen halten und die somalischen beziehungsweise serbischen Gegner der US-amerikanischen Soldaten mit zynischer Geringschätzung zu Objekten eines wertlosen Sterbens degradieren, dürfen sich die Amerikaner hier allerdings nicht in bloßer Überlegenheit gefallen. Wie es Sylvester Stallone und Bruce Willis als Action-Märtyrer in den *Rambo*- und *Die Hard*-Filmen der achtziger und neunziger Jahre exemplarisch vorgeführt haben, muss dem Triumph eine Phase des spektakulären körperlichen Leidens vorausgehen. Denn, entscheidend ist: Diese Helden reklamieren nicht nur den Triumph, sondern auch das Opfertum für sich; sie eignen sich ein Leiden an, das den im Hintergrund dieser Gefechte sterbenden gesichtslosen Anderen zugleich entzogen wird.

Indem dieses Leiden und das am Ende geglückte Überleben als reine Körperangelegenheit behandelt wird und auch den Zuschauern nur die Wahl zwischen Wegschauen und totalem neurophysischen Engagement bleibt, brechen diese Hollywood-Filme mit den Konventionen von »Hollywood«. Die psychologischen Muster von Einfühlung und Identifizierung treten weitgehend außer Kraft, auch wenn das klassische Cowboys-gegen-Indianer-Schema des Western-Genres schemenhaft erkennbar bleibt. Die »atrocity exhibition« (um den Titel eines weiteren Buches von J. G. Ballard zu zitieren) widerspricht den tragenden, pädagogisch-kommerziellen Prinzipien der US-amerikanischen Unterhaltungsindustrie, die Bilder der Grausamkeit und des extremen Leidens an Subgenres wie den Horrorfilm delegiert hat, jedoch ihren Einfluss auf die visuelle Kultur des Mainstreams zu begrenzen versucht. Andererseits appellieren sie an die Bereitschaft des Einzelnen, sich durch totales Engagement auf den Königsweg zum Heldentum zu begeben. Nur durch den bedingungslosen Kampfeinsatz eines

Lebens, das einem kaum gehört, bringt man es zum »Mitarbeiter des Monats«. Ein Geschichte wird da nicht mehr gebraucht, an ihre Stelle tritt eine Pop-Anthropologie, mit der Geschichte in die Form einer postmodernen Naturgeschichte gepresst wird.

So steht die computerspielanaloge Verengung der konventionellen »story« aufs Allernötigste, die das neue Kriegskino vorführt, im Dienst einer Verengung von »history« auf einen geschichtslosen »Vitalismus der ›war zone‹«, wie der Philosoph Boris Buden in einem anderen Zusammenhang die westliche Wahrnehmung der Situation im zerfallenden Jugoslawien charakterisiert hat.[40] Hier, in diesem phantasmatischen Kriegsgebiet erregender Rituale der Grausamkeit, ereignet sich das eigentliche »Ende der Geschichte«. Zugleich artikuliert das Körperkino von Spielberg und Scott den Wunsch, am geschichtslosen Vitalismus dieses Kriegsgebiets teilzuhaben. Will man nicht diese Intensität des Leidens und der Leidenschaften der Anderen erleben? Was könnte begehrenswerter sein als ihr primitives Genießen?

Doch darf diese Identifizierung mit den Anderen nicht übertrieben werden. Der Opferstatus muss als der eigene definiert sein. Das Pentagon hätte die Dreharbeiten von *Black Hawk Down* kaum derart bereitwillig unterstützt, wenn die Identifikation mit dem Bild des Gegners so weit gegangen wäre wie in *Apocalypse Now*. Also zeigt *Black Hawk Down*, wie eine schlecht geplante Intervention scheitern kann und dass Gefechte gegen einheimische »Terroristen« ein hohes Risiko bergen. Damit plädiert dieses intensive Körperkino nicht nur für die bedingungslose Involvierung, sondern indirekt auch für eine militärische Strategie der computergesteuerten Luftkriege mit minimalem Feindkontakt.

Darüber hinaus liegt in der Position des militärisch Unterlegenen (*Black Hawk Down*) oder von Freischärlern Gejagten (*Behind Enemy Lines*) auch die Chance einer moralischen Aufwertung des soldatischen Individuums. Je brisanter und brutaler die Schlacht, desto evidenter das Heldentum. Denn die größte Ressource packender Action ist letztlich das feindliche Feuer, das im Gefecht wie im Kinosaal durch Mark und Bein geht. Jerry Bruckheimer, der Produzent von *Black Hawk Down* und *Pearl Harbor*, bringt es auf den einfachen Nenner: »Je besser die Action, desto glaubwürdiger der Held.«[41] Und die von Josh Hartnett gespielte Hauptfigur in *Black Hawk Down* spricht folgende letzte Worte des Films, über einen gefallenen Kameraden gebeugt: »Niemand fragt danach, ein Held zu sein. Es läuft nur manchmal darauf hinaus.« Somit produziert die Action den Helden, und das Special-Effects-Spektakel erweist sich als der eigentliche Krieg. Das Spektakel tritt an die Stelle von Kriegen, die zunehmend unsichtbar bleiben müssen – oder gleich Teil eines umfassenden »Militainment« werden.

Einen Monat nach dem 11. September 2001 gehörte *Fight Club*-Regisseur David Fincher, also ein weiterer ausgewiesener Spezialist des postmodernen Kino-Vitalismus, zu einer Gruppe von Filmemachern und Drehbuchautoren, die in das vom Pentagon finanzierte Institute for Creative Technologies an der Universität von Südkalifornien eingeladen worden war. Nicht zum ersten Mal trafen sich dort Militärs und Hollywood-Kreative zum Brainstorming. Aber an diesem Tag im Oktober 2001 ging es darum, sich aus aktuellem Anlass mögliche Terror-Szenarien der Zukunft auszumalen. Und die militärisch-kulturindustriellen Kooperationen gehen seitdem munter weiter: Im März 2002 erhält Jerry Bruckheimer die exklusive Erlaubnis, die US-Truppen in Afghanistan zu begleiten, um eine mehrteilige Reality-Soap von der Front zu drehen, an der ansonsten strenges Bildverbot herrscht. Denn Kampfhandlungen sind in dieser Denkart nur dann medientauglich, wenn sie sich als Stoff eignen, aus dem Helden geformt werden können. Ja, es ist wieder »Zeit für Helden«, wie *Focus* am 25. Februar 2002 titelte.

Und die größten Helden, so will es dieser neo-archaische Heldenkult, gehen aus den größten Katastrophen hervor.

Der deutsche Hollywood-Regisseur Wolfgang Petersen, Fachmann für Breitwand-Desaster-Action, sprach kurz nach dem 11. September davon, dass die Europäer und nicht zuletzt die Deutschen eine besondere, historisch gewachsene Kompetenz für das Apokalyptische besäßen: »Mit unserem Hintergrund haben wir sicher eine stärkere Sensibilisierung für solche Realitäten.«[42] Diese »stärkere Sensibilisierung« hindert die Deutschen in Hollywood nicht daran, für das internationale Publikum die entsprechenden Filme zu drehen. Im Gegenteil. Andererseits beschloss der deutsche Verleih von *Black Hawk Down* im März 2002, nachdem es in Kabul zu den ersten Bundeswehr-Toten des Afghanistan-Einsatzes gekommen war, den für April vorgesehenen Start des Films wegen der »aktuellen Ereignisse« auf unbestimmte Zeit zu verschieben. Auf wen oder was mit diesem distributiven Sonderweg Rücksicht genommen werden sollte, blieb letztlich unklar. Man sah die Deutschen wohl noch nicht bereit zum gewinnträchtigen Genuss des digitalen Kriegs-Vitalismus.

Während der Filmverleih in der Bundesrepublik auf etwaige Befindlichkeiten des hiesigen Publikums Rücksicht nahm, war die Heldenproduktion des vitalistischen Körperfilms in den Vereinigten Staaten längst in vollem Gange. Im März 2002 stand fest, *Black Hawk Down* ist ein großer Erfolg an den US-amerikanischen Kassen; offensichtlich »passte« dieses neue Kriegskino in die emotionale Situation nach dem 11. September. Die grässlichen und die glanzvollen Seiten der neuen Kriege werden nun massenkulturell versöhnt. Anfang 2002 schaltete die U.S. Army in Magazinen wie *Muscle & Fitness* ganzseitige Anzeigen mit der Nahaufnahme eines tarnfarbenbeschmierten Soldatenprofils unterm Kevlarhelm. Der abgebildete »Corporal Weatherill« freut sich im Beitext über die raffinierte Lasertechnologie von Bomben, die in die Höhlen des Feindes »wie ein Brief in einen Briefkasten« flögen. Derartige Ansichten eines Nerds in Uniform werden mit der höchsten Belobigung honoriert: »Jede Generation hat ihre Helden. Dieser ist nicht anders.«

Aber Anspruch auf den Heldenstatus haben aktuell nicht nur präpotent-sadistische Hightech-Soldaten. Anfang Januar 2002 wurde in der New Yorker Grand Central Station eine Ausstellung mit 85 überlebensgroßen Fotografien von Feuerwehrleuten und Bergungskräften eröffnet. Diese »Faces of Ground Zero« fügen sich zu einer postmodernen Ruhmeshalle, die nach Ende der New Yorker Station auf Reisen gehen soll. Eine Armee von Helden – erschöpften, schwitzenden, überlebenden, uniformierten Körpern in der »war zone« von Lower Manhattan. *Black Hawk Down*-Koproduzent Joe Roth verglich die Intervention der Soldaten in Mogadischu 1993 mit den Rettungsarbeiten der im World Trade Center gestorbenen Feuerwehrleute und Polizisten. Ihnen allen wäre gemeinsam, »am falschen Ort zur falschen Zeit« gewesen zu sein.[43] Der Umstand, dass dies ein Schicksal ist, welches der größte Teil der Erdbevölkerung kennt, kann dieser massenkulturell gestützten Heldenphilosophie gleichgültig sein.

Nachwort

Auf den dreißig Seiten der Programmbroschüre des Imperial War Museum-North, das im Juli 2002 im Trafford Park zu Manchester eröffnet wurde, findet sich kein einziges Mal das Wort »Frieden«.[1] In dem metallisch glänzenden Museumsbau – entworfen von dem Architekten Daniel Libeskind – feiert man den Krieg als Spektakel für die ganze Familie. Und dieses Spektakel hat die Eigenschaft, endlos zu sein, nie aufzuhören: Die Architektur, einer geborstenen Erdkugel nachempfunden, verweist auf die globalen Konflikte, die das 20. Jahrhundert geprägt haben und »auch die Zukunft formen werden« (Libeskind). Diesem Fatalismus soll man in Manchester gute Seiten abgewinnen. Auf dem Umschlag der Broschüre sind ein fröhliches Kind, ein Kampfpilot und eine Knieprothese zu sehen, arrangiert zu einer Pop-Allegorie auf den ewigen Kreislauf von Jugend, Kampfkraft und Opfertum.

Das Museum und seine attraktive Kriegsshow inmitten eines weitläufigen Sport- und Freizeitareals zeigen, wie der massenkulturelle Alltag inzwischen die natürliche Umwelt des Krieges bildet. Fortwährend wird die Präsenz des Krieges in den Texten und Bildern der Massenkultur ausgebaut und verfeinert. Mit geradezu unheimlicher Folgerichtigkeit ergänzt eine militärische Museumspädagogik der spektakulären Art, wie sie im Imperial War Museum-North betrieben wird, die kriegerischen Inszenierungen des Subjekts in den Lebenswelten des Neoliberalismus. Ein massenkulturell geknüpftes Netzwerk des Krieges verbindet weit auseinander liegende Milieus und Wirklichkeiten. Ob als so genannter *road warrior* mit Palmtop und Handy, der von Meeting zu Meeting um den Globus hetzt, oder als *street warrior* in jenen Vierteln der Metropolen, die den Verlierern des neoliberalen Regimes überlassen werden: Abstiegsängste und Aufstiegswünsche machen aus den Individuen früher oder später Kriegsteilnehmer. Kaum zufällig gehört der »Rebell« zu den begehrtesten Rollenmodellen der Gesellschaften des Westens: Bereits sein Name enthält die Botschaft »zurück in den Krieg« (*re, bellum*).

Ähnlich wie der »totale Krieg« der ersten Hälfte des 20. Jahrhunderts als ideologischer und kultureller Zusammenprall, als »Kulturkrieg« konzipiert war[2], mobilisiert der *massenkulturelle Krieg* des 21. Jahrhunderts sowohl Militär als auch Zivilbevölkerung. Aber sein Schlachtfeld ist in einem Ausmaß die Kultur, das von den Ideologen des »totalen Krieges« noch nicht gedacht werden konnte – einer doppelten Kultur: der *Massenkultur*, in welcher der Krieg zur postmodernen Unterhaltungsware und zum imaginären Ausbildungslager des neoliberalen Subjekts geworden ist; und der *Kultur der Massen*, in der ein Alltag, den der Krieg auszehrt, Subjekte hervorbringt, die von Mangelökonomie, Selbstmordattentätern und patrouillierenden Panzern zermürbt und provoziert werden.

In diesen neuen Räumen des Krieges wird allenthalben mobilisiert und interveniert. Lange vor dem 11. September 2001 wäre die Frage berechtigt gewesen, ob der Krieg wieder »salonfähig« geworden sei, wie es im Vorspann einer *Sabine Christiansen*-Sendung vom 9. Dezember 2001 hieß. Seit dem Krieg in Vietnam verzeichnet das Zusammenspiel von globalem militärischen Interventionismus und globaler massenkultureller Dissemination des Krieges immer neue Höhepunkte.

Wie ist diese Omnipräsenz des Krieges zu verstehen? Michel Foucault hat dazu aufgerufen, den Krieg als »Chiffre des Friedens« zu begreifen.[3] Statt sich der Illusion einer versöhnenden Ordnung des Friedens hinzugeben, müsse man erkennen, dass der Krieg der eigentliche Motor der Institutionen, der Gesetze und der Ordnung ist. Auf dem Feld der Massenkultur, so lässt sich Foucaults Rekonstruktion von Gesellschaftstheorien und Gesetzestexten ergänzen, werden die Kampflinien mit Bildern und Informationen aufgerüstet. Individuelle wie kollektive Subjekte erfahren sich hier als vielfältig mobilisiert – für einen endlosen Krieg, der im Namen von Identität und Differenz, von Action und Effizienz geführt wird.

In diesem massenkulturellen Krieg verschwinden die sozialen Kämpfe von der Bildfläche, stattdessen wächst scheinbar unaufhaltsam die Sichtbarkeit zweier Arten des Krieges, die sich wechselseitig ergänzen: auf der einen Seite die neoliberale Konkurrenz aller gegen alle, die zur radikalen Individualisierung führt; auf der anderen Seite die Verteidigung der Gesellschaft (der Nation, der Identität) gegen äußere Feinde, die die Bruchstücke des zerschlagenen Sozialen zu nationalen und ethnischen Sicherheitsgemeinschaften verschweißt.

Schon seit dem 19. Jahrhundert wurde der politische Kampf, den die gesellschaftlichen Subjekte um Gerechtigkeit und Gleichheit austragen, immer wieder in einen Krieg zur Verteidigung des nationalstaatlichen Gesellschaftskörpers gegen imaginäre äußere und innere Feinde umgedeutet. So entstanden die Ideologien des Rassismus und des »Kampfes der Kulturen«. Dieser Diskurs des Krieges als »Verteidigung der Gesellschaft« (Foucault) verdrängt den *politischen* Kampf, denn der steht gerade nicht im Dienst der Durchsetzung einer partikularen, kulturell begründeten Norm, eines bestimmten »Way of Life«, sondern im Zeichen der Durchsetzung säkularer, universeller Werte wie Gerechtigkeit und Gleichheit.

Die Verallgemeinerung des Krieges seit dem Ende des Kalten Krieges, die in jüngster Vergangenheit – mit den Anschlägen vom 11. September 2001, dem anschließenden »Krieg gegen den Terrorismus« in Afghanistan und der Eskalation der zweiten Intifada in Nahost im Jahr 2002 – neue Maßstäbe setzte, zeigt nachdrücklich, wie die massenkulturell ausgespielte Kriegskarte politische Praktiken der Willensbildung aussticht. In den Vereinigten Staaten werden Militärtribunale eingerichtet und Kriegsgefangene in offenen Käfigen gehalten. In der bundesrepublikanischen Öffentlichkeit wird inzwischen diskutiert, ob man den Parlamentsvorbehalt bei Auslandseinsätzen der Bundeswehr nicht besser aufheben sollte. Schon begrüßt die konservative Presse die Militarisierung des Staates als »Rückkehr des Krieges«[4], was den Instanzen der demokratischen Entscheidungsfindung tendenziell die Daseinsberechtigung abspricht. Darüber, dass 1999 mit der Beteiligung der Bundesrepublik Deutschland am Kosovokrieg das Grundgesetz gebrochen wurde, schweigt man sich hingegen gründlich aus.

Diese schrittweise Durchsetzung eines Zustands der Gesetzlosigkeit im Zeichen des Krieges macht die Neudefinition des Politischen zu einer der Hauptaufgaben in der gegenwärtigen Situation. Eine Schlüsselmotivation, dieses Buch zu schreiben, bestand deshalb darin, durch die Entzifferung des massenkulturellen Krieges die Option zu gewinnen, Gerechtigkeit und Gleichheit als das Außen dieses permanenten Ausnahmezustands zu bestimmen. Dazu gehört, dass man sich der Verengung der öffentlichen Diskussion auf einige wenige Alternativen, die von »Realismus« oder »Pragmatismus« zeugen sollen, aber eigentlich alles andere als echte Alternativen sind, konstruktiv verweigert. Denn die Auswahl zwischen Intervention und Nicht-Intervention anlässlich einer »humanitären Katastrophe« oder eines »Völkermords« ist keine Auswahl, die diese Bezeichnung verdient – beide Optionen bleiben der Logik des Krieges verhaftet, beide Optionen verengen unzulässig den politischen Handlungsraum.

Wie sehr diese Logik auch in den Köpfen der Intellektuellen Platz gegriffen hat, zeigt die steigende Beliebtheit von geostrategischen und militärtheoretischen Gedankenspielen in den Blättern der Gebildeten; ansonsten wird öffentlich gemaßregelt, wer immer es wagt, sich dem herrschenden Schematismus von Gut und Böse zu widersetzen. Inopportun erscheint jede Perspektive, die die Fixierung auf Frontstellungen und militärische Chancen/Risiken-Kalküle ablehnt und stattdessen den Blick darauf lenkt, was für Möglichkeiten jenseits und unterhalb der Front und des Krieges liegen.

Dabei ist eine solche Verlagerung der Aufmerksamkeit keine Frage von Pazifismus, Appeasement oder Neutralität. Niemand wird vernünftigerweise die Gegenwart des Krieges und die Notwendigkeit der Parteinahme leugnen. Im Gegenteil: Es geht darum, parteiisch und militant darauf hinzuwirken, die ökonomischen und politischen Bedingungen zu schaffen, unter denen eine gerechte Verteilung von Wohlstand, eine nicht nur aufs nackte Überleben zurückgeworfene Existenz möglich ist; denn eine solche *Existenz im Ausnahmezustand* ist nun mal die Basis der Rekrutierung von Soldaten für die neuen Kriege.

Aber das Klima für solche Forderungen ist trotz vereinzelter Lippenbekenntnisse derzeit denkbar ungünstig. Sehr viel lieber werden Freund/Feind-Linien gezogen. Nach dem 11. September war der neue »Feind« der islamische Fundamentalismus. Er »bestimmt« uns, so der Philosoph Alain Finkielkraut in der neuerdings wieder geschätzten Diktion des rechten Staatstheoretikers Carl Schmitt. Und Finkielkraut zufolge macht dieser Feind »uns übrige Angehörige des Westens, gleich welchen Alters, Geschlechts, welcher Nationalität oder Hautfarbe, zu kleinen Soldaten der geschmähten Zivilisation«.[5]

Diese Rolle des »kleinen Soldaten« in der Frontstellung eines Kampfes der Kulturen aber ist das genaue Gegenteil einer notwendigen Politisierung, die davor bewahrt, in militärischem Fatalismus und mobilisierter Apathie zu versinken. Es kann nicht darum gehen, sich für jenen »Kampf um die Kultur« rekrutieren zu lassen, zu dem Gerhard Schröder in seiner Regierungserklärung vom 19. September 2001 unter Applaus der Delegierten aufrief. Die politische Militanz muss gerade solche Anrufungen und Subjektivierungen als unzumutbar zurückweisen und bekämpfen. Denn die Treibmittel der Kriege zwischen »Gut« und »Böse«, »Zivilisation« und »Barbarei« sind die Phantasmen der Sicherheit und der kulturellen Überlegenheit. Und der globale Einberufungsbescheid, der jetzt an alle unterwegs ist, trägt das Prinzip der Eskalation bis in die abgelegensten Winkel der Gesellschaft. Widersteht man der Militarisierung des Intellekts nicht, findet man sich zwangsläufig als »kleiner Soldat« in den Schützengräben des massenkulturellen Krieges wieder.

Andererseits wird man in diesen Schützengräben ohnehin längst vermutet. »Eine vollkommen neuartige Landschaft wird eine Umgebung anbieten, in der die teilnehmende Erfahrung des Publikums lange begonnen hat, bevor die Besucher die Türen des Museums durchschreiten«, schreibt Daniel Libeskind im Prospekt für das Kriegsmuseum in Manchester. Unfreiwillig verweist der Architekt damit auf den Umstand, dass der Krieg lange vor dem Besuch der Kriegsshow in der Erfahrung der Bevölkerung angekommen ist. Aber gerade weil die teilnehmende (Kriegs-)Erfahrung des Publikums so entgrenzt ist, wird die Option Krieg immer plausibler.

Und genau hier, an der neuen Plausibilität des Krieges, setzt die Analyse des massenkulturellen Krieges an. Sie weist nach, wie der Krieg zur Fortsetzung der Kultur mit allen Mitteln geworden ist und zu einer Situation geführt hat, in der die Bilder des Krieges die Massenkultur speisen und die Massenkultur ihrerseits zur zentralen Ressource des Krieges und seiner Akteure mutiert. Statt sich darauf zu beschränken, den (wie auch immer *gerechten*) Krieg zu fordern, kann die Konsequenz aus dieser Analyse nur die Durchsetzung einer tatsächlich gerechten Politik bedeuten – unter nüchterner Abwägung der massenkulturellen Entsicherung der Verhältnisse.

In diesen Verhältnissen bedeutet Kritik zuallererst, *sich zu weigern, so mobilisiert zu werden*. Denn der Neoliberalismus hält die individuellen und kollektiven Individuen vor allem deshalb in ständiger Bewegung und Obdachlosigkeit, um ihnen auf diese Weise genau jene Sicherheit zu nehmen, für die sie auf dem Markt jeden Preis zahlen würden. Subjektiv kann das durchaus als Intensitätsgewinn erlebt werden, als lustvoller Einstieg in eine Unsicherheit, die eine ganz besondere Sicherheit verspricht, weil sie Dabeisein, die Teilnahme an einer mitreißenden Dynamik zu garantieren scheint. Aus Bürgern, die aktiv am politischen Prozess beteiligt sind, werden auf diese Weise Opfer und Überlebende, die sich die Option der politischen Gestaltung mal mehr, mal weniger bereitwillig abnehmen lassen.

Diese intime Verschränkung von Neoliberalismus und massenkulturellem Krieg zu beschreiben ist der Versuch, den das vorliegende Buch macht. Die Perspektiven, die sich aus einer solchen Beschreibung ergeben, weisen alle in eine Richtung: Die kulturell produzierte Legitimität des Krieges muss als Form der Herrschaft begriffen und politisch infrage gestellt werden. Aber nicht indem man abstrakt zu Versöhnung und Frieden aufruft, sondern indem man den Kampf annimmt, das heißt: den Krieg *querliest*, seine vermeintliche Natürlichkeit und Zwangsläufigkeit angreift. Das heißt auch: die Funktion von massenkulturell produzierter und gesendeter Gewalt zu kritisieren und im Gegenzug nicht-kriegerische Formen des politischen Kampfes sichtbar zu machen, um so deren Legitimität zu stärken. Solange die Verhältnisse dermaßen entsichert sind, dass das Wort Intervention nur noch in seiner militärischen Bedeutung bekannt ist, bestehen wir darauf, dass Intervention auch etwas anderes heißen kann: nämlich *nicht*, in einem Krisengebiet einzumarschieren, sondern in eine gesellschaftliche Situation politisch einzugreifen, die durch den zugleich lähmenden wie mobilisierenden Konsens geprägt ist, dass kriegerische Konflikte »die Zukunft formen werden«. Denn eine solche Zukunft ist schlicht unakzeptabel. Umso mehr, weil sie nichts anderes als die Gegenwart ist.

Anmerkungen

Seite 23–68
1 Was macht Francis Ford Coppola auf den Philippinen?

1 Koch 1999, S. 232.
2 Kästner 1953, S. 24.
3 Bourke 1999, S. 13 ff.
4 Herr 1979, S. 217 f.
5 Siehe Bourke 1999, S. 38 ff.
6 Herr 1979, S. 71.
7 Baker 2001, S. 58.
8 Griffith 1971, S. 58/59.
9 Herr 1979, S. 13.
10 Ebd., S. 23 f.
11 Siehe ebd., S. 43 ff.
12 Siehe ebd., S. 67.
13 Ebd., S. 73 f.
14 Downs 1993, S. 149.
15 Siehe Engelhardt 1995, S. 162.
16 Siehe Knightley 2000, S. 428 ff.
17 van Creveld 1998, S. 256 f.
18 Siehe Fallaci 1991, S. 120.
19 Siehe Fallaci 1991, S. 136 ff.
20 Siehe Duong Thu Huong 1997.
21 van Creveld 1998, S. 244.
22 Siehe Griffith 2001.
23 Siehe Ho Tschi Minh 1968, S. 224.
24 Siehe ebd., S. 212 und S. 229.
25 Siehe Powell 1995, S. 87.
26 Siehe Brooks 2001.
27 Siehe Holmes 1985, S. 251 ff.
28 Herr 1979, S. 68.
29 Siehe Knightley 2000, S. 417.
30 O'Brian 2001, S. 87.
31 Zitiert nach: Roper 1995, S. 30.
32 Siehe Jünger 2001, S. 14 ff.

33 Siehe Biskind 2000, S. 619 ff.
34 Zitiert nach: ebd., S. 626.
35 Siehe Cowie 2000.
36 Siehe ebd., S. 619.
37 Zitiert nach: Seeßlen, Georg, »Video Nam«, in: *Konkret*, Nr. 2, 1992.
38 Werckmeister 1989, S. 128.
39 Siehe Bourke 1999, S. 28.
40 Siehe Powell 1995, S. 565.
41 Beham 1996, S. 125.
42 Der Derian 2001, S. 182 f.
43 Siehe Shawcross 1979, S. 135.
44 Siehe Knightley 2000, S. 462 ff.
45 Zitiert nach: Shawcross 1979, S. 166.
46 Siehe Chomsky 2000, S. 210.
47 *New York Times*, 13.02.2002.
48 Alle Zitate nach: *Donald Rumsfeld, Matinee Idol or Prevaricator-in-Chief*, in: *Commondreams News Center*, 29. Januar 2002, *http://www.commondreams.org/views02/0129-08.htm*
49 »Gefährliche Phase«, in: *die tageszeitung*, 6. März 2002.
50 Siehe Beham 1996, S. 160 ff.
51 Kaldor 2000, S. 15 ff.
52 Ebd., S. 18.
53 Siehe etwa Cooley 2000.
54 *Der Spiegel*, 5. November 2001.
55 »Entweder seid ihr für uns, oder ihr seid für die Terroristen«, in: *Frankfurter Allgemeine Zeitung*, 22. September 2001.
56 Zu den Strategien des Terrorismus siehe etwa Waldmann 1998 oder Hoffman 1999.

Seite 69–116
2 Warum läuft Herr DiCaprio Amok?

1 Wir folgen weitgehend der Rekonstruktion des Tathergangs, wie er von Jürgen Petschull, Andreas Albes, Rupp Doinet und Kerstin Schneider auf der Basis von Polizeiberichten und Zeugenbefragungen im *Stern* vorgelegt wurde (»Im Rausch der Gewalt. Der Junge, die Stadt und der Tod. Protokoll der Bluttat von Bad Reichenhall«, in: *Stern*, 11. November 1999).
2 Zitiert nach: Petra Hollweg, Michael Klonovsky, Christian Sturm, »Blutrausch im Idyll«, in: *Focus*, 8. November 1999.

3 Wilhelm Heitmeyer, Gewaltforscher, zitiert in: *Stern*, 11. November 1999.

4 Deleuze/Guattari 1992, S. 114.

5 Zu diesem Begriff und seiner medienhistorischen Einordnung siehe Schlesinger 1995; zu Medien und Terrorismus siehe auch: Carruthers 2000, S. 163 ff.; Hoffman 2001, S. 172 ff.

6 Siehe »Der heranwachsende Krieg« [Interview mit dem Völkermordforscher Gunnar Heinsohn], in: *Die Zeit*, 11. April 2002.

7 Neubauer 1999, S. I.

8 Siehe zu den verschiedenen Ausprägungen der »seriellen Existenzform« unter Medienbedingungen: Theweleit 1998, S. 186 ff.

9 Siehe Žižek 1994, S. 75.

10 Siehe Seltzer 1998, passim.

11 Habermas 1962, S. 193; siehe auch: Mark Terkessidis, »Die Öffnung der Gräber. Fotografische Traumata in einer pathologischen Öffentlichkeit«, in: Holert 2000, S. 113 f.

12 Azoulay 2001, S. 157 f.

13 Siehe Dery 1999, S. 93.

14 Margaret Thatcher, »Interview«, in: *Women's Own*, Oktober 1987, hier zitiert nach: Thomas Lemke, »Die Regierung der Risiken«, in: Bröckling/Krasmann/Lemke 2000, S. 259, Anm. 15.

15 Siehe Diedrich Diederichsen: »Die Leute woll'n, dass was passiert«, in: *Frankfurter Allgemeine Zeitung*, 13. Oktober 2000.

16 Hobbes 1984, S. 123 ff.

17 Foucault 1999, S. 59.

18 Deleuze 1993, S. 257.

19 Thomas Lemke, Susanne Krasmann, Ulrich Bröckling, »Gouvernementalität, Neoliberalismus und Selbsttechnologien«, in: Bröckling/Krasmann/Lemke 2000, S. 30.

20 Zitiert nach: Spreen 1998, S. 140.

21 Siehe Ehrenberg 1983, passim, hier: S. 10 f.

22 Siehe Ehrenberg 1991, S. 16 f.

23 Siehe Ehrenberg 1995.

24 Bourke 1999, S. 42.

25 Siehe Grossman 1996, S. 252 ff.

26 KSK-Psychologe Günter Kreim, zitiert nach: Susanne Koelbl, »Gegen das Böse kämpfen«, in: *Der Spiegel*, 24. September 2001.

27 Zitiert nach: Grossman 1996, S. 252.

28 Ebd., S. 257.

29 Siehe Wright 1985, S. 28.

30 Siehe die Verweise bei Bourke 1999, S. 114.

31 Siehe Jorgenson 2001.

32 Herr 1978, S. 61.

33 Siehe Enzensberger 1993.

34 Zitiert nach: Dery 1999, S. 86.

35 Den Hinweis auf diese Broschüre verdanken wir Der Derian 2001, S. 181.

36 Zu diesem Begriff siehe Link 1997, passim.

37 Ebd., S. 338.

38 Garland 1997, S. 18 f. – Obwohl sich die deutschsprachige Version von *The Beach* von der Originalfassung in einigen Punkten unterscheidet, kann hinsichtlich unserer Argumentation auf die Übersetzung zurückgegriffen werden.

39 Siehe Leed 1979, S. 54 f. und passim.

40 Siehe ebd., S. 7.

41 Theweleit 1978, Bd. 2, S. 221.

42 Siehe Leed 1979, S. 21.

43 Siehe ebd.

44 Siehe Franz Schauwecker, *Das Frontbuch. Die deutsche Seele im Weltkriege*, Halle 1927 (6. Aufl.), zitiert nach: Amberger 1984, S. 218.

45 Ernst Jünger, »Krieg und Technik« [1930], in: Jünger 2001, S. 597.

46 Ernst Jünger, »Der Krieg als inneres Erlebnis« [1925], in: ebd., S. 106 f.

47 Zitiert nach: Heath 2000, S. 56.

48 Albig 1999, S. 64.

49 Siehe Darley 2000, S. 147 ff.

50 Siehe Engelhardt 1995, S. 263 ff., hier: 268.

51 Garland 1997, S. 19.

52 Zitiert nach: Herr 1978, S. 199.

53 Ellis 1993 und Ellis 2001.

54 Palahniuk 1997, S. 153.

55 Ebd., S. 140.

56 Palahniuk 1997, S. 56.

57 Siehe Laurie 2001, Murphy 1999, Stevens 2002, Krause 1997, Michaels/Handfield-Jones/Axelrod 2001.

58 Siehe Meschnig/Stuhr 2001, S. 161 ff.

59 Emmanuel 2000, S. 7 f.

60 Siehe von Oetinger/von Ghyczy/Bassford 2001.

61 Mao Tse-tung, »Strategische Probleme im antijapanischen Guerillakrieg« [1938], in: Mao Tse-tung 1969, S. 147.

62 Paul C. Judge, »Provocation 101« [Interview mit dem Managementtheoretiker Larry Weber], in: *Fast Company*, Januar 2002.

63 Siehe Stossel 2000.

64 Siehe Jan Fleischhauer, »Good bye, Mr. Brutalo«, in: *Der Spiegel*, 1/1999.

65 Baumann 2002.

Seite 117–144

3 Was macht General Reinhardt in »Film-City«?

1 Siehe »Schlacht an der Oder«, in: *Stern*, 7. August 1997.
2 »Wir haben bisher Schlimmeres verhütet«, in: *Die Welt*, 2. August 1997.
3 »Schlacht an der Oder«, in: *Stern*, 7. August 1997.
4 *Bild*, 5. August 1997.
5 »Wir kommen zu nichts vor lauter Bedenken«, in: *Frankfurter Allgemeine Zeitung*, 24. Dezember 1993.
6 Baudissin 1955.
7 Generalmajor von Scharnhorst an den Stabskapitän von Clausewitz. Memel, 27. November, 1807, in: Vaupel 1938, S. 175.
8 Baudissin 1955, S. 36.
9 Ebd., S. 30.
10 Ebd., S. 32.
11 Knoch 2001, S. 451.
12 Ebd., S. 453.
13 Siehe ebd., S. 449.
14 Baudissin 1955, S. 27.
15 Siehe Kutz 1997, S. 291.
16 Siehe ebd., S. 301 f.
17 Siehe Brockmann 1994, S. 286.
18 Ebd., S. 289.
19 »Die Bundeswehr hat anti-militaristische Fundamente«, in: *Süddeutsche Zeitung*, 21. Juli 1999.
20 »Der Kampf, das ist das Äußerste«, in: *Der Spiegel*, Nr. 6, 2000.
21 Zitiert nach: *http://www.sonntagsblatt.de/1995/ds-42/bw.2.htm*
22 Ignatieff 2001, S. 24.
23 »Top Gun«, in: GQ, Nr. 2, 2002.
24 »In weiter Ferne, so nah«, in: *Süddeutsche Zeitung Magazin*, Nr. 50, 1999.
25 »Möglichst gut rauskommen«, in: *Der Spiegel*, Nr. 36, 1999.
26 »Krieg und Frieden«, in: *Stern*, Nr. 43, 1999.
27 Reinhardt 2001, S. 570.
28 Ebd., S. 309.
29 Ebd., S. 418.
30 Ebd., S. 244.
31 Siehe etwa »Wem nützt der dumme Rudolf?«, in: *die tageszeitung*, 28. Februar 2002.
32 »militant«, in: *ID*, No. 207, March 2001.
33 »Polyform statt Uniform«, in: *Welt am Sonntag*, 4. März 2001.

34 »Mit Ernst zur Lächelparade«, in: *Süddeutsche Zeitung*, 21. Januar 2002.

35 »Haben die KSK-Soldaten eine ›Lizenz zum Töten?‹«, in: *Bild*, 27. Februar 2002.

36 »Gegen das Böse kämpfen«, in: *Der Spiegel*, 1. Oktober 2001.

37 »Deutschland im Krieg«, in: *Frankfurter Allgemeine Sonntagszeitung*, 10. März 2002.

38 »Das falsche Sparschwein«, in: *Die Zeit*, 7. März 2002.

39 »Wendige Nomaden«, in: *Der Spiegel*, 11. März 2002.

40 Caputo 1996, S. xvii.

41 »Eine völlig fremde Welt«, in: *Der Spiegel*, 18. Februar 2002.

Seite 145–176

4 Warum stehen auf der Mutter-Teresa-Straße die Land Cruiser im Stau?

1 Siehe den anonymen Leserbrief »Support from X UNMIK Officer« vom 15. Februar 2002 auf der CIVPOL-Website *http://www.civpol.org/article.php?sid=36*

2 Andrea Böhm, »Ein bisschen Frieden. Das Kosovo ein Jahr nach dem Nato-Angriff«, in: *Die Zeit*, 23. März 2000, S. 15–19; Teja Fiedler, »Polizeirevier Prizren«, in: *Stern*, 24. März 2000, S. 38–46.

3 Siehe Hardt/Negri 2000, S. 18.

4 Siehe z. B. *http://www.nato.int/sfor/indexinf/90/eaftrains/t000623j.htm*

5 Siehe beispielsweise die »Friends of Earth«-Sonder-Website *http://www.suv.org*.

6 Kaldor 2000, S. 193.

7 Siehe »Tödliche Mission«, Fernsehdokumentation, N3, 1. Dezember 2001.

8 Siehe Wüst 1999.

9 Siehe Gössner 2000, S. 17.

10 Zum Begriff der »subjektiven Sicherheit« siehe Holst 1998.

11 Siehe Hoffmann-Riem 2000, S. 126 ff.

12 Mischa Täubner, »Sie bewachen sogar die Polizei«, in: *Die Zeit*, 28. Februar 2002.

13 Siehe Andreas Ulrich, »Ein lukrativer Markt«, in: *Der Spiegel*, 37/1999, S. 76–81.

14 Siehe Ronneberger/Lanz/Jahn 1999, S. 167 ff.

15 Davis 2001, S. 45.

16 Foucault [u. a.] 1993, S. 184.

17 Siehe Giorgio Agamben, »Heimliche Komplizen. Über Sicherheit und Terror«, in: *Frankfurter Allgemeine Zeitung*, 20. September 2001.

18 Siehe Hardt/Negri 2000, S. 34 ff.

19 Im deutschsprachigen Raum stehen dafür Begriffe wie »Territorialverteidigung« oder neuerdings auch: »Heimatschutz«.

20 Siehe Bernhard Küppers, »Aufräumen im schwarzen Loch. UN-Polizisten und Nato-Soldaten plagen sich mit politischen Gewalttaten und organisierter Kriminalität«, in: *Süddeutsche Zeitung*, 26. Februar 2002, S. 3.

21 »Endstatus-Frage ist offen.‹« [Interview], in: *Frankfurter Allgemeine Sonntagszeitung*, 17. Februar 2002, S. 2.

22 Siehe Stefan Hornborstel, »Die Konstruktion von Unsicherheitslagen durch kommunale Präventionsräte«, in: Hitzler/Peters 1998, S. 93–112.

23 Dietrich/Glöde 2000, S. 57.

24 Siehe Ugrešić 1995, S. 116 ff., und Branislava Andjelković und Branislav Dimitrijević, »Mord, oder Glückliche Menschen. Kunst, Repräsentation, Politik und Vergessen im Serbien der neunziger Jahre«, in: Holert 2000, S. 134–149.

25 Zur »Rationalität der Angst« in Jugoslawien und Ruanda siehe: de Figueiredo jr./Weingast 1999.

26 »Immer hellwach bleiben.‹ Brigadegeneral Carl Hubertus von Butler über die Risiken des deutschen Militäreinsatzes in Afghanistan«, in: *Der Spiegel*, 28. Januar 2002, S. 126.

27 Peter Münch, »Mit Ernst zur Lächelparade. Die Afghanen feiern die Deutschen, die ihnen Sicherheit bringen sollen«, in: *Süddeutsche Zeitung*, 21. Januar 2002, S. 3.

28 Zitiert nach: Silverstein 2000, S. 252.

29 Siehe ebd., S. 254.

30 Scharping 1999, S. 4.

31 »Soldaten nicht überfordern!‹ Gespräch mit Minister Scharping«, in: *Frankfurter Allgemeine Sonntagszeitung*, 10. März 2002.

32 Naumann 2001, S. 30.

33 Siehe Henning Schmidt-Semisch, »Selber schuld. Skizzen versicherungsmathematischer Gerechtigkeit«, in: Bröckling/Krasmann/Lemke 2000, S. 186.

34 Zur »Kultur der Angst« siehe Glassner 1999; der Erforschung der diskursiven Entstehungsbedingungen und Verlaufsformen dieser Angstkultur widmet sich inzwischen ein eigener Zweig der Sozialwissenschaften; siehe u. a. Goode/Ben-Yehuda 1994, Jenkins 1992, Jenkins 1999, Best 1995, Krämer/Mackenthun 2001.

35 »How Terrorism and Popular Culture Feed One Another«, *http://www.rand.org/publications/randreview/issues/rr.12.00/news.html*

36 Zum Begriff der »Angstwirtschaft« siehe Paul Krugman, »The Fear Economy«, in: *New York Times Magazine*, 30. September 2001.

37 Zum Begriff der »compassion fatigue« siehe Moeller 1999.

38 Zitiert nach: Goldstone 2001, S. 84.

39 Siehe »Vorlesungen zur Einführung in die Psychoanalyse« [1915–17], in: Freud 1997, Bd. I, S. 384.

40 Brian Massumi, »Preface«, in: Massumi 1993a, S. viii.

41 Ebd., S. ix.

42 Ehrenberg 1995, S. 309.

43 Siehe Goldstone 2001, S. 259.

44 Zu diesem Begriff siehe Werckmeister 1989.

45 Siehe Kujat 2000.

46 Niklas Maak, »Es war einmal in Amerika«, in: *Frankfurter Allgemeine Zeitung*, 18. September 2001.

47 Holger Liebs, »Krieg und Boliden«, in: *Süddeutsche Zeitung*, 10. Januar 2002.

48 Link 1997, S. 339.

49 Siehe Agamben 2001b, S. 124.

Seite 177–214
5 Was macht Slobodan Milošević auf MTV?

1 Siehe Moeller 1999, S. 272 f.

2 Zitiert nach: ebd., S. 268.

3 Siehe Kaplan 1993, S. 22.

4 Siehe Todorova 1999.

5 »The Truth War«, in: *The Guardian*, 12. April 1999.

6 Meissner 2001, S. 8.

7 Siehe Barthes 1990.

8 Siehe Moeller 1999, S. 15 ff.

9 Meissner 2001, S. 25.

10 »Kriegsreporter: Überleben im Kugelhagel«, in: GQ, Nr. 2, 2002.

11 »Die Paparazzi des Todes«, in: *Spiegel Reporter*, Nr. 2, 2000.

12 Page 2002, S. 71.

13 Ebd., S. 69.

14 Arnett 1994, S. 30 ff.

15 Ebd., S. 425.

16 Meissner 2001, S. 6.

17 Loyd 2000.

18 Siehe ebd., S. 66.

19 Ebd., S. 136.
20 Ebd., S. 207.
21 Siehe Torchi 1996, S. 58.
22 Siehe Vuković 1999a und 1999b.
23 Siehe ebd.
24 Siehe Taylor 1991, S. 88 ff.
25 »Waiting for War, Reporters Occupy Rebel Territory«, in: *Washington Post*, 6. Oktober 2001.
26 Siehe etwa »Im Blindflug«, in: *Der Spiegel*, Nr. 42, 2001.
27 »Kriegsreporter als Freiwild«, in: *M. Menschen machen Medien*, Nr. 12, 2001.
28 »Die letzte Reportage«, in: *Stern,* Nr. 47, 2001.
29 Siehe Horton/Wohl 1956.
30 Siehe Lacan 1996.
31 Siehe Lyotard 1982.
32 Todorova 1999, S. 267.
33 This Cool Revolution, *www.primer.org.*
34 Zu den Meetings siehe Milošević 1997, Veljanovski 1998.
35 Zitiert nach der Dokumentation: »Der Nationalismus ist das schlimmste Problem. Was Milošević 1989 auf dem Amselfeld wirklich gesagt hat – und wie es in Deutschland verfälscht wird«, in: *Konkret*, Nr. 8, 2001.
36 Siehe Lohoff 1996, S. 121 ff.
37 Dimitrijević 1998, S. 110.
38 Monnesland 1997, S. 352.
39 Čolović 1999, S. 313.
40 Siehe dazu ausführlich: Čolović 1994, S. 49–59.
41 Siehe ebd., S. 60–70.
42 Ugrešić 1995, S. 171.
43 Siehe Calić 1995, S. 142 ff.
44 Siehe Čolović 1998, S. 270.
45 Siehe »Der Kriminelle als Nationalheld«, in: *Frankfurter Rundschau*, 25. Februar 2000.
46 Zitiert nach: Collin 2001, S. 78.
47 Siehe »Erst nach Arafat hat der Frieden eine Chance«, in: *Frankfurter Allgemeine Sonntagszeitung*, 31. März 2002.

Seite 215–250

6 Warum spürt Durs Grünbein die Apokalypse in jedem einzelnen europäischen Körper?

1 Jonathan Schell, »Letter from Ground Zero: The Power of the Powerful«, in: *The Nation*, 15. Oktober 2001.

2 Zitiert nach: Andrew Hsiao, »Make Noise not War«, in: *Village Voice*, 9. Oktober 2001.

3 Durs Grünbein, »Aus einer Welt, die keine Feuerpause kennt«, in: *Frankfurter Allgemeine Zeitung*, 19. September 2001.

4 Ugrešić 1995, S. 294 f.

5 Siehe David Barstow, »Envisioning the Future in a Fortress New York«, in: *The New York Times*, 16. September 2001.

6 »Either you are with us, or you are with the terrorists.« (Bush 2001); »Either one is on the side of justice ... or one is on the side of terrorism.« (Margaret Thatcher, 1988, zitiert nach: Carruthers 2000, S. 195).

7 Siehe Weber 1999.

8 »Genua im Belagerungszustand. Martialische Sicherheitsvorkehrungen für den G-8-Gipfel«, in: *Neue Zürcher Zeitung*, 19. Juli 2001.

9 Ulrich Ladurner, »Genua in Banden«, in: *Die Zeit*, 19. Juli 2001.

10 Siehe Richmond 2000.

11 Herbert Muschamp, »For Now, Restricted Access. But What of the Future?«, in: *The New York Times*, 7. Oktober 2001.

12 Steven Johnson, »Blueprint for a Better City«, in: *Wired*, Dezember 2001.

13 Siehe Timothy Townsend, »The First Hours«, in: *Rolling Stone*, 25. Oktober 2001.

14 Siehe Ross 1994, S. 139.

15 Siehe ebd., S. 140 f.

16 Foucault 1999, S. 56.

17 »Theorien des deutschen Faschismus«, in: Benjamin 1980, Bd. III, S. 250.

18 Christina Gombar, Leserbrief, in: *London Review of Books*, 1. November 2001.

19 Siehe Folker Dries, »Nach den Terroranschlägen entdeckt die Wall Street Patriotismus und Solidarität«, in: *Frankfurter Allgemeine Zeitung*, 19. September 2001.

20 Siehe Ross 1994, S. 150 ff.

21 Siehe Carruthers 2000, S. 172 ff.

22 Siehe J. Hoberman, »All as It Had Been. Hollywood Revises History, Joins the Good Fight«, in: *Village Voice*, 5. Dezember 2001.

23 Ross 1994, S. 158.

24 Virilio/Lotringer 1984, S. 40.

25 Niklas Maak, »In einer kleinen Stadt«, in: *Frankfurter Allgemeine Zeitung*, 17. September 2001.

26 Siehe Aust/Schnibben 2002, S. 172 f.

27 Zitiert nach: Thomas Noga, »Ein Schiff wird kommen«, in: *Frankfurter Rundschau*, 10. November 2001.

28 Ballard 2000, S. 59.

29 Siehe Sofsky 2002, S. 27; auch: Enzensberger 1993 und Lévy 2001.

30 Barthes 1984, S. 193.

31 Ballard 1996, S. 245.

32 Siehe Ehrenreich 1997, S. 23 ff.

33 Ballard 2000, S. 365.

34 »Das Kunstwerk im Zeitalter seiner technischen Reproduzierbarkeit«, in: Benjamin 1980, Bd. 1–2, S. 506, Anm. 32.

35 Amy Taubin, »War Torn«, in: *Village Voice*, 28. Juli 1998.

36 So äußerte sich Bob Levin, Marketing- und Vertriebschef des Studios MGM (zitiert nach: Lynn Smith, »Going Gung-Ho«, in: *Los Angeles Times*, 30. März 2002).

37 Zitiert nach: Roxanne Roberts, »Hollywood's 21-Gun Salute«, in: *Washington Post*, 16. Januar 2002.

38 Zitiert nach: Bruce Orwall, »War Film a Risky Test for Hollywood«, in: *The Wall Street Journal*, 29. November 2001.

39 Jan Distelmeyer, »Publikum unter Dauerfeuer«, in: *Die Zeit*, 31. Januar 2002.

40 Siehe Buden 1997.

41 »›Antichrist? Niemand wagt es, mich so zu nennen.‹ – ›Ist ja auch ungerecht‹« [Interview mit Jerry Bruckheimer und Ridley Scott], in: *Süddeutsche Zeitung Magazin*, 22. März 2002.

42 Zitiert nach: »›Visuell glänzend verkauft‹«, in: *Max*, 20. September 2001.

43 Zitiert nach: Bruce Orwall, »War Film a Risky Test for Hollywood«, in: *Wall Street Journal*, 28. November 2001.

Seite 251–257
Nachwort

1 Siehe Hanno Rauterberg, »Genießen Sie die Aussicht!«, in: *Die Zeit*, 14. Februar 2002.

2 Siehe Geyer 1986, S. 546.

3 Foucault 1999, S. 308.

4 Siehe Thomas Schmid, »Die Rückkehr des Krieges«, in: *Frankfurter Allgemeine Sonntagszeitung*, 17. März 2002.

5 Alain Finkielkraut, »Dieser Feind bestimmt uns«, in: *Frankfurter Allgemeine Zeitung*, 27. September 2001.

Literatur

Agamben, Giorgio (2001): *Mittel ohne Zweck. Noten zur Politik*, Freiburg/ Berlin: diaphanes

Albig, Jörg-Uwe (1999): *Velo*, Berlin: Volk & Welt

Amberger, Waltraud (1984): *Männer, Krieger, Abenteurer. Der Entwurf des ›soldatischen Mannes‹ in Kriegsromanen über den Ersten und Zweiten Weltkrieg*, Frankfurt am Main: Rita G. Fischer [Frankfurter Beiträge zur neueren deutschen Literaturgeschichte]

Arnett, Peter (1994): *Unter Einsatz des Lebens. Der CNN-Reporter live von den Kriegsschauplätzen der Welt*, München: Droemer Knaur

Aust, Stefan/Schnibben, Cordt [Hg.] (2002): *11. September. Geschichte eines Terrorangriffs*, Hamburg/Stuttgart/München: Spiegel Buchverlag/ DVA

Azoulay, Ariella (2001): *Death's Showcase. The Power of Image in Contemporary Democracy*, Cambridge, MA/London: The MIT Press

Baker, Mark (2001): *Nam. The Vietnam War in the Words of the Men and Women Who Fought There*, London: Abacus

Ballard, J. G. (1996): *Cocaine Nights*, London: Flamingo

Ballard, J. G. (2000): *Super-Cannes*, London: Flamingo

Barthes, Roland (1984): *Le bruissement de la langue. Essais critiques IV*, Paris: Seuil

Barthes, Roland (1990): »Die Fotografie als Botschaft«, in: ders.: *Der entgegenkommende und der stumpfe Sinn*, Frankfurt am Main: Suhrkamp, S. 11–27

Baudissin, Wolf Graf von (1955): »Das Leitbild des zukünftigen Soldaten«, in: *Neue Gesellschaft*, Jg. 2, S. 26–37

Baumann, Michael: »Zweiköpfiges Biest. Militärische Führungsprinzipien sind bei US-Managern groß in Mode«, in: *Wirtschaftswoche*, Nr. 10, 28. Februar 2002, S. 86–87

Beham, Mira (1996): *Kriegstrommeln. Medien, Krieg und Politik*, München: dtv

Benjamin, Walter (1980): *Gesammelte Schriften*, unter Mitwirkung von Theodor W. Adorno und Gershom Scholem hg. von Rolf Tiedemann und Hermann Schweppenhäuser, Frankfurt am Main: Suhrkamp [1972]

Biskind, Peter (2000): *Easy Riders, Raging Bulls. Wie die Sex & Drugs &*

Rock 'n' Roll Generation Hollywood rettete, Hamburg: Rogner & Bernhard

Bourke, Joanna (1999): *An Intimate History of Killing. Face-to-Face Killing in Twentieth-Century Warfare,* London: Granta

Brockmann, Hilke (1994): »Das wiederbewaffnete Militär. Eine Analyse der Selbstdarstellung der Bundeswehr zwischen 1977 und 1994«, in: *Soziale Welt,* Bd. 45, S. 275–299

Bröckling, Ulrich/Krasmann, Susanne/Lemke, Thomas (Hg.) (2000): *Gouvernementalität der Gegenwart. Studien zur Ökonomisierung des Sozialen,* Frankfurt am Main: Suhrkamp

Brooks, David (2001): *Die Bobos. Der Lebensstil der neuen Elite,* München: Ullstein

Buden, Boris (1997): Triumph des Kitsches. Serbien im westlichen Blick, in: *Transit,* Nr. 13, S. 137–147

Bush, George W. (2001): »Address to a Joint Session of Congress and the American People«, 20. September 2001, *http://www.whitehouse.gov/news/releases/2001/09/20010920-8.html*

Calić, Marie-Jenine (1995): *Der Krieg in Bosnien-Hercegowina. Ursachen. Konfliktstrukturen. Internationale Lösungsversuche,* Frankfurt am Main: Suhrkamp

Caputo, Philip (1996): *A Rumor of War,* New York: Holt

Carruthers, Susan L. (2000): *The Media at War. Communication and Conflict in the Twentieth Century,* New York: St. Martin's Press

Chomsky, Noam (2000): *Der neue militärische Humanismus. Lektionen aus dem Kosovo,* Zürich: edition 8

Collin, Matthew (2001): *This Is Serbia calling. Rock 'n' Roll Radio and Belgrade's Underground Resistance,* London: Serpent's Tail

Čolović, Ivan (1994): *Das Bordell der Krieger,* Osnabrück: Fibre

Čolović, Ivan (1998): »Fußball, Hooliganismus und Krieg«, in: *Serbiens Weg in den Krieg,* hg. von Thomas Bremer u. a., Berlin: Berlin Verlag Arno Spitz

Čolović, Ivan (1999): »Symbolfiguren des Krieges. Zur politischen Folklore der Serben«, in: *Der Jugoslawien-Krieg,* hg. von Dunja Melcic, Opladen/Wiesbaden: Westdeutscher Verlag

Cooley, John K. (2000): *Unholy Wars – Afghanistan, America and International Terrorism,* London: Pluto Press

Cowie, Peter (2000): *The Apocalypse Now Book,* London: Faber and Faber

Creveld, Martin van (1998): *Die Zukunft des Krieges,* München: Gerling Akademie Verlag

Darley, Andrew (2000): *Visual Digital Culture,* London/New York: Routledge

Davis, Mike (2001): »The Flames of New York«, in: *New Left Review* 12, November/Dezember 2001, S. 34–49 [gekürzt übersetzt als: »Die Flammen von New York«, in: *Süddeutsche Zeitung*, 7. Dezember 2001]

Deleuze, Gilles (1993): *Unterhandlungen. 1972–1990*, Frankfurt am Main: Suhrkamp

Deleuze, Gilles/Guattari, Félix (1992): *Tausend Plateaus. Kapitalismus und Schizophrenie*, Berlin: Merve

Der Derian, James (2001): *Virtuous War. Mapping the Military-Industrial-Media-Entertainment Network*, Boulder, Colorado/Oxford: Westview

Dery, Mark (1999): *The Pyrotechnic Insanitarium. American Culture on the Brink*, New York: Grove

Dietrich, Helmut/Glöde, Harald (2000): *Kosovo. Der Krieg gegen die Flüchtlinge*, Berlin: VLA – Schwarze Risse – Rote Straße [Forschungsgesellschaft Flucht und Migration. Gegen die Festung Europa, Heft 7]

Dimitrijević, Branislav (1998): Beauty and Terror, in: L. Merenik/M. Prodanović/B. Dimitrijević: *Quadrifolium Pratense* (Katalog), Beograd: Clio & KCB, S. 108–114

Downs, Frederick (1993): *The Killing Zone – My Life in the Vietnam War*, New York: Norton

Duong Thu Huong (1997): *Roman ohne Namen*, Zürich: Unionsverlag

Ehrenberg, Alain (1983): *Le corps militaire. Politique et pédagogie en démocratie*, Paris: Aubier Montaigne

Ehrenberg, Alain (1991): *Le culte de la performance*, Paris: Calmann-Lévy

Ehrenberg, Alain (1995): *L'individu incertain*, Paris: Calmann-Lévy

Ehrenreich, Barbara (1997): *Blutrituale. Ursprung und Geschichte der Lust am Krieg*, München: Kunstmann

Ellis, Bret Easton (1993): *American Psycho*, Köln: Kiepenheuer & Witsch

Ellis, Bret Easton (2001): *Glamorama*, München/Zürich: Diana

Emmanuel, François (2000): *Der Wert des Menschen*, München: Kunstmann

Engelhardt, Tom (1995): *The End of Victory Culture. Cold War America and the Disillusioning of a Generation*, New York: Basic Books

Enzensberger, Hans Magnus (1993): *Aussichten auf den Bürgerkrieg*, Frankfurt am Main: Suhrkamp

Fallaci, Oriana (1991): *Nichts und Amen*, Köln: Kiepenheuer & Witsch

de Figueiredo Jr., Rui J. P./Weingast, Barry G. (1999): »The Rationality of Fear: Political Opportunism and Ethnic Conflict«, in: Barbara F. Walter/Jack Snyder (Hg.), *Civil Wars, Insecurity, and Intervention*, New York: Columbia University Press, S. 261–302

Foucault, Michel (1999): *In Verteidigung der Gesellschaft. Vorlesungen am Collège de France (1975–76)* [1996], Frankfurt am Main: Suhrkamp

Foucault, Michel [u. a.] (1993): *Technologien des Selbst* [1988], hg. von Luther H. Martin, Huck Gutman und Patrick H. Hutton, Frankfurt am Main: Fischer

Freud, Sigmund (1997): *Studienausgabe*, 9 Bde., hg. von Alexander Mitscherlich, Angela Richards, James Strachey, Frankfurt am Main: Fischer [13. Aufl.]

Fuller, Mark B. (1993): »Business as War«, in: *Fast Company*, November 1993, *http://www.fastcompany.com/online/00/war.html*

Garland, Alex (1997): *Der Strand*, München: Goldmann

Geyer, Michael (1986): »German Strategy in the Age of Machine Warfare, 1914–1945«, in: *Makers of Modern Strategy from Machiavelli to the Nuclear Age*, hg. von Peter Paret, Princeton: Princeton University Press

Glassner, Barry (1999): *The Culture of Fear. Why Americans Are Afraid of the Wrong Things*, New York: Basic Books

Gössner, Rolf (2000): *»Big Brother« & Co. Der moderne Überwachungsstaat in der Informationsgesellschaft*, Hamburg: Konkret Literatur Verlag

Goldstone, Patricia (2001): *Making the World Safe for Tourism*, New Haven/London: Yale University Press

Griffith, Philip Jones (2001): *Vietnam Inc.*, New York: Phaidon

Grossman, Dave (1996): *On Killing. The Psychological Cost of Learning to Kill in War and Society*, Boston/New York/London: Back Bay

Grossman, Dave/DeGaetano, Gloria (1999): *Stop Teaching Our Kids to Kill. A Call to Action Against TV, Movie & Video Game Violence*, New York: Crown

Habermas, Jürgen (1962): *Strukturwandel der Öffentlichkeit*, Neuwied/Berlin: Luchterhand (7. Aufl. 1975)

Hardt, Michael/Negri, Antonio (2000): *Empire*, Cambridge, MA/London: Harvard University Press

Heath, Chris (2000): »Leonardo Forever«, in: *The Face*, Nr. 37, Februar 2000, S. 48–58, 153.

Herr, Michael (1978): *Dispatches*, London: Pan

Herr, Michael (1979): *An die Hölle verraten. »Dispatches«*, Hamburg: Rogner & Bernhard

Hitzler, Ronald/Peters, Helge [Hg.] (1998): *Inszenierung: Innere Sicherheit. Daten und Diskurse*, Opladen: Westdeutscher Verlag

Hobbes, Thomas (1984): *Leviathan oder Stoff, Form und Gewalt eines kirchlichen und bürgerlichen Staates* [1651], hg. und eingeleitet v. Iring Fetscher, Frankfurt am Main: Suhrkamp

Hoffman, Bruce (2001): *Terrorismus. Der unerklärte Krieg. Neue Gefahren politischer Gewalt*, Frankfurt: Fischer

Hoffmann-Riem, Wolfgang (2000): *Kriminalpolitik ist Gesellschaftspolitik*, Frankfurt am Main: Suhrkamp

Holert, Tom [Hg.] (2000): *Imagineering. Visuelle Kultur und Politik der Sichtbarkeit* [Jahresring. Jahrbuch für moderne Kunst, 47], Köln: Oktagon

Holmes, Richard (1985): *Acts of War. The Behaviour of Men in Battle*, New York: Macmillan

Holst, Christian (1998): *Sicherheit und Bedrohung. Determinanten subjektiver Sicherheit in der Bundesrepublik zu Beginn der neunziger Jahre*, Hamburg: Verlag Dr. Kovac

Horton, Donald/Wohl, Richard (1956): »Mass Communication and Para-Social Interaction: Observation on Intimacy at a Distance«, in: *Psychiatry*, Vol. 19, No. 3, August 1956

Ho Tschi Minh (1968): *Revolution und nationaler Befreiungskampf – Reden und Schriften 1920 bis 1968*, München: Piper

Ignatieff, Michael (2001): »Die Ehre des Kriegers – I«, in: *Krieger ohne Waffen. Das Internationale Komitee vom Roten Kreuz*, hg. von Hans-Magnus Enzensberger, Frankfurt am Main: Eichborn

Jorgenson, Kregg P. J. (2001): *Very Crazy, G.I. Strange But True Stories of the Vietnam War*, New York: Ballantine

Jünger, Ernst (2001): *Politische Publizistik 1919 bis 1933*, hg., kommentiert u. m. e. Nachwort versehen von Sven Olaf Berggötz, Stuttgart: Klett-Cotta

Kästner, Erhard (1953): *Ölberge, Weinberge – Ein Griechenland-Buch*, Frankfurt am Main: Insel

Kaldor, Mary (2000): *Neue und alte Kriege. Organisierte Gewalt im Zeitalter der Globalisierung* [1999], Frankfurt am Main: Suhrkamp

Kaplan, Robert D. (1993): *Die Geister des Balkan. Eine Reise durch Geschichte und Politik eines Krisengebietes*, Hamburg: Kabel

Knightley, Phillip (2000): *The First Casualty – The War Correspondent as Hero and Myth-Maker from the Crimea to Kosovo*, London: Prion

Knoch, Habbo (2001): *Die Tat als Bild. Fotografien des Holocaust in der deutschen Erinnerungskultur*, Hamburg: Hamburger Edition

Koch, Christopher J. (1999): *Das Verschwinden des Michael Langford*, Frankfurt am Main: Fischer

Krämer, Walter/Mackenthun, Gerald: *Die Panik-Macher*, München: Piper

Krause, Donald G. (1997): *The Art of War for Executives*, London: Nicholas Brealy

Kujat, Harald (2000): »Bundeswehr am Beginn des 21. Jahrhunderts«, Rede des Generalinspekteurs der Bundeswehr, General Harald Kujat, auf der 38. Kommandeur-Tagung der Bundeswehr, Leipzig, am 13. November 2000, *http://www.bundeswehr.de/news/reden/reden_inspekteure/kdrtg_001.html*

Kutz, Martin (1997): »Militär und Gesellschaft im Deutschland der Nachkriegszeit (1946–1995)«, in: *Militär und Gesellschaft im 19. und 20. Jahrhundert*, hg. von Ute Frevert, Stuttgart: Klett-Cotta

Lacan, Jacques (1996): »Das Spiegelstadium als Bildner der Ichfunktion«, in: *Schriften I*, Weinheim: Quadriga

Laurie, Dennis (2001): *From Battlefield to Boardroom. Winning Management Strategies for Today's Global Business*, New York: Global

Leed, Eric J. (1979): *No Man's Land. Combat and Identity in World War I*, Cambridge [u. a.]: Cambridge University Press

Lévy, Bernard-Henri (2001): *Réflexions sur la Guerre, le Mal et la fin de l'Histoire*, Paris: Grasset

Link, Jürgen (1997): *Versuch über den Normalismus. Wie Normalität produziert wird*, Opladen: Westdeutscher Verlag

Lohoff, Ernst (1996): *Der Dritte Weg in den Bürgerkrieg. Jugoslawien und das Ende der nachholenden Modernisierung*, Bad Honnef: Horlemann

Loyd, Anthony (2000): *My War Gone By, I Miss It So*, London: Achor

Lyotard, Jean-François (1982): *Das Postmoderne Wissen. Ein Bericht*, Bremen: Impulse & Association

Mao Tse-tung (1969): *Vom Kriege. Die kriegswissenschaftlichen Schriften*, m. einem Geleitwort v. Brigadegeneral Heinz Karst, Gütersloh: Bertelsmann

Massumi, Brian [Hg.] (1993a): *The Politics of Everyday Fear*, Minneapolis/London: University of Minneapolis Press

Massumi, Brian (1993b): »Everywhere you want to be. Einführung in die Angst«, in: Clemens-Carl Härle (Hg.), *Karten zu »Tausend Plateaus«*, Berlin: Merve

Meissner, Ursula (2001): *Mit Kamera und kugelsicherer Weste*, Frankfurt am Main: Eichborn

Meschnig, Alexander/Stuhr, Mathias (2001): *www.revolution.de. Die Kultur der New Economy*, Hamburg: Europäische Verlagsanstalt/Rotbuch

Michaels, Ed/Handfield-Jones, Helen/Axelrod, Beth (2001): *The War for Talent*, Boston, MA [u. a.]: Harvard Business School Press

Milošević, Milan (1997): »The Happening of the People. How Media Fed Populism«, in: *The War Started on Maksimir. Hate Speech in Yugoslav Media*, Belgrad: Media Center

Moeller, Susan D. (1999): *Compassion Fatigue. How the Media Sell Disease, Famine, War and Death*, New York/London: Routledge

Monnesland, Svein (1997): *Land ohne Wiederkehr. Ex-Jugoslawien: Die Wurzeln des Krieges*, Klagenfurt: Wieser

Murphy, James D. (1999): *Business Is Combat. A Fighter Pilot's Guide to Winning in Modern Business Warfare*, New York: Regan

Naumann, Klaus (2001), »Das nervöse Jahrzehnt. Krieg, Medien und Erinnerung am Beginn der Berliner Republik«, in: *Mittelweg 36*, 10. Jg., 2001, Heft 3, S. 25–44

Neubauer, Hans-Joachim (1999): »Der verdunkelte Blick. Von der rasenden Wut zum ›kalten‹ Amok: ein Theater der Grausamkeit ohne Wiederkehr«, in: *Frankfurter Allgemeine Zeitung*, 20. November 1999 (Wochenendbeilage »Bilder und Zeiten«), S. I f.

O'Brian, Tim (2001): *Was sie trugen*, Frankfurt am Main: Fischer

von Oetinger, Bolko/von Ghyczy, Tina/Bassford, Christopher [Hg.] (2001): *Clausewitz – Strategie denken*, Leipzig: Hanser Fachbuchverlag

Page, Tim (2002): *The Mindful Moment*, Göttingen: Steidl

Palahniuk, Chuck (1997): *Fight Club*, München: Droemersche Verlagsanstalt

Powell, Colin L. (1995): *My American Journey*, New York: Random House

Reinhardt, Klaus (2001): *KFOR – Streitkräfte für den Frieden. Tagebuchaufzeichnungen als deutscher Kommandeur im Kosovo*, Frankfurt am Main: Verlag der Universitätsbuchhandlung Blazek und Bergmann

Richmond, Paul (2000): »Seattle as a Model of a New Type of War«, in: *Waging War on Dissent. A Report by the Seattle National Lawyers Guild WTO Legal Group*, N30, Jubiläumsausgabe, Winter 2000, S. 1–20

Ronneberger, Klaus/Lanz, Stephan/Jahn, Walther (1999): *Die Stadt als Beute*, Bonn: J.H.W. Dietz Nachf.

Roper, John (1995): »Overcoming the Vietnam Syndrome: The Gulf War and Revisionism«, in: *The Gulf War Did Not Happen – Politics, Culture, Warfare Post-Vietnam*, hg. von Jeffrey Walsh, Aldershot: Arena

Ross, Andrew (1994): *The Chicago Gangster Theory of Life. Nature's Debt to Society*, London/New York: Verso

Scharping, Rudolf (1999): *Die Bundeswehr – sicher ins 21. Jahrhundert*, Berlin: Ullstein

Schlesinger, Philip (1995): »Terrorism«, in: A. Smith (Hg.), *Television. An International History*, Oxford [u. a.]: Oxford University Press, S. 235–256

Seltzer, Mark (1998): *Serial Killers. Death and Life in America's Wound Culture*, New York/London: Routledge

Shawcross, William (1979): *Sideshow – Kissinger, Nixon and the Destruction of Cambodia*, London: Andre Deutsch

Silverstein, Ken (2000): *Private Warriors*, New York/London: Verso

Spreen, Dierk (1998): *Tausch, Technik, Krieg. Die Geburt der Gesellschaft im technisch-medialen Apriori*, Hamburg: Argument

Stevens, Mark (2002): *War Powers: Business ist Krieg. Das Elite-Wissen der Harvard-Business School*, München: Econ

Stossel, Scott (2000): »Soul of the New Economy«, in: *The Atlantic Monthly*, 8. Juni 2000, *http://www.theatlantic.com/unbound/crosscurrents/cc2000-06-08.htm*

Taylor, John (1991): *War Photography. Realism in the British Press*, London: Routledge

Theweleit, Klaus (1978): *Männerphantasien, Bd. 2, »Männerkörper. Zur Psychoanalyse des Weißen Terrors«*, Basel/Frankfurt am Main: Verlag Roter Stern

Theweleit, Klaus (1998): *Ghosts. Drei leicht inkorrekte Vorträge*, Frankfurt am Main/Basel: Stroemfeld/Roter Stern

Todorova, Maria (1999): *Die Erfindung des Balkans. Europas bequemes Vorurteil*, Darmstadt: Primus

Torchi, Antonia (1996): »Fifteen Days of Live Broadcasting from Sarajevo«, in: *Bosnia by Television*, hg. von J.G.R Paterson und A. Preston, London: BFI Publishing

Ugrešić, Dubravka (1995): *Die Kultur der Lüge*, Frankfurt am Main: Suhrkamp

Vaupel, Rudolf [Hg.] (1938): *Die Reorganisation des Preußischen Staates unter Stein und Hardenberg, Zweiter Teil*, Leipzig: Hirzel

Verjanovski, Rade (1998): »Die Wende in den elektronischen Medien«, in: *Serbiens Weg in den Krieg*, hg. von Thomas Bremer u. a., Berlin: Berlin Verlag Arno Spitz

Virilio, Paul/Lotringer, Sylvère (1984): *Der reine Krieg*, Berlin: Merve

Vuković, Želiko (1999a): »Kriegslorbeeren«, *in: Serbien muß sterbien*, hg. von Klaus Bittermann, Berlin: Edition Tiamat

Vuković, Želiko (1999b): »Das Potemkin'sche Sarajevo«, in: *Serbien muß sterbien*, hg. von Klaus Bittermann, Berlin: Edition Tiamat

Waldmann, Peter (1998): *Terrorismus – Provokation der Macht*, München: Gerling Akademie Verlag

Weber, Diane Cecilia (1999): »Warrior Cops. The Ominous Growth of Paramilitarismin American Police Departments«, in: *Cato Institute Briefing Paper*, Nr. 50, 26. August 1999, *http://www.cato.org/pubs/briefs/bp-050es.html*

Werckmeister, Otto K. (1989): *Zitadellenkultur. Die schöne Kunst des Untergangs in der Kultur der achtziger Jahre*, München: Hanser

Woit, Ernst (2000): »Auftrag und Ideologie für eine andere Bundeswehr«, in: *Marxistische Blätter*, 6/2000, S. 34–40

Wright, Stephen (1985): *Meditations in Green* [1983], London: Abacus

Zizek, Slavoj (1994): *The Metastases of Enjoyment. Six Essays on Woman and Causality*, London/New York: Verso

Register

A

Action 133, 143 f., 152, 175, 188, 190, 204, 245, 248, 253
Adorno, Theodor W. 18
Afghanistan 9, 15, 62 ff., 67, 121, 141, 153, 164, 166 f., 191 f., 209, 221, 226 f., 248, 253
Aidid, Mohammed Farah 56, 244
Air Force One 232 f.
Alarm, The 55
Albanien 137
Albig, Jörg Uwe 100
Alien 108
Amanpour, Christiane 56, 188
Amir, Yigal 79 f., 82
Amm, Claudia 70 f., 81
Amokläufer 71 f., 74 f., 79–84, 105
Amselfeld 203
Angola 62, 64
Angst 33, 64, 68, 90, 159, 165, 170 ff., 175, 171, 187 f., 192, 213, 216, 220, 222, 227, 240
– Kultur der 168, 173
– Ökonomie der 168
Apocalypse Now 23, 26, 28 f., 31, 35 f., 40, 45, 51, 53 f., 58, 67, 93, 95, 103 f., 218, 247
»Arkan« s. Ražnatović, Ueliko
Arnett, Peter 187 f.
Ashby, Hal 46
Atta, Mohamed 234
Ausnahmezustand 16, 77, 90, 94, 172, 176, 189, 220 f., 240, 254 f.
Aussteiger, Aussteigen 27 f., 31, 42, 44, 48, 61, 95 ff., 188

B

Autonomie 85, 87, 93, 116, 135, 202, 237
Aviano 57
Azoulay, Ariella 79

Bad Reichenhall 69 f., 73 f., 79
Bagdad 187, 193
Balkan 68, 132, 136, 146, 178, 180 ff., 196, 200 f., 209 f., 212
Ballard, J.G. 236 ff., 240 f., 246
Banfield, Ashleigh 217
Barre, Klaus 133
Barre, Mohammed Siad 62
Barthes, Roland 185, 238
Batman 92
Baudissin, Wolf Graf von 125–129, 131
Beach, The 94 f., 97, 99 f., 103 f., 110
Beatles, The 32
Beham, Mira 56
Behind Enemy Lines 59, 244, 246 f.
Belet Huen 132
Belgrad 194, 202, 209, 211 f.
Bellamy Brothers 56
Benjamin, Walter 229, 242
Bernays, Edward 171
Bihać 17
Bin Laden, Osama 67, 173, 224
Birthday Party, The 55
Black Hawk Down 59 f., 244, 246–250
Blair, Tony 162
Blümchen 121

279

Body Count 34, 64, 101, 243
Boiler Room 113
Bondsteel, James 57
Bosnien-Herzegowina 16, 56, 59, 65, 122 f., 143, 153, 164, 169, 178, 183 f., 190 f., 195, 205, 208, 225
Bourke, Joanna 28, 88
Boyle, Danny 94, 96
Branding 81, 139
Brando, Marlon 26, 52
Brocca, Lino 53
Brooklin 222
Brooks, David 45
Bruckheimer, Jerry 248
Buden, Boris 247
Bundeswehr 19, 115 f., 118–125, 128–131, 134, 136 ff., 140, 143 f., 150, 163, 174, 179, 254
Burton, Tim 92
Bush, George 178
Bush, George W. 67, 220, 222
Butler, Carl Hubertus von 165

C

Caco 209
Camp Bondsteel 57 f.
Canaris, Wilhelm 130
Caputo, Philip 144
Carter, Jimmy 56, 232
Ceca 210
Cédras, Raoul 56
Chan, Jackie 235
»Charlie« 40 f., 47
CIVPOL 145, 147
Clausewitz, Karl von 112, 125
Cleveland, Bill 193
Clinton, William J. (Bill) 57 f., 168, 178
Čolović, Ivan 206, 210
Coming Home 46–49

Computerspiele 71, 77, 94, 94, 101, 103
Conrad, Joseph 26
Coppola, Francis Ford 26 f., 29, 32, 37 ff., 52 f., 103, 218
counter-insurgency 34, 43
Creveld, Martin van 39 f., 42
Cypress Hill 225

D

Damme, Jean-Claude van 142
Davis, Mike 160
Dayton 67
Dead Milkmen, The 55
Deer Hunter, The 25
Dehumanisierung 89
Deleuze, Gilles 73, 85
Deutschland, Bundesrepublik 20, 25, 76, 117, 121, 125, 127, 129, 141, 146, 159, 167, 169, 190, 249
DiCaprio, Leonardo 94, 96, 99 f., 103 f.
Die Hard 232, 246
Die Hard 2 232, 246
Die Hard With a Vengeance 232
Die Saat der Gewalt 129
Die Zukunft des Krieges 39
Diekmann, Kai 220
Dimitrijević, Branislav 205
diskursiv-mediale Bühne 73 f., 80, 84, 87, 121, 133, 172, 217
Distelmeyer, Jan 245
Disziplinargesellschaft 45 f., 77, 85
Douglas, Michael 91, 113
Downs, Frederick 34
Duhme, Dieter 70
Dunant, Jean-Henri 134
Duong Thu Huong 41

E

Ehrenberg, Alain 86 f., 173, 240
Einzelkämpfer 13, 19, 27, 33, 48,
    50 f., 54, 58 f., 80 f., 85, 87, 90 f., 98,
    116, 123, 186, 188
Ellis, Bret Easton 105 ff.
Elsholz, Andreas 135
Emmanuel, François 112
Engelhardt, Tom 103
Enzensberger, Hans Magnus 91,
    238
Ethno-Krieg 16
Europa 9, 154, 166 f., 195, 219,
    224

F

Fallaci, Oriana 41
Falling Down 91
Fast Company 113 f.
fear mongering 171
Fedeli, Sabina 189
Ferk, David 131 f.
Fight Club 109 f., 248
Fincher, David 108 f., 248
Finkielkraut, Alain 255
First Blood (dt.: *Rambo*) 48
Flexibilität 35, 64, 112, 229
Flynn, Sean 187
Foucault, Michel 46, 84 f., 161, 229,
    252 f.
Franks, Tommy 63
Freud, Sigmund 48, 173, 227
Frieden 9 f., 21, 43, 64, 99, 103,
    131, 134 f., 141, 143, 155 f.,
    162, 174, 204, 219, 229, 236,
    241, 251 f., 257
Friedman, Thomas 63
Friedrich II. von Preußen 119
Fukuyama, Francis 166
Full Metal Jacket 25, 29, 93, 104

G

Gabba Techno 13
Gangster Rap 13, 213
Gangster 209 f., 212 f.
Garland, Alex 94, 96
Gated Community 58, 151, 226, 236
Gegenkultur 30–33, 36, 42–45, 113,
    125, 127
Genua 224 f., 235
Geto Boys 214
Gewalt 12 f., 15, 66, 68, 70 f., 73 f.,
    76 ff., 83, 88, 91 f., 98 f., 103, 109,
    159, 164, 177, 179, 195, 205, 208 f.,
    231, 233, 236, 238, 257
Glamour 104, 106 f.
Globalisierung 161 f., 199 f., 236
Gneisenau, August Graf Neidhardt
    von 125
Goca 210
Golf 9, 62, 188, 203, 206
Golfkrieg 55, 58, 155, 187, 228
Good Morning Vietnam 31
Gore, Al 55
Gore, Tipper 55
Gössner, Rolf 158
Grande Anse Bay 54
Green Berets 26, 35 f.
Green Berets, The 35, 50
Greenpeace 133 f.
Grenada 54
Griffith, Philip Jones 30, 42
Grosny 191, 235
Grossman, Dave 88 f.
Ground Zero 20, 67, 215–219, 221,
    226, 233, 235
Grünbein, Durs 219, 241
Guantanamo 16
Guattari, Félix 73
Guerilla 35, 43, 59, 65, 106 f., 147,
    183
Guevara, Che 32, 35

Guiliani, Carlo 225
Guiliani, Rudolph (Rudy) 215,
226 f.
Guns 'n' Roses 55
Gute Zeiten, schlechte Zeiten 135
Guthrie, Woodie 34
Gutman, Roy 178, 184

H

Habermas, Jürgen 78
Haight Ashbury 44
Hair, Musical 31
Haiti 56
Haley, Bill 129
Handloik, Volker 192
Hardenberg, Karl August Fürst
von 125
Harff, Helmut 131 f., 137
Harris, Eric 75
Hart's War 244
Hartnett, Josh 248
Held, Heldentum 48, 90, 169,
206 ff., 210, 226, 242, 246,
248 ff.
Hendrix, Jimi 32, 34
Herr, Michael 28 f., 32 f., 40, 46,
104, 187 f., 240
Hersh, Seymour 37
Herzog, Roman 120
Hindukusch 153, 191, 223
Hippie 30, 36, 42, 44 f., 47, 49 f., 57,
63, 134, 187
Hitler, Adolf 76, 128, 178
Hobbes, Thomas 83
Ho-Chi-Minh 42 f., 52, 67
Ho-Chi-Minh-Stadt 23, 24 f., 51, 59
Hoeneß, Dieter 121
Hollywoodisierung 58
Hope, Bob 29
Horkheimer, Max 18
Horton, Donald 195

Hüetlin, Thomas 186, 192
Hussein, Saddam 14, 55 f., 67, 195

I

Ice-T 213
Imaginäre, das 180, 186, 197 ff.,
201 f., 211 f., 214, 235, 239
Independence Day 232
Indien 146, 187
Individualisierung 14, 72 f., 84, 171,
195 f., 210, 214, 253
Innere Führung 126, 128
Intensität 33, 46, 91, 99, 110, 173,
175, 223, 225, 247
Internationales Komitee vom
Roten Kreuz 134, 148
Intervention 11, 20, 57, 62 f., 133,
135, 144, 146, 151 ff., 155, 160–
164, 167, 176, 184, 191, 200, 247,
250, 254, 257
Israel 80, 114, 214

J

James, David E. 34
Jean, Wyclef 212
Jeserich, Dietmar 165
Jets-Leben am Limit 135
John Cougar Mellenkamp 55
Johnson, Lyndon B. 103
Johnson, Steven 226
Jugoslawien, ehemaliges 9, 11,
14 f., 17, 20, 57, 65, 164, 169,
177 f., 181, 193, 202, 204 ff., 208 ff.,
212, 238 f., 247
Jugoslawien, Bundesrepublik 9,
56, 131, 135, 181, 191, 200 f., 209,
211
Jünger, Ernst 51, 98, 108
Junot, Marcel 134

K

K-19:The Widowmaker 244
Kabul 142, 144, 152, 165, 234 f., 249
Kaldor, Mary 12, 65 f., 149, 156
Kambodscha 26, 60 f., 122, 156
Kant, Immanuel 167
Kapetan Dragan s. Vasilković,
 Dragan
Kaplan, Robert D. 178
Karadžic, Radovan 56
Karleuša, Jelena 210
Karneval, karnevalesk 30, 36, 141
Kästner, Erhard 27
Kempf, Tino 137
Kennedy, John F. 32, 35, 103, 123
KFOR 57, 131, 138 ff., 146, 149 ff.,
 156
King, Martin Luther 32
Kirchbach, Hans-Peter von 120
Kirst, Hans-Helmut 127
Klebold, Dylan 75
Kluxen, Kurt 111
Knightley, Philip 61
Knoch, Habbo 127
Koch, Christopher J. 23
Kohl, Helmut 120
Kolumbien 9, 65, 239
konformistische Berichterstattung
 182 f.
Kongo 9, 65
Kontrollgesellschaft 85, 125
Korea 12, 28
Kosovo Polje 147, 202
Kosovo 19, 56 ff., 62, 131, 137, 140,
 143, 145 f., 148 ff., 153, 155, 163 f.,
 177 f., 182, 191, 193, 195, 202,
 204 f.
Kosovska-Mitrovica 139
Kotcheff, Ted 48, 50, 60
Kracht, Christian 97
Kreim, Günther 142

Krieg 9–21, 26–32, 37, 41–44, 46 f.,
 49 f., 52 f., 57–60, 64 ff., 68, 75 f.,
 85 f., 88, 90, 93 ff., 97–100, 104 f.,
 108, 110 f., 113, 116, 126, 129, 135,
 140 f., 143 f., 164, 167, 169–172,
 178, 181, 183 f., 187 ff., 191 ff., 196,
 199 f., 203–207, 209, 213 f., 220,
 222, 224, 228–234, 237–241,
 243 ff., 248, 251–257
– aller gegen alle 17, 59, 83, 107,
 199
– begrenzter 12
– heiliger 228
– massenkultureller 12, 16, 19 f.,
 42, 67 f., 85, 97, 111, 116, 199, 201,
 205, 208, 211, 213 f., 219, 229, 239,
 241, 252 ff., 256 f.
– neuer 12, 15, 17, 65 f., 114, 182,
 191, 223 f., 231
– totaler 11, 252
Kriegsarchitektur 223, 225, 240
Kriegsfilm 55, 113, 242 ff.
Kroatien 137, 194, 205–208
KSK 89, 142
Kubrick, Stanley 29, 93
Kujat, Harald 140
Kultur – der Angst 20
– der Extreme 104
– der Wunde 77, 104, 169

L

Lacan, Jacques 197 f.
Lamprecht, Günter 70 f., 81
Langley 67
Laos 187
Legalität 16, 161
Legitimität, Legitimierung 16, 60,
 139, 161 f., 164, 167, 172, 196, 257
Lévy, Bernard-Henri 238
Lewis, Jerry Lee 33
Libeskind, Daniel 251, 256

Lietzen 124
Lifestyle 85, 105–108, 114, 135, 170, 209, 212
Link, Jürgen 175
Littleton 75, 81, 109
Loan, Nguyen Ngoc 192
London 236 f.
Los Angeles 75
Love and Rockets 55
Loyd, Anthony 188 f., 192
Lucas, George 54, 103
Lyotard, Jean-François 198

M
Madman-Theory 60 ff., 92
Madonna 55
Manhattan 113, 215 f., 219, 221, 225, 227, 230, 233, 234, 250
Mao Tse-tung 35, 42, 112
Marcos, Ferdinand und Imelda 52
Marković, Zorika 210
Marshall, Penny 184
Massenmedien-Akt 73, 75, 79 f., 83, 121, 123, 130, 157, 218
Massud, Ahmed Schah 14
Massumi, Brian 173
Mazedonien, Frühere Jugoslawische Republik 20, 137, 157, 177, 180, 182
McLaughlin, Jeff 244
McNamara, Robert 103
Megalopolis 218
Meissner, Ursula 184, 186, 188
Mester, Frank 137
Military-Entertainment Complex 53, 103, 242
Milošević, Slobodan 14, 20, 67, 181, 193–196, 199–205, 207, 209, 211 f., 214
Mischke, Frank 147
Mitterand, François 111

Mladić, Radtko 56
Mobilität 140, 153, 174, 229
Mobilmachung, Mobilisierung 16, 64, 159, 171, 202, 204 f., 207, 209, 227, 238, 242
– seelische 11
Mogadischu 9, 55, 193, 244, 250
Mohr, Charles 46
Moore, John 59
Moore, Thurston 217
Moss, Kate 141
Mostar 9, 235
Mötley Crüe 55
Mpondela Ngandu, Jasper 146
MTV 63
Muschamp, Herbert 226 f.
My Lai 37, 39

N
nation-building 149, 156, 161, 163
NATO 9, 16, 56, 58, 131, 133 f., 138 f., 146, 148 f., 152, 163, 181, 200
Naumann, Klaus 167
Nena 121
Neoliberalismus 17, 44, 82 ff., 87, 124, 175, 189, 192, 199, 203, 213, 251, 256 f.
New Economy 113 f., 134, 143
New York 20, 67, 214, 218, 220, 222 ff., 225, 227 f., 233
Newton, Huey 32
NGOs 133 f., 153, 161
Nicholson, Jack 91
Niro, Robert de 91
Nixon, Richard 40, 57, 60 ff., 92, 168
Noriega, Manuel 55 f., 67
Normalität 10, 15, 28, 30, 41, 43, 46, 74 f., 79, 91, 93 f., 96 f., 141, 143 f., 189 f., 218, 241

Norton, Edward 109
Nose Bleed 235
Noske, Gustav 130

O

O'Brian, Tim 47
Oderbruch 118 f., 121–124, 129, 137
Öffentlichkeit, pathologische 77
Omarska 184, 193
Ost-Timor 153, 169
OSZE 148 f., 157, 163
OTPOR 212
Outbreak 232
Out-of-Area-Einsätze 120, 122, 144, 162, 169

P

Pädagogik, militärische 86, 251
Page, Tim 104, 186 ff., 192
Pakistan 24, 146
Palahniuk, Chuck 108 f.
Panama 54
Pančevo 136
Panic Room 109
Paskaljević, Goran 209
Patton 60, 168
Peacemaker, The 233
Pearl Harbour 58, 244, 248
Petersen, Wolfgang 249
Peyerl, Martin 69–74, 76, 79, 81 ff.
Philippinen 24, 52 f.
Phuc, Kim 193
Piacenza 135
Pinochet, Augusto 62
Pitt, Brad 109
Platoon 29, 95
Politik der Identität 65 f.
Poschardt, Ulf 141
Powell, Colin 43, 55, 62
Presley, Elvis 129

Preston, Richard 168
Priština 139 f., 145–150, 152 f., 202
Prizren 131, 138, 144, 146, 150
Pulverfass 209
Püschner, Christoph 184
Pussy Galore 55

R

Rabin, Yitzhak 79 f.
Rambo 246
Ražnatović, Zeliko »Arkan« 14, 208–211
Reagan, Ronald 48 f., 53 ff., 62, 201, 203, 232
Reinhardt, Klaus 138 ff., 142
Religion 16, 79, 203, 206, 239
Renan, Ernest 15
Reno, Jean 212
Replacements, The 55
Rock 'n' Roll 26, 31 ff., 40 f., 45, 48, 55, 63, 125, 129, 187
Rock-'n'-Roll-Armee 40, 42, 137
Rolling Stones 104
Ross, Andrew 228, 233
Rostow, Walt W. 123
Roth, Joe 250
Ruanda 9, 133, 153, 169, 183, 239
Rubin, James 56
Rühe, Volker 120 ff., 141
Rumsfeld, Donald 59, 63, 166

S

Sabine Christiansen 252
Saigon 23, 25 f., 183, 187, 192
Sarajevo 9, 184, 186, 189 f., 193, 209, 219
Saving Private Ryan 58, 243 f.
Scharnhorst, Gerhard von 125
Scharping, Rudolf 136, 141, 166 f.
Schäuble, Wolfgang 122
Schautzer, Max 121

Schell, Jonathan 218 f.

Schmidt, Helmut 128

Schmitt, Carl 255

Scholl-Latour, Peter 195

Schröder, Gerhard 129 f., 133, 160, 163, 167, 255

Schumacher, Joel 58, 91

Schwarzenegger, Arnold 154

Scorsese, Martin 91

Scott, George C. 60

Scott, Ridley 59, 244 f., 247

Se7en 109

Seattle 223

Seeßlen, Georg 53

Seltzer, Mark 77 f.

Serbien 20, 194, 202 ff., 209 f., 212 f.

Shakur, Tupac 213

Sheen, Martin 26, 95

Sicherheit 11, 13, 20, 45, 122, 128, 144, 150 f., 158–165, 167–170, 190, 200 f., 203, 205, 222, 227, 238, 256 f.

Siege, The 233

Sierra Leone 9, 65

Silicon Valley 114

Simpson, O. J. 56

Sinclair, John 34

Skopje 68, 157, 177, 179, 182 f.

Slowenien 194, 205, 208

Smalls, Biggie (= Notorious B.I.G.) 213

Sofsky, Wolfgang 238

Somalia 9, 56, 59 f., 64, 122 f., 133, 137, 167, 169, 193, 239, 244

Sonic Youth 55, 216 f.

Spaß 25, 34, 36, 39, 45, 143, 175, 210

Spiegelfunktion 205

Spielberg, Steven 243 f., 247

Srebrenica 122

Stalingrad 126 f., 142

Stallone, Sylvester 49 f., 246

Star Wars 103

Stein, Karl Reichsfreiherr vom und zum 125

Steiner, Michael 164

Sterling, Bruce 53

Stolpe, Manfred 119

Stone, Dana 187

Stone, Oliver 29, 113, 230

Style 15

Subjekt 82, 85 f., 96, 98, 102, 238, 240, 242, 251 ff.

– interventionistisches 20, 151 f., 174 f.

– mimetisches 79, 81, 87, 116

SUV (=Sport Utility Vehicle) 148, 153 f.

T

Taubin, Amy 243

Taxi Driver 91

Taylor, Maxwell D. 123

Tel Aviv 79

Terror 12 f., 15, 33, 189

Terrorismus 11, 92, 107, 123, 128, 167 f., 171, 203, 219 f., 232, 253

Tetovo 179, 182

Thailand 93, 95, 97, 187

Thatcher, Margaret 82, 201, 203, 223

The Lost World: Jurassic Park 232

Theater 32 f., 41, 52, 83, 152, 156

Theweleit, Klaus 98

They Fought Alone 244

Thin Red Line, The 58

Thompson, Hunter S. 32

Three Kings 154

Tigerland 58

Tito 202

To End All Wars 244

Todeskult 192, 213

Todorova, Maria 200
Tönnies, Ferdinand 86, 106
Top Gun 135
Tourismus 27–30, 59, 175, 187 f.
Trauma 46–51, 59, 78, 170 f., 216
Trnopolje 184, 193
True Lies 233
Tschechische Republik 117
Tuta 209

U
U2 55, 132
UÇK 147
Ugrešić, Dubravka 207
Ukraine 117
Ullrich, Jan 121
Under Siege 232
Under Siege 2 232
Universal Soldier 142
UNMIK 145–150, 164
Unternehmens-Individuum 44,
    85, 112, 143 f., 192
USA 34 f., 37, 42, 44, 103, 213

V
Vasilković, Dragan (Kapetan
    Dragan) 206
Vereinigte Staaten von Amerika
    37, 92, 115, 125, 127, 146, 154,
    162, 166, 203, 222 ff., 249, 253
Vereinte Nationen 9, 20, 28, 62,
    133, 146 f., 156, 200
Veteran 30, 38, 45–50, 57, 59,
    113, 127, 142, 153, 182, 187,
    230, 245
Vietcong 28, 37 f., 51 f., 59, 79
Vietnam 19, 25–32, 34–37, 42 f.,
    45–47, 51, 53, 57, 60 f., 64, 79, 89,
    95 f., 103 f., 106, 123, 127, 137,
    144, 163, 183 f., 187, 191, 207,
    230 f.

Vietnam, Sozialistische Republik
    24
Vietnamisierung 40, 61, 65, 67
Virginia 67
Virilio, Paul 53, 233
Vitalismus 237, 240 ff., 247 ff.
Völkermord 9, 135 f., 170, 178,
    183, 254
Volkskrieg 43 f., 64, 66

W
Wagner, Richard 26, 54
Wall Street 113, 230
Wall Street 20, 115, 220, 230 f.
War 214
Washington D.C. 59
Washington 67, 221, 224
Wayne, John 35 f., 50
We Were Soldiers 244
Wehrmacht 27, 124 ff., 136
Weinberger, Caspar 62
Werckmeister, Otto K. 54
»white negroes« 31
Wien 117, 178
Williams, Ian 184
Williams, Robbie 140
Williams, Robin 31
Willis, Bruce 246
Windtalkers 244
Wirtschaftswoche 114 f.
Wohl, Richard 195
World Trade Center 11, 122,
    214, 215 f., 227 f., 230 f., 233 ff.,
    250
Wright, Stephen 90

Y
Younger, Ben 113

Z
Zitadellenkultur 174